Bernd Ingmar Gutberlet
Spione überall

Weitere Titel des Autors:

Irrtum! 50 Mal Geschichte richtiggestellt, 2013
Grandios gescheitert, 2012
Die neuen Weltwunder, 2010
Die 33 wichtigsten Ereignisse der deutschen Geschichte, 2008
Die 50 größten Lügen und Legenden der Weltgeschichte, 2007

Titel in der Regel auch als E-Book erhältlich

Bernd Ingmar Gutberlet

SPIONE ÜBERALL

Wie Agenten, Spitzel und Verschwörer
Geschichte schrieben

LÜBBE

Dieser Titel ist auch als E-Book erschienen

Originalausgabe

Dieses Werk wurde vermittelt durch Aenne Glienke, Agentur für Autoren
und Verlage, www.AenneGlienkeAgentur.de

Copyright © 2014 by Bastei Lübbe AG, Köln

Lektorat: Matthias Michel, Wiesbaden
Umschlaggestaltung: Guter Punkt, München
Einband-/Umschlagmotiv: © shutterstock/annt
Satz: Dörlemann Satz, Lemförde
Gesetzt aus der Weiss Standard
Druck und Einband: GGP Media GmbH, Pößneck

Printed in Germany
ISBN 978-3-431-03898-9

5   4   3   2   1

Sie finden uns im Internet unter: www.luebbe.de
Bitte beachten Sie auch: www.lesejury.de

INHALT

VORWORT

Als vor 25 Jahren die Berliner Mauer fiel, war dies nicht nur für
Deutschland ein epochales Ereignis, das die Wiedervereinigung weniger als ein Jahr später möglich machte. Weltweit
riefen am 9. November 1989 Zeitgenossen das Ende des Kalten Krieges aus, mancher gar das Ende der Geschichte. So mit
sich selbst befasst waren Ost und West, dass die vermeintliche
Peripherie, ob arabische Welt, Afrika oder Asien, für einige
Zeit kaum Beachtung fand.

Was das mit Spionage zu tun hat? Nun, 1989 wurden nicht
nur das Ende des Kalten Krieges und der Beginn einer neuen
Ära beschworen. Viele Beobachter sahen damit auch das Ende
mancher Ideologien, Institutionen und Strukturen gekommen,
die vor allem mit der eben abgelaufenen Epoche in Verbindung gebracht wurden. Der Marxismus schien ein für alle Mal
erledigt, den westlichen und östlichen Bündnissystemen waren die Arbeitsgrundlagen abhandengekommen – und die Geheimdienste hatten sich vermeintlich überlebt. Die euphori-
sche Stimmung, aus der dieser Glaube erwuchs, war jedoch
nicht von Dauer, die Welt wurde alsbald eines Besseren be-
lehrt: Spione erfreuen sich weiterhin eines florierenden Ge-
schäfts. Damals jedoch lautete die verbreitete Einschätzung,
Geheimdienste, Spionageskandale und Agententätigkeit würden so bald keine Konjunktur mehr haben.

Doch weit gefehlt, denn Spionage bleibt ein brandaktuelles
Thema – mehr denn je, könnte man angesichts der umfassenden Berichterstattung, zahlreicher Skandale und breiter Debatte gerade in jüngster Zeit annehmen. Das gilt in besonderem Maße für Deutschland. Zuletzt hat die Abhörpraxis der
US-Geheimdienstler gegen den Bündnispartner Deutschland

große Entrüstung hervorgerufen, und die Frage, ob dem Whistleblower Edward Snowden in Deutschland Exil gewährt werden sollte, spaltet die Nation. Kaum weniger skandalös wird die NSU-Affäre empfunden, weil eine Neonazi-Terrorzelle auch durch Schlamperei von Behörden und Inlandsgeheimdienst jahrelang ungestört ihrem Mordgeschäft nachgehen konnte. Mindestens neun Menschen mussten das mit dem Leben bezahlen. Und schließlich haben sich mit dem Ost-West-Konflikt keineswegs alle ideologischen Gegensätze in der Welt erledigt. Das wurde auf schreckliche Weise am 11. September 2001 klar, als radikalislamische Terroristen Linienflugzeuge ins New Yorker World Trade Center lenkten und rund 3000 Menschen töteten. Die Spuren der Attentäter reichten zurück nach Hamburg, und die ungenügende Arbeit der Geheimdienste im Vorfeld der Anschläge ist viel beklagt worden. Wie stets in der öffentlichen Debatte über Spione und ihre Arbeit findet im Zusammenhang mit dem radikalislamischen Terror, der weiterhin eine Bedrohung darstellt, das Versagen der Geheimdienste größere Beachtung als ihre Erfolge in der Verhinderung geplanter Anschläge. Das rührt auch daher, dass im Versagen der Dienste über die Arbeit der Spione mehr zutage tritt, als wenn sie auftragsgemäß und erfolgreich ihrer Tätigkeit nachgehen. Denn ihrer Arbeitsplatzbeschreibung nach arbeiten Spione im Verborgenen und hinterlassen idealerweise keine Spuren.

Als offenbar wurde, wie umfassend im 21. Jahrhundert die Abhörpraxis der Geheimdienste ist, wurde der Öffentlichkeit der Nachteil der vernetzten Welt vor Augen geführt. Es gibt kaum noch einen Bereich des öffentlichen und privaten Lebens, der nicht ausspioniert werden kann: vom Computer zu Hause über das eigene Kaufverhalten zu kameraüberwachten Plätzen, von angezapftem E-Mail-Verkehr über erzwungenen Daten-Striptease vor US-Reisen oder freiwilligem in sozialen Netzwerken bis hin zum abgehörten Mobiltelefon der Bundeskanzlerin. Der Zugriff von Spionen aller Art, von allen möglichen Geheimdiensten im In- und Ausland auf unser Leben scheint grenzenlos. Natürlich ist der Umfang heutiger Spionage größer als je zuvor: weil die technischen Möglichkeiten größer denn je sind und weil die Globalisierung die Welt vernetzt sowie die Menge an Informationen potenziert hat. Das erweckt den Anschein, als wäre das Land umfassend unterwandert, als könnten Geheimdienste Einfluss auf seine Geschicke nehmen.

Aber wenn man vom riesigen Datenaufkommen absieht: Unterscheidet sich die Gegenwart in Sachen Spionage denn wirklich so sehr von der Vergangenheit? Schneller zur Hand ist da die Antwort für das 20. Jahrhundert, denn dass im Kalten Krieg Deutschland ein Eldorado der Geheimdienste war, dass in der Kaiser- und der Nazizeit, im Ersten und Zweiten Weltkrieg Spione Hochkonjunktur hatten, ist bekannt. Und davor? Wie groß ist die Rolle, die Spionage für die deutsche Geschichte in den letzten zweitausend Jahren gespielt hat? Dieser Frage geht dieses Buch nach und sucht nach den Spuren der Spionage in der deutschen Geschichte. Dabei darf man eins vorwegnehmen: Manches in der Spionagevergangenheit ist verblüffend aktuell, bei manchem Auftrag der Geheimdienstler drängt sich der Vergleich zu heute regelrecht auf. Solche Parallelen helfen bei der Einschätzung tagespolitischer Debatten ebenso, wie die Beschäftigung mit deutscher Spionage-Geschichte insgesamt dem ewig aktuellen Thema historische Tiefenschärfe verleiht.

Berlin, im September 2014
Bernd Ingmar Gutberlet

1. KAPITEL

EIN GEHEIMDIENSTFEHLER SCHREIBT GESCHICHTE

Der Angriff erfolgt völlig unvermutet und noch dazu in einer Region, die als längst befriedet gilt. Urplötzlich und aus dem Hinterhalt fallen Aufständische über die Truppen her, die sich auf einem Routinemarsch und in Sicherheit wähnen. Die Rebellen befehligt ein Mann, der seinen Gegner nur zu gut kennt, steht er doch eigentlich in seinen Diensten – in den Diensten der Besatzungsmacht, die ihn bestens ausgebildet hat und ihm so sehr vertraut, dass sie ihm sogar ihre Staatsbürgerschaft gewährte. Direkt unter ihren Augen hat er unbemerkt eine Verschwörung angezettelt, hat heimlich Anhänger um sich geschart, Verbündete gewonnen und den Überraschungscoup akribisch vorbereitet. Dabei kamen ihm seine Insiderkenntnisse zugute, die er in den Reihen der Besatzungsarmee erwerben konnte, und dass er ihre Sprache versteht. Der Mann wurde ebenso grob unterschätzt wie der Unmut, den die Großmacht in diesem Teil ihrer Einflusssphäre auf sich gezogen hat. Dem Rebellenführer ist es sogar gelungen, die stets zerstrittenen Stammesführer für seinen Plan zu begeistern und für dessen Ausführung zu vereinen.

Die Attacke der Aufständischen wird rasch zu einem blutigen Gemetzel, zu einem verzweifelten Kampf der Angegriffenen sprichwörtlich bis zum letzten Mann. Mehrere Tage lang dauert die erbittert geführte Schlacht, und am Ende ist der Sieg der Rebellen so triumphal, wie die Niederlage der Besatzer verheerend. Lebend davonkommen nur die wenigsten der 20000 Mann, die außer mit widrigem Wetter in unwegsamem Gelände und dem wütenden Eifer der Aufständischen mit deren überlegener Ortskenntnis zu kämpfen haben. Es ist ein überaus grausames Schauspiel, das sich da in einer abgelegenen Gegend viele Tausend Kilometer von der Hauptstadt der Supermacht entfernt abspielt, die sich schon ihrer schieren Größe wegen für unbesiegbar hält. Hier aber geht es Mann gegen Mann, und die Aufständischen schlagen ohne Pardon zu. Das übermächtige, erfolgverwöhnte Imperium wird von einem Haufen Rebellen vorgeführt, die durch Leidenschaft und Entschlossenheit, Kalkül und Guerillataktik den Nachteil des Schwächeren wettmachen.

Supermächte bekommen es mitunter mit einem Gegner zu tun, dessen Sache aussichtslos scheint, weil er der Übermacht des ungleich Größeren eigentlich nicht gewachsen ist. Aber im geeigneten Moment und am richtigen Ort lässt sich ein Überraschungserfolg auch aus scheinbar unterlegener Position erzielen. Meist gehört dazu ein todesmutiger, oft genialischer und charismatischer Mann, der das Unmögliche wagt – ein David, der die verletzliche Flanke seines Goliath ausmacht. Wann und wo aber spielte sich das hier Beschriebene ab? Wer waren die Akteure, wie lauten in diesem Fall die Klarnamen Davids und Goliaths? Vorstellbar wäre ein solches Szenario im afghanisch-pakistanischen Grenzgebiet, wo US-Truppen gegen Terroristen vorgehen und sich unterstützt wähnen von einheimischen Stammesverbänden. Der Krieg der Vereinigten Staaten gegen den Terror geht nicht ohne blutige Lektionen und schmachvolle Niederlagen ab. Denkbar wäre auch eine Episode aus dem Vietnamkrieg ein halbes Jahrhundert zuvor. Aber das ungleiche Kräftemessen fand weder im frühen 21. noch im 20. Jahrhundert statt, noch handelte es sich bei der blamierten Supermacht um die USA. Vielmehr war es 2000 Jahre früher das Römische Reich, dem an seiner Nordgrenze, im späteren Deutschland, germanische Aufständische unter Führung eines cheruskischen Fürstensohns und Offiziers in römischen Diensten diese Niederlage beibrachten, drei seiner besten Legionen vernichteten und der Weltmacht ein bleibendes Trauma verpassten. Im beschriebenen Fall trug David den Namen Arminius, und sein Goliath war Publius Quinctilius Varus, der römische Statthalter in Germanien, bzw. dessen Oberbefehlshaber, Kaiser Augustus. Die Niederlage der Rheinarmee vor zwei Jahrtausenden ist bis heute spektakulär, weil Rom sich in Reaktion darauf gezwungen sah, seine Germanienpolitik auf den Prüfstand zu stellen – und weil sie so unwahrscheinlich war. Denn eigentlich waren die imperialen Truppen bestens aufgestellt, kampferfahren und den Rebellenverbänden weit überlegen.

Wie also konnte es passieren, dass ein routinemäßiger Marsch in eine Katastrophe mündete, die viele Tausend Mann das Leben kostete, eine Großmacht bis auf die Knochen blamierte und noch zwei Jahrtausende später ein Beispiel dafür ist, wie militärische Stärke zur Ohnmacht schrumpfen kann? Arminius muss seinen Plan bis ins kleinste Detail ausgearbeitet haben, um in eben dem Moment loszuschlagen, als die Chancen seiner Männer am besten standen: auf dem Weg der römischen Legionen ins Winterlager, also auf dem Weg in Richtung Sicherheit und vermutlich in guter, also sorgloser Stimmung. Und es geschah so, dass die Überfallenen keinen, die Angreifer aber den größtmöglichen Vorteil aus den örtlichen Gegebenheiten ziehen konnten. Denn Guerilleros haben nur dann eine echte Chance, wenn sie dem Gegner einen Kampf nach ihren eigenen Regeln aufzwingen können. Der entscheidende Vorteil der Germanen aber war, dass die überlegenen Römer sich ungefährdet wähnten – denn der militärischen Niederlage ging ein eklatantes geheimdienstliches Versagen voraus.

Der römische Statthalter Varus, erfahren durch frühere Posten in anderen schwierigen Grenzregionen, sollte in seinem Kommandobereich die Romanisierung vorantreiben. Ein heikler Auftrag, der auf die einheimische Bevölkerung einigen Druck ausübte. Zu dieser Politik gehörte, dass germanische Adelssöhne in die römische Gesellschaft und das Militär aufgenommen wurden, um so die Elite für sich zu gewinnen. Bei der Familie des Arminius schien das bestens gelungen, er befehligte germanische Hilfstruppen und war bei seinen römischen Vorgesetzten zu einigem Ansehen gelangt. Sein Bruder Flavus gab seine Loyalität auch nie auf, sein Onkel Segestes nur vorübergehend und gezwungenermaßen. Arminius aber, von dem nur der lateinische Name überliefert ist, den Luther später zu Hermann »einteutschte«, war trotz Militärkarriere in römischen imperialen Diensten offenbar nicht ausreichend integriert. Sein eigentlicher Antrieb für den Aufstand ist allerdings bis heute unklar – es mag der Drang nach Macht gewesen sein oder private Liebesgeschichten oder ein wachsender Widerwille gegen die Romanisierungspolitik des Varus. Wie auch immer, im römischen Sommerlager, vermutlich nahe Minden, war Arminius als Befehlshaber der begleitenden germanischen Hilfstruppen dabei und nutzte seine Position und die so ermöglichten Einblicke. Inmitten der arglosen Legionäre heckte er seinen folgenreichen Plan aus und akquirierte Mitverschwörer und Gefolgsleute.

Nun gehörten zur Machtausübung der Römer und zu ihrer militärischen Stärke Geheimdienstarbeit und militärische Aufklärung, die früh genug hätten ermitteln müssen, dass sich da etwas zusammenbraute. Schon im Inneren hätten die Vorbereitungen des Coups auffallen müssen, schließlich besaß die Armee genügend Spione in den eigenen Reihen. Und hier, an der heiklen Grenze des Römerreiches, wurde sie von Spezialeinheiten unterstützt, deren *exploratores* im Feindgebiet Aufklärungsarbeit betrieben und ihre Informationen über eigene Kanäle nach Rom weiterleiteten. Wieso aber war das Komplott der Germanen unbemerkt geblieben? Waren sie bei der Planung ihres Vorhabens so gewieft und vorsichtig vorgegangen, dass die Römer gar keine Chance hatten, vorab Notiz zu nehmen? Keineswegs, denn Varus' Vertrauter Segestes, der loyale Cheruskerfürst und Onkel des Arminius, hatte den römischen Statthalter vor seinem Neffen gewarnt, weil der etwas gegen die Römer im Schilde führe. Varus nahm diese Warnungen allerdings nicht ernst – wohl weil Segestes private Gründe hatte, gegen Arminius zu intrigieren, der seine Tochter Thusnelda zur Frau nehmen wollte, was dem Vater aber nicht passte. Jedoch: Segestes' Einlassungen abzutun, ohne der Sache nachzugehen, ist nicht nur im Lichte der kommenden Ereignisse ein dramatischer Fehler. Es wäre auch dann fahrlässig gewesen, wenn die Vorwürfe unbegründet gewesen wären. Als Befehlshaber eines römischen Vorpostens in einer unruhigen Grenzregion hätte Varus sichergehen müssen, dass Segestes falsch lag oder durch einen Familienzwist motiviert den Neffen unbegründet denunzierte. Immerhin hatten die Cherusker lange im Ruf gestanden, den Römern besonders feindlich gesinnt zu sein, und die Erinnerung an ihre Revolten war noch vergleichsweise frisch. Offensichtlich unterließ der erfahrene Varus diese Vorsichtsmaßnahme aber, oder die zuständigen Aufklärer konnten keine Erkenntnisse vorweisen, die Segestes' Warnungen gestützt hätten. Die Treffen der Germanenführer im Vorfeld der Vorschwörung müssen von römischer Seite unbemerkt geblieben – oder nicht ernst genommen worden sein. Darüber hinaus hatte man unterschätzt, wie einigend der Hass auf die Besatzer wirken konnte, schließlich hatten sich verschiedene germanische Stämme zusammengetan, die sich sonst mit Vorliebe untereinander befehdeten. Dass diese Einheit nicht lange währen und Arminius schließlich seinen eigenen Leuten zum Opfer fallen würde, wohl weil er ihnen zu mächtig wurde, steht auf einem anderen Blatt. Die groben Nachlässigkeiten unter Varus' Befehl wurden sein Verhängnis und kosteten Zehntausende Menschenleben. Roms Niederlage war das Ergebnis nicht nur einer ganz allgemein gescheiterten Germanienpolitik, sondern das Resultat mangelnder geheimdienstlicher Aufklärung über die Germanen in den eigenen Reihen sowie der Absichten bei germanischen Führern außerhalb der Reichsgrenzen.

Die Varusschlacht oder »Schlacht im Teutoburger Wald« des Jahres 9 n. Chr., um deren Örtlichkeit und genaue Einordnung in der Geschichte des Römischen Reiches Historiker und Archäologen noch immer streiten, wurde viele Jahrhunderte später zum deutschen Nationalmythos stilisiert und wird bis heute gern als »Urknall« der deutschen Geschichte gehandelt. Allerdings waren die Germanen keine Deutschen und von deutscher Geschichte lässt sich seriös erst viele Jahrhunderte später sprechen. Der furiose Sieg der Germanen über die römische Besatzungsmacht wird heute nicht mehr als Beginn, allenfalls als Vorgeplänkel der deutschen Geschichte auf dem Gebiet des späteren Deutschland aufgefasst. Schon aus alter Gewohnheit aber setzen Geschichtsdarstellungen eben da noch immer gern an – und für eine andere deutsche Geschichte aus dem Blickwinkel von Spionage und Geheimdiensten kann man an der Schmach des Varus und dem Triumph des Arminius augenzwinkernd konstatieren: Schon vor ihrem Beginn beeinflusste Spionage die Geschicke der deutschen Geschichte, und der Verschwörer Arminius war ihr erster Held.

DIE ANFÄNGE DER SPIONAGE

Spionage ist ein uraltes Gewerbe, das bei den Mächtigen schon hoch im Kurs stand, als die technischen Möglichkeiten noch überaus bescheiden und daher die Gewinnung von Informationen ungleich beschwerlicher war als heute. Spionage ist viel älter als die zweitausend Jahre, die die Varusschlacht zurückliegt, und nicht erst die Römer haben sie erfunden. Sowieso: Vom Erfinden kann man da ebenso wenig sprechen, wie sich irgendwann einmal jemand Krieg und Herrschaft ausgedacht hätte. Seit Jahrtausenden arbeiten Agenten verdeckt an der Informationsbeschaffung für ihre jeweiligen Auftraggeber. Der älteste Nachweis von Spionagetätigkeit stammt aus dem alten Ägypten, wo um 2000 v. Chr. ein Kundschafter seinem Herrscher von rätselhaften Feuerzeichen eines Volkes berichtet, die er zu enträtseln beabsichtigte. Das ägyptische Großreich musste sich sowohl nach innen als auch nach außen behaupten, wofür die Pharaonen ein umfängliches Kundschafter-, Boten- und Kommunikationsnetz unterhielten. Im

Reich der Perserkönige liefen die Agentenberichte ein beim »Auge des Königs«, dem Chef des königlichen Geheimdienstes bei Hofe. Je größer und vielfältiger wegen der darin lebenden Völkerschaften ein Herrschaftsgebiet war, desto schwerer ließ es sich regieren – und desto wichtiger war die Beschaffung von Informationen aus allen Winkeln des Reiches wie auch jenseits der Grenzen. Das erste Handbuch der Spionage stammt aus dem alten China: die »Dreizehn Gebote«, in denen sich der Militärtheoretiker Sunzi Ende des 6. Jh. v. Chr. mit militärischem Vorteil durch List, Tarnung und Täuschung befasst – ohne ein hohes Maß an Geheimhaltung kein Sieg. Kaum weniger wichtig sei möglichst umfassende Kenntnis des gegnerischen Potenzials. Sunzi rühmt den Nutzen der Spionage und rät zu Agenten an auswärtigen Höfen, in den Adelshäusern und Zelten der Feldherren, die möglichst umfassend Informationen sammeln, auch unwichtig erscheinende. Und er mahnt zur Wachsamkeit, weil in den eigenen Reihen ebenso gegnerische Spione vermutet werden müssen. Solche Ratschläge finden sich seither in militärischen Handbüchern, Fürstenspiegeln und politischen Testamenten von Herrschern an ihre Nachfolger. Von der Spätantike über das Mittelalter bis in die Frühe Neuzeit wurden die römischen Theoretiker Frontinus und Vegetius als Experten hoch geschätzt und viel gelesen. Frontinus verteidigte Täuschung als probat, um über den Gegner einen Vorteil zu erringen. Vegetius ist berühmt für seine Sentenz, derzufolge den Krieg vorbereiten müsse, wer den Frieden wolle. Er beschwört die Notwendigkeit von Spionage: Man müsse Kundschafter auf die gegnerische Seite entsenden sowie feindlicher Soldaten habhaft werden, um so möglichst umfassend Kenntnis der gegnerischen Absichten zu erlangen.

Voller Spionagegeschichten steckt die Bibel – so im Alten Testament beim Vorwurf Josephs gegen seine Brüder, Spione zu sein, weil er sich dafür rächen will, dass sie ihn einst als Sklaven an die Ägypter verkauft hatten, vor allem aber bei der Suche nach dem gelobten Land: Zwölf Kundschafter sendet

Moses aus, um über das angesteuerte Kanaan in vierzig Tagen herauszufinden, »wie es ist, und das Volk, das darin wohnt, ob's stark oder schwach, wenig oder viel ist; und was es für ein Land ist, darin sie wohnen, ob's gut oder schlecht ist; und was es für Städte sind, in denen sie wohnen, ob sie in Zeltdörfern oder festen Städten wohnen; und wie der Boden ist, ob fett oder mager, und ob Bäume da sind oder nicht. Seid mutig und bringt mit von den Früchten des Landes.« Hier offenbart sich der Zwiespalt, der bis in die Gegenwart gilt: In Josephs Vorwurf gegen seine Brüder ist Spionage etwas Verwerfliches, andererseits setzt Moses Kundschafter ein, als er es für nötig erachtet. Bis heute gilt Spionage im Kriegswesen als statthaft, als zweifelhaft bis kriminell hingegen im politischen und zivilen Bereich.

Dies sind einige der frühesten Spuren, aber es geht noch weiter zurück. Mitunter wird sogar die letztlich unerhebliche Debatte geführt, wer eigentlich das älteste Gewerbe der Welt vertritt: Prostituierte oder Spione. Nun, beide haben mit einem schlechten Leumund zu kämpfen, zwischen beiden gibt es durch die Geschichte immer wieder Verbindungen. Die älteste Überlieferung eines weiblichen Spions stammt ebenfalls aus der Bibel: Delilah, die im Auftrag der Philister das Geheimnis der übermenschlichen Kräfte des Samson herausfinden soll und dem starken Israeliten zum Verhängnis wird. Von allem Anfang an wird also der weibliche Faktor im Spionageberuf sexualisiert und negativ belegt, was sowohl mit der Angst der Männer vor sexueller Verführbarkeit als auch mit dem chronisch schlechten Frauenbild männlicher Chronisten zu tun hat. Dass aber Spionage in der Menschheitsgeschichte so weit zurückreicht, macht die Forderung nach ihrer Abschaffung ungefähr so aussichtsreich wie die Forderung nach Abschaffung der ähnlich alten Einrichtungen Krieg oder Herrschaft: vielleicht berechtigt zwar, aber doch vergeblich.

Aber worauf lässt sie sich historisch zurückführen? Im weitesten Sinne besteht Spionage im verdeckten Erwerb nutzbaren Wissens, das einen Vorteil gegenüber anderen verschafft.

Dieses Wissen dient als Grundlage für Entscheidungen, deren Erfolg naturgemäß umso größer ist, je mehr (zutreffende) Informationen dabei zur Verfügung standen und je besser sie ausgewertet wurden. Von entscheidendem Vorteil kann sich dabei erweisen, dass es um von der Gegenseite sorgsam geheim gehaltenes Wissen geht, das ohne ihre Kenntnis konspirativ erworben wurde. Da der Drang nach Wissen dem Menschen angeboren ist und der Vorteil von Mehrwissen auf der Hand liegt, wird Spionage betrieben, seitdem der Mensch sich mittels seiner Intelligenz in seiner Umwelt zu behaupten versucht. Zu wissen, was man nicht wissen sollte, war nicht nur Ausdruck bloßer Neugier, sondern konnte existenzielle Bedeutung haben. Wissen verschafft Vorteile, egal ob es um eine feindliche Umgebung, um wilde Tiere und Naturkatastrophen oder um andere Menschen geht. Überlebensnotwendig konnte das Wissen um Nahrungsquellen sein – oder um den Ort, wo andere ihre Vorräte aufbewahren. Mit der Art und Weise, wie sich Menschen organisiert haben, hat sich die Form der Informationsbeschaffung verändert. Rivalisierenden Verbänden von Jägern und Sammlern ging es um den entscheidenden Vorteil oder Vorsprung bei der Beschaffung von Nahrung – umso wichtiger, je mehr Menschen ein Gebiet bevölkerten oder wenn aus irgendwelchen Gründen die Nahrungsressourcen knapp wurden. Sesshaft gewordene Ackerbauern schielten vielleicht auf die höheren Erträge anderer und suchten den Grund dafür zu erkunden.

Forscher streiten um die Entstehung von Ungleichheit in grauer Vorzeit, aber Spionage in der Frühzeit des Menschen hatte zweifellos einigen Anteil daran, Ungleichheit hervorzurufen oder – in den Augen der eifrig Spionierenden – sie auszugleichen. Ihren ersten Aufschwung nahm die Spionage aber wohl mit der Entstehung von Herrschaft – als Hilfsmittel und Instrument der Erlangung, des Ausbaus oder des Erhalts von Macht. Allerdings hinterließ sie weiterhin wenig Spuren in Form schriftlicher Quellen.

Seit es sie gibt, gehören Kriege zu den wichtigsten Einsatzbereichen der Spionage. Durch die Jahrtausende hat Spionage Militärgeschichte geschrieben, denn stets lag auf der Hand, dass ein größtmögliches Wissen über Absichten und Ansichten, Taktik und Kapazitäten des Gegners den entscheidenden Vorteil zum Sieg ausmachen konnte. Notfalls unter Anwendung von Zwangsmaßnahmen befragte man Mitglieder der anderen Seite, derer man habhaft geworden war, oder fing Funksprüche auf – je nach den technischen Möglichkeiten der Zeit. Heute nutzt man Satellitenaufnahmen zur Aufklärung gegnerischer Truppenbewegungen und -stärken, früher stieg man vor dem militärischen Kräftemessen auf einen Hügel, um das Schlachtfeld zu inspizieren. Damals wie heute schleuste man Spione ins gegnerische Lager, um vor Ort Erkenntnisse über den Feind und seine Absichten zu gewinnen. Die antike Geschichtsschreibung weiß eine Menge Fälle anzuführen, in denen konkrete Informationen über den Gegner schlacht- oder gar kriegsentscheidend waren. Um 1275 v. Chr. tappte Pharao Ramses II. in eine Falle, als er mit den Hethitern um die verkehrsmäßig bedeutsame Stadt Kadesch (nicht weit von Homs im heutigen Syrien) stritt: Der Gegner führte ihn hinters Licht mithilfe von als Beduinen verkleideten Agenten, die sich als Überläufer ausgaben. In der trügerischen Annahme, das hethitische Heer sei noch weit entfernt, ließ er einen Teil seiner Truppen geradewegs in einen Hinterhalt marschieren, ohne das Eintreffen von Verstärkung abzuwarten. Wären die Ägypter nicht zufälligerweise im letzten Moment noch zweier echter Kundschafter des Gegners habhaft geworden, denen unter Folter Informationen abgerungen wurden, hätte Ramses die folgende Schlacht von Kadesch wohl schmählich verloren. So kam der Pharao immerhin mit einem Unentschieden davon. Auch die Römer errangen mit geheimdienstlicher Hilfe historische Erfolge, darunter im Zweiten Punischen Krieg den Sieg über den Rivalen Karthago mit seinen Feldherren-Brüdern Hannibal und Hasdrubal 207 v. Chr. Weil sie gegnerische Boten abgefangen hatten, konnten römische Truppen Hasdrubal besiegen, bevor Hannibal mit seiner Verstärkung eintraf.

Mit der Schlacht am Metaurus in Mittelitalien stieg Rom zur unangefochtenen Weltmacht auf.

Die antike Kriegslehre ging mit dem Ende des Römischen Reiches keineswegs ersatzlos verloren, das zeigt sich am Anteil taktischer Finesse in der Kriegführung der Merowinger und der Karolinger im frühen Mittelalter. Zwar wird noch immer gern behauptet, das fränkische Heerwesen sei eine Art germanisches Kriegertum gewesen, das wütende Horden aufeinandertrieb und die Schlacht im Kampf Mann gegen Mann entschied: aufrecht und heldenhaft vielleicht, aber ohne sich groß mit Planung oder Taktik aufzuhalten. Tatsächlich jedoch griffen fränkische Heerführer auf antike Militärlehren zurück, und sie wussten um den Nutzen von Spionen und militärischer Aufklärung. Die Chronisten verweisen darauf, etwa wenn immer wieder von »gesicherten Informationen« oder »bestätigten Gerüchten« die Rede ist, die dem Herrscher zugetragen wurden und ihn zum Handeln veranlassten.

Mangelnde Aufklärung oder die fehlerhafte Auswertung hat nicht nur im Fall der Germanenschlacht 9 n. Chr. zu einer schweren militärischen Niederlage geführt. Ein verbreiteter Fehler ist Überheblichkeit in der Auswertung – dann ist der Blick getrübt, weil man nur sieht, was man für denkbar hält. Varus hat dem loyalen Cherusker Segestes mit seinen allerbesten Einblicken weniger vertraut als dem eigenen Urteil, was er und seine Männer mit dem Leben bezahlten. Auch Stalin war überzeugt, dass Nazideutschland nicht angreifen würde – bis 1941 der Überfall auf die Sowjetunion erfolgte. Bekannt ist auch, dass Vorab-Hinweise US-amerikanischer Geheimdienste auf drohende Terroranschläge vor dem 11. September 2001 nicht ausreichend ernst genommen wurden. Unabhängig von technischen Möglichkeiten bei der Beschaffung wertvoller Informationen ist zu allen Zeiten von größer Bedeutung, die ermittelten Informationen klug zu bewerten und mit anderen Informationen abzugleichen, um am Ende die richtige Entscheidung zu treffen. Und hier unterlaufen den Verantwortlichen immer wieder Fehler – menschliche Einschätzung und Entscheidung stellt von Natur aus eine Fehlerquelle dar. Diese Quelle sprudelt umso ergiebiger, je mehr Informationen vorliegen. Im 21. Jahrhundert besteht ein Hauptproblem der Geheimdienste darin, aus der Flut an Informationen die richtigen Schlüsse zu ziehen.

DIE SPITZEL KARLS DES GROSSEN

Ausgesprochene Geheimdienste nach unserem modernen Verständnis, also als Behörde mit festem Mitarbeiterstamm und Budget, mit Büros und Archiv, gibt es erst seit einem Jahrhundert. Strukturen, die neben anderen auch nachrichtendienstliche Funktionen übernahmen, existierten aber schon viel länger. Karl der Große, ohnehin stets überaus wissbegierig, hätte sein riesiges Reich kaum aufbauen und bewahren können, ohne so gut wie möglich informiert zu sein. Als halbwüchsiger Thronfolger hatte er unmittelbar verfolgen können, wie sein höchst gewiefter Vater Pippin im Ringen mit dem widerspenstigen Herzog Waifar von Aquitanien immer wieder Spione einsetzte. Hautnah erlebte er die Bedeutung von Vorauswissen und militärischer Aufklärung – und erinnerte sich später in seinen vielen Kriegen immer wieder daran. Eine wichtige Stütze der karolingischen Herrschaftsausübung und -kontrolle waren die Königsboten, die als Vertreter ihres Herrn fungierten und gleichzeitig als dessen Kundschafter aus allen Gegenden des Imperiums Informationen einholten. Sie ermahnten die Geschäftsträger der Krone, vor allem die Grafen als Regionalpotentaten, wenn deren Arbeit dem Hof unzureichend erschien. Daneben aber hatten sie den Auftrag, Augen und Ohren des Herrschers vor Ort zu sein. Verständlicherweise wollte man über gefährliche Tendenzen irgendwo im weitläufigen Reich, über sich anbahnende Verschwörungen dies- oder jenseits der Grenzen und Planungen oder Absichten auswärtiger Mächte rechtzeitig im Bilde sein. Für die militärischen Belange war eine Art Kriegsrat zuständig, der anhand vorliegender Informationen entscheiden musste, ob Truppen ausgehoben, verlegt oder in Bereitschaft versetzt werden mussten, um einer möglichen Gefahr zu begegnen. Andererseits musste man möglichst verhindern, dass Informationen vom Hof in die falschen Hände gelangen konnten, also wurden Vorkehrungen zur Geheimhaltung getroffen. Die professionelle Wissbegierde und Wachsamkeit der fränkischen Herrscher spricht aus einer Szene im Versgedicht *Waltharius*, als dem König ein Fisch vorgesetzt wird, der nicht aus der Region stammt. Die Leitung der Hofküche wird herbeigeholt, um die königliche Neugier zu befriedigen, und erklärt, man habe den Fisch bei Worms von einem Fährmann gekauft. Der König lässt auch den rufen und erfährt, dass der Fisch von einem gut bewaffneten Fremden stamme, der kürzlich den Rhein überquert habe. Nach der ausführlichen Befragung des Fährmanns berät sich der König mit seinen Vertrauten und macht sich selbst mit bewaffneten Männern auf, den unerlaubten Grenzübertritt zu ahnden und Schlimmeres zu verhindern. Die Moral der Geschichte: Jeder Hinweis kann wertvoll sein, der weise Fürst ist stets misstrauisch. Zu den Tugenden eines mittelalterlichen Herrschers gehörte die *custodia*: die stete Aufmerksamkeit und Wachsamkeit zum Wohle seines Volkes. Dafür nach innen und außen Spione, Spitzel und Kundschafter einzusetzen, ließ sich so mühelos legitimieren.

In den Jahrhunderten nach dem Untergang Roms verfiel dessen ausgezeichnete Infrastruktur immer mehr. Als Karl der Große das Weströmische Reich in neuer Form wiedererstehen ließ, war von guten Straßen wenig übrig. Reguläre Postverbindungen gab es im mittelalterlichen Deutschland nicht, Boten durch die Lande zu schicken, war ausgesprochen teuer und deshalb nicht jedem möglich. Ein verlässlich funktionierendes Kommunikationsnetz zum eigenen Nutzen bauten erst die Päpste seit Mitte des 11. Jahrhunderts auf, ebenso die großen Mönchsorden mit ihrer internationalen Struktur. Die insgesamt schlechten Kommunikationsverbindungen erschwerten die Informationsgewinnung: Nachrichten waren nicht wie heute reich verfügbar, sondern mussten mühsam ermittelt und physisch vermittelt werden, gezielt an einen Adressaten mündlich oder schriftlich oder ungezielt durch Mund-zu-Mund-Propaganda, was zu Verfälschungen führte – die nicht selten auch beabsichtigt waren. Da blieb viel Raum für Gerüchte und Falschinformationen, die sich schwer überprüfen ließen. Klagen darüber wurden im Mittelalter oft geäußert, zumal Gerüchte sich meist schneller verbreiteten als Nachrichten, was folgenreich und nicht selten schädlich sein konnte. Auch waren lange Wege der Nachrichtenvermittlung abträglich, denn wer konnte schon sagen, ob eine frisch erlangte Information noch von Wert war, wenn sie Wochen später endlich beim Auftraggeber eingetroffen war? Oder ob der Bote, dem die wichtigsten, weil brisantesten Informationen mündlich mitgegeben worden waren, sich nach Tagen oder Wochen noch an alles korrekt erinnerte? Und war er vertrauenswürdig – oder hatte er sich auf dem Weg bestechen lassen, um anderes als das ihm ursprünglich Aufgetragene zu berichten? Überdies konnte beauftragten Boten oder den Kundschaftern selbst, aber ebenso ihren schriftlichen Mitteilungen unterwegs eine Menge zustoßen. Der Beruf des Boten war ausgesprochen gefährlich, wie zahlreiche zeitgenössische Berichte bezeugen.

Eine andere Nachrichtenquelle waren gegnerische Soldaten, die notfalls mit Gewalt zur Preisgabe wertvoller Kenntnisse gezwungen wurden, aber ebenso hochrangige Personen an Schaltzentralen, die aus irgendwelchen Gründen erpressbar waren. Kaum weniger wichtig aber waren Leute, die in ganz anderer Mission unterwegs waren, dabei aber an nützlichen Beifang kamen. Herangezogen als Agent wurde, freiwillig oder unfreiwillig, wer Informationen vor Ort beschaffen konnte, also Reisende. Vor allem Händler und Pilger, Geistliche und Gesandte waren ohnehin unterwegs und machten sich zudem nicht gleich verdächtig. Man darf vermuten, dass viele Geschäftsreisende ihre Spionagedienste eigens anboten, um die Reisekasse aufzubessern. Wie häufig solche Tätigkeiten gewesen sein müssen, erklärt sich aus den Gegenmaßnahmen, die vor allem solche Städte ergriffen, die viele Besucher anzogen. Fremde Kundschafter wurden allerorts streng verfolgt und oft mit dem Tode bestraft. Potenziell war jeder Fremde verdächtig, und die Republik Venedig, als Handelsmetropole stets voller Reisender von überallher, sah sich beispielsweise veranlasst, mündliche oder schriftliche Kontakte zu Nicht-Einheimischen zu verbieten. Wer sich mit Spionen einließ, wurde streng bestraft. Reisende mussten mit Überwachung und Durchsuchung leben und darauf achten, kein verdächtiges Verhalten an den Tag zu legen. Da aber allerorts auf Dienste von Spitzeln und Spionen zurückgegriffen wurde, kam ein Generalverdacht gegen reisende Händler immer häufiger auf. Der Stauferkaiser Friedrich II. zum Beispiel verlangte 1239 von dem Genueser Admiral Percivalle Doria die Gefangennahme einer ganzen Handelskarawane Genueser Kaufleute, weil er sie der Spionage verdächtigte. Und wer mit seinem Stab wie ein Pilger daherkam, musste nicht wirklich einer sein. Zur Zeit der Kreuzzüge konnte es sich bei seiner eigentlichen Mission um klassische militärische Aufklärung handeln, wenn etwa ein Feldzug ins Heilige Land erwogen wurde.

Im kriegerischen Mittelalter hatten Spitzel, Späher und Spione viel zu tun. Oft waren die Gegner gut bekannt, etwa weil man eben noch verbündet oder schon häufiger gegeneinander angetreten war. Schwieriger gestaltete sich die Einschätzung neuer Gegner und dies umso mehr, wenn kulturelle Unterschiede ins Spiel kamen. Zur Zeit der Kreuzzüge um den Besitz des Heiligen Landes war es besonders wichtig, umfassende Feindaufklärung zu betreiben und die Ergebnisse der Kundschafter klug auszuwerten. Dem stand allerdings eine mangelhafte kulturelle Kompetenz entgegen, weil das christliche Europa gegenüber Muslimen vor allem Vorurteile pflegte. Der Auswertung der Informationen und ihrem erfolgreichen Einsatz war solche Voreingenommenheit oft genug abträglich.

1337: DREI DEUTSCHE SPIONIEREN FÜR FRANKREICH

Im Hundertjährigen Krieg zwischen England und Frankreich stand das Heilige Römische Reich nicht im Zentrum der Ereignisse, aber Ludwig IV. der Bayer erwog, sich aufseiten Englands zu beteiligen. Der Kaiser befand sich gerade im Zwist mit dem Papst, der damals in Avignon ansässig war, unter französischem Einfluss stand und ihn mit dem Kirchenbann belegt hatte. Eine gütliche Einigung hintertrieb der französische König Philipp VI., um Deutschland als möglichen Verbündeten Englands schlecht dastehen zu lassen. Insgesamt bedeutete dieser lange Krieg einen massiven Einsatz von Spionen, wie er bisher nicht vorgekommen war. Vor allem in den Grenzgebieten zwischen dem französischen Königreich und dem englischen Festlandsbesitz sowie in den Häfen waren Spione beider Seiten zugange, von denen wir aber oft nur erfahren, wenn sie festgenommen wurden und man ihnen den Prozess machte. In Verdacht gerieten Reisende von außerhalb, fragwürdige Einheimische mit Kontakten ins Ausland oder Fremdsprachenkenntnissen, Bettelmönche auf Pilgerfahrt. Wer allzu neugierig die Flotte im Hafen beobachtete, konnte ebenso ein Spion sein wie der Kaufmann, der mit Importwaren handelte. Allerlei Maßnahmen sollten verhindern, dass für den Gegner wertvolle Informationen außer Landes gelangen konnten. Damit militärische Vorbereitungen unbemerkt blieben, wurde die Abreise auswärtiger Reisender verzögert. Herbergsbesitzer wurden angewiesen, ausländische Gäste streng zu kontrollieren, Häfen und Grenzen unterlagen verstärkter Überwachung. Man ermunterte die Bevölkerung zur Wachsamkeit und nutzte die im Kriegsfall stets aufkommende Spionagehysterie. Wurde ein Verdächtiger durchsucht und fand man tatsächlich Hinweise auf Spionagetätigkeit oder gar Briefe, die auf unerlaubte Kontakte oder konkrete Informationsübermittlung hinwiesen, drohte ihm die Todesstrafe.

Als sich der Krieg zwischen Frankreich und England abzuzeichnen begann, machte sich um den 1. Juli des Jahres 1337 in Coiffy in der Champagne ein junger, einfacher Bursche mehrmals auf den Weg nach Deutschland, um im Auftrag seines Herrn, der wiederum von einem Kriegskommissar der französischen Krone beauftragt worden war, die dortige Lage auszukundschaften. Wir wissen davon, weil sein Herr die Spionagedienste später detailliert in Rechnung stellte. Der Kundschafter arbeitete für den Burgherrn von Coiffy, stammte aber aus Deutschland, weswegen »l'Alemant« für diese Mission bestens geeignet schien. Bald begleitete ihn ein weiterer Deutscher, ein aus Freiburg im Breisgau stammender Edelknecht, Snewlin mit Namen. Der kam aus einer einflussreichen Patrizierfamilie, die zu dieser Zeit sogar Bürgermeister und Schultheiß der Stadt stellte. Dorthin reisten die beiden und konnten als Ergebnis ihrer Spionagemission schließlich berichten, dass der Kaiser tatsächlich für den Kriegsfall plante, zu diesem Zweck Geld aus England bezog und ein Heeresaufgebot der Reichsstädte von 12 000 Mann angeordnet habe, das aber aufgeschoben wurde. Die Informationen waren nicht alle korrekt und das Reich nahm trotz eines formellen Bündnisses mit England am Ende gar nicht am Krieg teil, aber für die französische Krone waren die Ergebnisse zu diesem Zeitpunkt nützlich und sie bezahlte einigermaßen anständig dafür. Der Freiburger Patriziersohn war anscheinend berufsmäßig Spion und bereits für andere Auftraggeber tätig gewesen.

Ein weitaus wertvollerer Informant war der Kölner Ritter Johann Quatermart, der sich gleichzeitig dem französischen und dem englischen König zur Treue verpflichtet hatte – im Ergebnis nutzte er seine engen Beziehungen nach England zur Spionage für Frankreich, das ihm diese Tätigkeit fürstlich entlohnte. Solche konkreten Spionagefälle sind selten so eingehend nachvollziehbar, doch hat es vermutlich eine Menge Leute gegeben, die sich im Mittelalter als Spitzel verdingten. Beweggründe konnte es viele geben, heute bezeichnen angelsächsische Geheimdienstler die wesentlichen Motivationen mit dem Kürzel M-I-C-E: Money, Ideology, Constraint, Ego –

Geld, Überzeugung, Zwang, Ego. All das ist auch denkbar bei den drei Männern, die für Frankreich spionierten. Wir wissen nur, dass sie Geld erhielten, nicht aber, was ihre Überzeugungen waren, ob sie erpresst wurden oder ob sie aus persönlichen Erwägungen mitmischten, aus Abenteuerlust beispielsweise.

DIE »AUGEN DES PAPSTES«

Zur Stärkung ihres Einflusses in Europa, zumal in Deutschland, setzten die Päpste Legaten ein. Besonders rege entfaltete sich diese Legatenwirtschaft im 11. Jahrhundert unter Papst Gregor VII., der die Autorität Roms vollständig und besonders gegenüber dem Kaiser durchsetzen wollte. Nicht nur wollte Gregor umfassend informiert sein, was sich in Kirchen und Gemeinden tat. Ebenso wichtig war das Wissen um politische Vorgänge, um die eigene Einflussnahme daran auszurichten. Die Legaten waren eine Art Mischung aus Amtsträger, die im Auftrag des Papstes kirchlichen Einfluss nahmen, und Botschafter in politischer Mission. Im Mittelalter war stets eine Menge solcher »Augen des Papstes«, wie sie bezeichnet wurden, unterwegs – Kardinäle, Bischöfe und Erzbischöfe, aber auch gewöhnliche Kleriker. Je nach Rang der Legaten konnten diese Gesandtschaften ziemlich groß ausfallen, und sie wurden übers Mittelalter zunehmend größer und prachtvoller. Im Dutzende Personen umfassenden Gefolge eines Legaten befanden sich immer auch solche, die sich zur diskreten Informationsbeschaffung eigneten. Aufgrund ihres Status als päpstliche Gesandte trafen die Legaten auf ihren Reisen stets und ständig auf Untergebene, denn jeder Kirchenmann war ihnen zum Gehorsam verpflichtet. Da im Mittelalter an den Schaltstellen der Macht stets Kirchenleute tätig waren, konnte ein Legat kraft päpstlicher Autorität viel von dem erfahren und nach Rom weitergeben, was die weltlichen Herrscher lieber geheim gehalten hätten. Aber auch beim gemeinen Christenvolk hatte ein Abgesandter des Papstes gute Chancen, an brisante Informationen zu kommen. Mancher unfreiwillige Informant sah sich in Loyalitätskonflikten, und mancher wird aus Angst vor Konsequenzen, die über den Tod hinausreichen würden, dem Ansinnen eines hochrangigen Klerikers nachgegeben haben. Manch anderer stellte seine Dienste ganz von selbst zur Verfügung, so im 12. Jahrhundert der Ratgeber des Stauferkönigs, Fast-Kaisers und Barbarossa-Onkels Konrad III., der mächtige Benediktinerabt Wibald von Corvey. Er war im Machtzentrum des Staufers tätig, war Augenzeuge wichtiger Entscheidungen und wollte an dieser Stelle gleichzeitig das Auge des Papstes sein – deshalb bot er Papst Eugen III. seine Dienste an und überdies, auf Entscheidungen bei Hofe dem päpstlichen Interesse gemäß Einfluss zu nehmen.

Der Konflikt der Staufer mit den Päpsten ist legendär – der Machtkampf wurde auf vielen Ebenen ausgetragen, darunter durch geheime Einflussnahme, verdeckte Aktionen und den Einsatz von Agenten. Stimmungsmache für die jeweilige Seite gehörte dazu, und für propagandistische Tätigkeiten, zu denen auch gezielte Desinformation gehörte, boten beide Seiten einiges auf. Überliefert ist wohl nur ein Bruchteil dessen, was die Kontrahenten an weniger sauberen Instrumenten in Anschlag brachten. So beauftragte der Papst zur Zeit des Konflikts mit Friedrich II. einen eher nachrangigen Kleriker, der im geheimen Auftrag nach Deutschland reiste: Martin Behaim, ein Dekan aus Passau. Er sollte als Agitator der päpstlichen Sache wirken, was ihm prompt die Ausweisung aus Bayern einbrachte, denn der Herzog war ein Gefolgsmann Friedrichs. Trotzdem fuhr der papsttreue Kirchenmann noch mehrmals nach Deutschland, um die Sache der Staufer zu hintertreiben, wobei er beispielsweise Kleriker absetzte oder exkommunizierte, die mit den Papstgegnern gemeinsame Sache machten. In deren Visier gerieten vor allem Bettelmönche, denn die Franziskaner und Dominikaner waren noch junge Ordensgründungen und unterstanden dem Papst unmittelbar, der sie nicht nur als Seelsorger einsetzte, sondern daneben gezielt als Propagandisten und Spitzel in eigener Sache. Dass sie unverzichtbare Träger der Inquisition waren, brachte den Dominikanern bald den Spitznamen »domini canes« ein, die Hunde des Herrn, denn wie Hütehunde verfolgten sie das Ziel, Abweichler vom rechten Glauben zu ermitteln und vor kirchliche Tribunale zu bringen. Dazu waren sie oftmals auf Informationen durch lokale Zuträger angewiesen. Überhaupt beförderte die mittelalterliche Inquisition vor allem des 13. und 14. Jahrhunderts das Spitzelwesen unter Familienangehörigen, Freunden, Nachbarn, weil sie Angst und Schrecken unter die Menschen brachte. Wenn ein Inquisitor in die Stadt kam, war jeder Rechtgläubige aufgefordert, alles Verdächtige zu melden, damit das Ketzertum vor Ort geprüft und ausgerottet werden konnte. Insgesamt verbreitete die Inquisition ein Klima des Misstrauens und der Denunziation, weil die Ketzer allgegenwärtig zu sein schienen und man sein Seelenheil in Gefahr brachte, wenn man das übersah. Man tat also gut daran, seine Umwelt zu bespitzeln, so die paranoide Logik der Inquisition, die vielfach verinnerlicht wurde.

Als im Verlauf des Mittelalters die Kommunikationsmöglichkeiten besser und politische und wirtschaftliche Kontakte enger wurden, profitierten davon auch die Spione. Eine bedeutsame Rolle spielte die intensiver werdende Diplomatie der Fürsten untereinander. Man schmiedete Allianzen und schloss Verträge, um Kriege anzuzetteln, abzuwenden oder zu beenden, um Handel zu treiben, Grenzen festzulegen oder Fürstenhochzeiten anzubahnen. Die Ursprünge ständiger diplomatischer Beziehungen liegen im 15. Jahrhundert, als die kleinen, gut verwalteten und miteinander in Konkurrenz stehenden italienischen Stadtstaaten begannen, Gesandte auszutauschen, was nach und nach in ganz Europa nachgeahmt wurde. Diplomatische Kontakte mit der Welt jenseits des Christentums waren dagegen eher eine Ausnahme und geprägt von Vorbehalten, Verdächtigungen und Missverständnissen; eine Außenpolitik nach unserem modernen Verständnis existierte noch nicht. Ende des 16. Jahrhunderts verfügte Frankreich europaweit über das größte Netz an Botschaftern. Das Nervenzentrum früher europäischer Diplomatie (und Spionage) aber war die Kurie, und nirgendwo war die Dichte an Botschaftern, Nachrichten und Gerüchten größer als in Rom. Entsprechend hoch dürfte unter den Besuchern der Ewigen Stadt der Anteil von Spionen gewesen sein, die auf dem internationalen Parkett mit entsprechendem Geschick eine Menge in Erfahrung bringen konnten. Dass sich in der Metropole am Tiber ständig so viele Fremde aufhielten, erleichterte die konspirative Tätigkeit, und fanden große Konzile wie 1215 oder Festjahre wie 1300 statt, schwoll der Besucherstrom derart an, dass sowohl die Informationsbeschaffung als auch die Tarnung ein Leichtes gewesen sein dürften. Diese Informationen konnten sich auf vieles beziehen – für die Auftraggeber war natürlich von größter Bedeutung, was in Rom mit anderen Regierungen verhandelt oder beschlossen wurde, aber ebenso konnten religiöse Angelegenheiten politisch brisant sein und Informationen für die Fürsten wertvoll. Den Erfolg des Nachrichtenhandels belegen die häufigen Klagen, es ließe sich für Geschenke und Aufmerksamkeiten in Rom ungeheuer viel erreichen und in Erfahrung bringen – selbst am Papsthof.

Seit dem 13. Jahrhundert erhielten die Gesandten, wohin sie auch geschickt wurden, schriftliche Anweisungen über ihren Auftrag und ihren Handlungsspielraum – worin aber nicht aufgeführt war, was ihnen jenseits des Statthaften noch an konspirativer Informationsbeschaffung aufgetragen war. Davon abgesehen hatten sie stets die Aufgabe, Nachrichten aller Art über das Gastland zu sammeln, die für ihren Auftraggeber von Interesse waren, und sie nach Hause zu schicken. Und von Interesse waren neben militärischen Informationen solche über Ansichten und Absichten der jeweiligen Führungsschicht: Wer hatte stets Zugang zum Fürsten? Traf der die Entscheidungen selbst oder überließ er das seinen Ratgebern? Gab es konkurrierende Parteien bei Hofe und welche hatten die besten Chancen, beim König Gehör zu finden? Welche

Vertreter auswärtiger Mächte gingen bei Hofe ein und aus, wen ließ man am ausgestreckten Arm verhungern? Kleinste Veränderungen im Nervensystem des Hofes konnten von Bedeutung sein: Wer hatte die Gunst der Entscheidungsträger verspielt? Was hatten Truppenverlagerungen zu bedeuten, die Anwesenheit von hochrangigen Militärs bei Hofe oder Wagenladungen voller Rüstungsgüter? Oder auch: Welche Hauptstädte bemühten sich um ein Heiratsabkommen mit dem Thronfolger? Wie war es um die Gesundheit des Herrschers bestellt? Was war Hauptthema der Gerüchteküche bei Hofe und worüber diskutierten die Menschen in den Straßen? Fehlte dem derzeitigen Regenten, der vielleicht durch einen Putsch an die Macht gekommen war, die Unterstützung des Volks oder hatte er die Massen hinter sich?

ZWISCHEN DIPLOMATIE UND SPIONAGE

Es liegt auf der Hand, dass in der Tätigkeit der Gesandten der Übergang zur Spionage fließend war. Spionage ist das Schmuddelkind der Diplomatie, und es kommt nicht von ungefähr, dass Gesandte mit dem Spionageverdacht leben mussten, seit es sie gibt. Diplomatie war das, was Höfe und Regierende oder ihre Stellvertreter und andere Fürsten miteinander zu tun hatten – Korrespondenz und Verhandlung, aber auch bloße Repräsentation. Zur Spionage wurde redliche Informationsbeschaffung dann, wenn es sich um Dinge handelte, die dem Land oder seinen Regierenden zum Nachteil gereichen konnten, sollten sie dem Ausland bekannt werden – Informationen also, die die Regierung als intern und schützenswert einstufte. Oder anders ausgedrückt: Spionage bleibt übrig, wenn Diplomaten gute Manieren und Redlichkeit ablegen. Dass Gesandte beauftragt waren, stets Augen und Ohren offenzuhalten, war allen Seiten natürlich bewusst, aber die Gegenseitigkeit machte dieses Problem akzeptabel: So wie man mit der Weitergabe sensibler oder geheimer Informationen durch Gesandte rechnen musste, so hatten die eigenen Botschafter im Ausland denselben Auftrag, so viel wie möglich an wichtigen Informationen zu sammeln und zu liefern. Einer der wichtigsten Diplomaten Frankreichs schrieb Ende des 15. Jahrhunderts, man solle so viele Botschafter wie möglich entsenden, da dies die sicherste und beste Methode der Spionage sei. Diplomaten standen daher unter besonderer Beobachtung, und dem Ideal nach wusste man von allen Informationen, die weitergegeben wurden, und konnte die Weitergabe derjenigen Informationen unterbinden, die nicht nach außen gelangen sollten.

Von besonderem Interesse war die Korrespondenz der Gesandten mit ihren Auftraggebern, weswegen die Überwachung der Post als geeignetes Mittel der Kontrolle diente – in Konstantinopel, wo es eine staatliche Post gab, war der Leiter des Postwesens gleichzeitig oberster Spionagechef. Gesandte genossen schon im Mittelalter besonderen Schutz, sie hatten also durchaus die Möglichkeit, brisante Schriften selbst in ihrem Gepäck zu transportieren. Aber sie waren ihrerseits auch dem Gastland verpflichtet, durften also nicht alles, was möglich war. Schon damals gründete sich der diplomatische Schutz auf Vertrauen – wurde es missbraucht, galt auch der Schutz nicht mehr. Gesandte taten also gut daran, eigene Kuriere einzusetzen, die jedoch auch nicht immer sicher und mitunter auch nicht loyal waren. Getarnt als Reisende konnten sie sensible Informationen unbemerkt außer Landes bringen, oft unter besonderen Vorkehrungen, beispielsweise wurden Briefe mehrfach losgeschickt oder in der Kleidung der Kuriere gut verborgen eingenäht. Immer beliebter wurde außerdem das Verschlüsseln von Nachrichten. Auch hier waren die italienischen Städte die Vorreiter, bald gefolgt von der römischen Kurie. Seit Mitte des 16. Jahrhunderts war es überall in Europa üblich geworden, Briefe zu codieren.

Aus der Frühzeit der Gesandtschaften ist ein schillernder Fall diplomatischer Verwicklungen im Grenzgebiet zwischen Diplomatie und Spionage überliefert. 968 n. Chr. reiste Bischof Liutprand von Cremona im kaiserlichen Auftrag nach Byzanz. Kaiser Otto der Große hatte das Reich Karls des Großen neu begründet, und Heiratspolitik spielte in seiner Politik eine große Rolle. Um seinen Sohn und Thronfolger Otto mit einer byzantinischen Prinzessin glanzvoll zu verheiraten, wurde Liutprand nach Konstantinopel entsandt, das heutige Istanbul, mit über 200 000 Einwohnern die damals größte Stadt der Welt. Der weltläufige Bischof entstammte einer angesehenen Diplomatenfamilie aus Pavia, sprach Griechisch und kannte die Hauptstadt des Byzantinischen Reiches bereits. Es war ein hochkarätiger Gesandter, der sich auf den mühsamen Weg ins weite Konstantinopel machte, erfahren sowohl in diplomatischen Gepflogenheiten als auch in den besonderen Verhältnissen am byzantinischen Hof. Liutprand war sehr belesen, verstand es aber auch, bei oberflächlichem Wissen kompetent zu erscheinen – auch das eine Universaltugend von Diplomaten. Seinen Schriften nach zu urteilen war er ein stolzer, selbstgewisser, durchaus überheblicher Mann.

Allerdings geriet dieser Besuch am Hofe des byzantinischen Kaisers Nikephoros II. zum Debakel, weil Liutprand scheinbar dilettantisch auftrat und sich wie ein Elefant im Porzellanladen benahm. Da das seiner diplomatischen Erfahrung so krass zuwiderlief, wurde hinter dem Scherben hinterlassenden Verhalten berechnete Absicht vermutet: weil der Bischof eigentlich einen ganz anderen Auftrag verfolgte, nämlich ein Spion war. Dessen wurde er in Konstantinopel denn auch sogleich verdächtigt: Während normalerweise der Empfang eines Gesandten nach sehr strengem Zeremoniell erfolgte, bei dem auch das Gespräch vorher feststand, wich Kaiser Nikephoros unerhörterweise vom Protokoll ab und warf Liutprand vor, im Auftrag seines Herrn und Kaisers Otto zu schnüffeln. Die Anschuldigung der Spionage war zwar Teil einer umfassenden Diffamierung und Schikanierung, die der Bischof in Konstantinopel über sich ergehen lassen musste, aber keineswegs aus der Luft gegriffen, gehörte das vorgeworfene Vergehen doch zu den unausgesprochenen und diskret zu erledigenden Aufgaben eines Diplomaten. Im konkreten Fall bedeutete das unter anderem auszukundschaften, was der Kaiser mit den Gesandten der italienischen Gegner Ottos verhandelte, die sich zur selben Zeit in Konstantinopel aufhielten. Die Atmosphäre bei Liutprands Besuch war also von Beginn an kühl bis eisig, der Hof verhielt sich abweisend. Gleich nach Liutprands Ankunft konfiszierten die Behörden seine Pferde und schränkten so den Bewegungsspielraum des Gesandten empfindlich ein. Wachen vor seinem Haus verweigerten lateinischkundigen Bettlern und Bediensteten der örtlichen Freunde des Bischofs den Zutritt. Wenn Liutprand ausging, wurde er überwacht, und kein Griechischdolmetscher durfte ihn begleiten. Der Bischof berichtete später, wie er für heimliche Treffen seinen Aufpassern schließlich doch entwischte. Wen genau er traf, geht aus seinem Rapport nicht hervor – wenig verwunderlich, denn über diesen Teil seiner Mission, wie auch über andere Details, die nicht für die Öffentlichkeit gedacht waren, berichtete er dem kaiserlichen Auftraggeber mündlich und vertraulich. Viel spricht dafür, dass er Oppositionelle traf, die er von seinem letzten Besuch her kannte. Nikephoros war in einem Staatsstreich an die Macht gekommen, hatte die alte Dynastie abgesetzt und zwecks besserer Legitimierung die Frau seines Vorgängers geheiratet. Es war also für Otto I. nicht unwesentlich zu erkunden, wie fest der oströmische Kaiserkollege im Sattel saß, immerhin herrschte Hunger im Land und im Jahr zuvor hatte es bereits einen Aufstand gegen den Usurpator gegeben. Tatsächlich brachte ein Jahr nach Liutprands Besuch ein weiterer Staatsstreich das Ende der Herrschaft des Nikephoros.

Da aber der diplomatische Umgang im Mittelalter besonderen Symbolcharakter besaß, ging es bei der Behandlung Liutprands nicht allein um den konkreten Spionagevorwurf. Gleichzeitig sollte sie den gegenwärtigen Zustand der Beziehungen zwischen Nikephoros und Otto ausdrücken. Beide betrachteten Süditalien als Teil ihrer Einflusssphäre und standen dort entsprechend in Konkurrenz zueinander. Daneben war da das sogenannte »Zweikaiserproblem«: Wenn es denn zwei Kaiser gab, wer war der ranghöhere? Der Machtanspruch Ottos drückte sich in seinem Ansinnen aus, seinen Sohn mit einer byzantinischen Kaisertochter zu verheiraten – nur dass Nikephoros sich nicht als Kollege, sondern im Rang weit über Otto stehender Herrscher verstand. Daher stießen die Heiratspläne, die Liutprand trotz der Spionage- und anderer Vorwürfe vorbrachte, auf scharfe Ablehnung. Erst unter Nikephoros' Nachfolger wurden die Heiratsverhandlungen mit Byzanz erfolgreich wieder aufgenommen und Prinzessin Theophanu mit Ottos gleichnamigem Sohn vermählt.

BYZANZ ALS PATE
MODERNER GEHEIMDIENSTE

Was auch immer Liutprand in Erfahrung brachte: In Sachen Geheimdienst konnte Ottos Reich es mit Byzanz nicht aufnehmen. Ostrom konnte viele der Errungenschaften des Römischen Reichs bewahren, darunter die Infrastruktur von Post und Verkehr – und in Sachen Geheimdienst sogar weiterentwickeln. Auf ihn stützten die byzantinischen Kaiser ihre Macht ebenso wie aufs Militär – dass ein Großteil von ihnen ermordet wurde, spricht allerdings nicht unbedingt für die Effektivität ihrer Geheimdienste. Im Haifischbecken von Konstantinopel aber war die Machtbehauptung keine leichte Aufgabe, vermutlich wäre es noch extremer zugegangen, hätten die Kaiser gar keine Agenten in ihren Diensten gehabt. Die byzantinischen Schlapphüte waren ohnehin gut beschäftigt mit der Überwachung der Diplomaten, die sich bei Hofe aufhielten. Auswärtige Gesandte wurden als vorgeblich protokollarische Ehrenbezeugung ab der Grenze eskortiert, um zu verhindern, dass die Spionage schon auf der Fahrt in die Hauptstadt begann. Während ihres gesamten Aufenthalts in Konstantinopel wurden sie »begleitet«, um unerwünschte

Kontakte zu unterbinden. Wer nicht wie der Cremoner Bischof härter rangenommen wurde, erlebte viel Schmeichelei – am prachtvollen Hof in Konstantinopel zuvorkommend behandelt zu werden, ließ viele redselig werden. Und versprach man sich davon einen Vorteil, dass ein Gesandter nicht allzu schnell mit Informationen den Heimweg antrat, verweigerte man kurzerhand die Erlaubnis zur Abreise. So erging es auch Luitprand, der später wortreich beklagte, man habe ihn unter unwürdigen Umständen in Konstantinopel festgehalten, seine Bewegungsfreiheit und Kontaktmöglichkeiten eingeschränkt und beständig schlecht behandelt.

Die staatlichen geheimdienstlichen Strukturen im Byzantinischen Reich kommen der Arbeit eines modernen Geheimdienstes noch am nächsten. Und auch die Bedeutung, die den staatlichen Spionen und Agenten zukam, ähnelt dem moderner Staaten. Ähnlich wie Regierungschefs heute allmorgendlich einen Lagebericht ihrer Geheimdienste erhalten, wurde auch der byzantinische Kaiser täglich vom Logotheten informiert, der für die Ausländerpolizei zuständig war, das »Amt für Barbaren-Angelegenheiten«. Dieser oberste Postchef, mithin auch für die Briefüberwachung zuständig, war einer der mächtigsten und einflussreichsten Beamten des Staates. Die Schnelligkeit der byzantinisch-kaiserlichen Post wurde gerühmt und man darf vermuten, dass auch Nachrichten über Verdächtiges in Windeseile ihren Adressaten erreichten. Wenn Informationen vor allem militärischer Art von den Reichsgrenzen noch schneller in die Hauptstadt gelangen sollten, nutzte man Feuersignale, die über Zwischenstationen zu einem Leuchtturm gelangten, der zum Kaiserpalast gehörte und Tag und Nacht besetzt war. Gleichzeitig befehligte der Logothete die Geheimpolizei: Agenten sollten in allen Teilen des Reiches für die reibungslose Durchsetzung kaiserlicher Befehle sorgen, Verschwörungen gegen den Kaiser aufdecken und verfolgen und Spione aus dem Verkehr ziehen. Ebenso wurden sie selbst mit der Spitzeltätigkeit gegen verdächtige Personen beauftragt. Besonders an den Rändern des riesigen Reiches waren die »agentes in rebus« für die Regierung in Konstantinopel tätig. Die Vielzahl der Informationen lief beim Amt für Barbaren-Angelegenheiten zusammen, eine veritable Geheimdienstzentrale also.

Einiger Aufwand wurde auch auf die Auslandsspionage verwendet. Als Großreich mit langen Grenzen und stets prekärer Sicherheitslage angesichts begehrlicher Mächte in allen Richtungen versuchte man gut informiert zu sein. Als eigene Informanten fungierten verdeckt Reisende, die sich als Händler oder Pilger ausgaben, aber auch ansässige Spione, *kryptoi philoi* genannt, geheime Freunde. Ein möglichst umfassendes Wissen über potenzielle Feinde, nicht nur politisch, wirtschaftlich und militärisch, sondern auch über ihre Mentalität, verringerte die Gefahr böser Überraschungen. Der byzantinische Proto-Geheimdienst half dem stets gefährdeten Reich im schwierigen Geschäft des Überlebens – retten konnte er es letztendlich jedoch nicht. Als 1453 Konstantinopel dem Druck des expansiven Islam zum Opfer fiel, ging das alte Rom schließlich auch im Osten unter.

NÜRNBERG, NACHRICHTENZENTRUM DES REICHES

Im Heiligen Römischen Reich waren nicht nur Kaiser, König und Kirche Auftraggeber von Kundschaftern und Spionen. Daneben besaßen viele Städte, vor allem Freie und Reichsstädte, als politische Schwergewichte erhebliche Bedeutung und ergriffen in Machtkämpfen und Auseinandersetzungen für eine Seite Partei, etwa wenn Kaiser und Kirche sich bekämpften, wenn Fürstenfamilien um den Thron stritten oder während der Reformation um den rechten Glauben gerungen wurde. Das war durchaus kein Selbstzweck, denn die Geschicke einer Stadt konnten ganz empfindlich beeinflusst werden, wenn sich politische Koordinaten verschoben. Kriege behindern den Handel und bedrohen den eigenen Wohlstand, herrscherliche Begehrlichkeit die städtische Eigenständigkeit. Um mitzumischen und Einfluss zu nehmen, mussten die Ratsherren stets gut informiert sein. Mitunter konnten sie etwas bewirken, häufiger aber war es wenigstens von Vorteil, rechtzeitig zu wissen, was sich anbahnte und welche Auswirkungen ihre Stadt gewärtigen musste. Die Schwergewichte unter den Tausenden Städten im mittelalterlichen Reich beschäftigten Gesandte, um ihre »außenpolitischen« Interessen wahrzunehmen. Solche Städte waren Drehscheiben der Informationen, die von überallher eintrafen, gesichtet und weitergegeben wurden. Wichtigste dieser Drehscheiben war Nürnberg, das um 1500 als »Auge und Ohr Deutschlands« galt. Gesandte der stolzen Handelsstadt waren an Fürstenhöfen in ganz Europa sowie der römischen Kurie vertreten. Sie waren aufgefordert, dem Stadtrat umfassende Informationen über alles zukommen zu lassen, was für die Stadt von Bedeutung war oder werden konnte. Davon gab es am Kaiserhof in Wien besonders viel in Erfahrung zu bringen, was dann in rund neun Tagen ein Bote nach Franken brachte. Informanten waren nicht nur die eigenen Gesandten, sondern man bezahlte Leute bei Hofe für ihre Informationen, beispielsweise den Barbier Kaiser Friedrichs III., ein gebürtiger Nürnberger namens Andreas Haller. Die Gesandten und Boten Nürnbergs hatten in der Wiener Neustadt eine Herberge, die sie nicht nur zum Logieren, sondern auch als Büro mit Poststelle und Aktenablage nutzten.

Während andere Städte wie Basel oder Konstanz als wichtige Konzilsstädte von den Besuchern aus dem In- und Ausland profitierten, von denen viel zu erfahren war, kamen der Handelsmetropole Nürnberg die kommerziellen Netzwerke und der rege Händlerverkehr zugute. Zur Nachrichtenbeschaffung setzte der Stadtrat nicht nur reisende Kaufleute ein, sondern beschäftigte auch Boten, Informanten und Spione, die leicht verfügbare Neuigkeiten ebenso sammelten wie schwer erhältliche Geheiminformationen. Im nahen Böhmen gewann man für die Handelstätigkeit der eigenen Kaufleute wichtige Informationen, gab vieles von dem zusammengetragenen Material aber auch an andere Städte und Institutionen des Reiches weiter, nicht zuletzt während der Zeit der böhmischen Hussitenbewegung Anfang des 15. Jahrhunderts. Die Inhalte waren politische Vorgänge, innere Zustände, aber auch Militärisches, ermittelt bei meist einheimischen Gewährsmännern. Für tschechisch abgefasste Briefe beschäftigte Nürnberg eigens einen Übersetzer. Gab es keine besonderen Vorkommnisse, traf ungefähr alle sechs Wochen ein Bote ein, als aber die Situation in Böhmen nach 1419 infolge der Hussitenunruhen instabil wurde und sich auf die Nachbarregionen auswirkte, verdichtete sich der Botenverkehr, manchmal gingen Nachrichten täglich ein.

Die Reformation bescherte Spionen abermals neue Arbeit. Der Kampf zwischen Katholiken und Protestanten fand ja nicht bloß in Kirchen und zwischen Gläubigen statt, er war hochpolitisch und wurde mit allen Mitteln geführt. Da die institutionalisierten Kanäle für den Nachrichtenaustausch wegen der Kirchenspaltung und dem daraus erwachsenen politischen Bruch vielerorts versiegten oder zumindest spärlicher flossen, kam der Informationsbeschaffung mittels Agenten erhebliche Bedeutung zu. Das galt in besonderem Maße für Netzwerke, die sich in der Zeit der Konfessionskämpfe zusammenfanden, um in ihrem Sinn ihre religiös-politische Sache voranzubringen. Viele dieser Netzwerke waren grenzüberschreitend und daher auf ebensolche Kommunikationswege angewiesen. In gleichem Maße hatten die deutschen Fürsten, ob katholisch, lutherisch oder calvinistisch, ein vitales Interesse, auf dem neuesten Stand zu sein, was die Herrscherkollegen anging, mit denen man durch die Reformation verfeindet war und nun nicht mehr im einvernehmlichen Austausch stand. Zu einem europäischen Bündnis protestantischer Fürsten kam es trotz einiger Anstrengungen allerdings nie.

Ende des 16. Jahrhunderts war der aus Konstanz stammende Gelehrte und Calvinist Wolfgang Zündelin in Venedig als Nachrichtensammler für deutsche protestantische Fürstenhöfe tätig. Im zähen Ringen zwischen Reformation und katholischer Gegenreformation waren nützliche Erkenntnisse aus Rom Gold wert. Drehscheibe für Nachrichten war Venedig schon seit Jahrhunderten, denn die Handelsrepublik stand im Kontakt mit der ganzen bekannten Welt, besaß traditionell gute Beziehungen nach Konstantinopel, das inzwischen osmanisch geworden war, und war eine Art Verteilerzentrum für Neuigkeiten aus Italien, also auch aus Rom, die von hier ins Ausland gingen. Entsandt worden war Zündelin Anfang der 1570er-Jahre im Auftrag des kurpfälzischen Hofes in Heidelberg, dann arbeitete er für den Landgrafen von Hessen-Kassel. Einige Jahre später wurde die Arbeit erheblich erschwert, denn Calvinisten wie Zündelin wurde die Arbeit mehr oder weniger verboten. Er musste sich nunmehr konspirativ organisieren, um weiterarbeiten zu können, und schickte seine Informationen nicht mehr direkt an seine Auftraggeber, sondern über einen Freund, den Nürnberger Arzt Joachim Camerarius d. J. Der kannte das Geschäft, betätigte er sich doch ebenfalls als Agent, der Nachrichten aus Böhmen und Mähren, aus Polen, Schlesien und Ungarn sammelte und nach England, Frankreich und in die Niederlande weitergab. Als es trotzdem heikel zu werden drohte, verlegte sich Zündelin darauf, als medizinische Texte getarnte Berichte zu verfassen sowie den Anschein zu erwecken, er schreibe aus katholischer Position heraus. Die Vorsorge schien berechtigt, denn 1587 wurde Zündelins italienischer Freund Donzellino festgenommen, zum Tode verurteilt und ertränkt. Der badische Gelehrte bekam es mit der Angst zu tun und verließ zweieinhalb Jahre später selbst Venedig und Italien. Er ging nach Dresden, bis er auch dort wegen innerprotestantischer Umwälzungen bei Hofe in Gefahr geriet, als ein weiterer Freund inhaftiert wurde. Zündelin wich nach Heidelberg aus, von wo er sich am frühen Morgen des 30. Mai 1600 ins schweizerische Exil rettete.

Zu dieser Zeit hatte längst der Buchdruck Furore gemacht und der Schriftlichkeit und der Verbreitung von Nachrichten Vorschub geleistet, ebenso wurde das teure Pergament vom preiswerteren Papier abgelöst. Geheimes brachte man leichter zu Papier als auf Pergament, und ebenso stieg mit der Zahl der Druckwerke der Umfang an Informationen, die Spionen nützlich sein konnten, zudem ließen sie sich einfacher vermitteln. Hinzu kamen immer bessere Kommunikationswege, seit die Reichspost ihren Betrieb aufnahm.

Die Spione des Mittelalters haben vergleichsweise wenig Spuren hinterlassen, sodass man sich über ihren Berufsstand in dieser Epoche mächtig täuschen könnte. Dabei waren sie kaum weniger emsig als ihre Nachfolger, deren Hinterlassenschaften aber sehr viel umfänglicher sind.

2. KAPITEL

SPIONE MIT ELEGANZ UND ETIKETTE

Mitten im kalten Winter des Jahres 1712 wurden die Berliner von Böllerschüssen hochgeschreckt – doch wusste man sogleich, dass Anlass zur Freude bestand: Die Frau des preußischen Kronprinzen, Sophie Dorothea von Hannover, hatte einen Sohn geboren, der Fortbestand der Hohenzollerndynastie war gesichert. Das war erleichternd fürs Volk, denn es verhieß Stabilität, und ein Grund zum Feiern war es sowieso. Aber nicht nur die Untertanen Brandenburg-Preußens horchten auf, auch jenseits der Landesgrenzen interessierte man sich für dieses Ereignis am Hof des noch jungen Königreichs. Dynastische Entwicklungen hatten stets eine politische Dimension, das galt für fürstliche Geburten ebenso wie für Hochzeiten oder Todesfälle, denn Herrschaft war an die jeweils regierende Dynastie gebunden. Stotterte die Thronfolge, führte das zwangsläufig zu Erbstreitereien unter den europäischen Herrschern – im 18. Jahrhundert löste ein Erbfolgekrieg den nächsten ab. Auch der kleine Fritz, der da im Schlossplatzflügel des Hohenzollernpalastes geboren worden war, sollte einige Jahrzehnte später einen Erbfolgekrieg anzetteln: Bald nach seinem Regierungsantritt 1740 inszenierte er sein »Rendezvous mit dem Ruhm«, überfiel das österreichische Schlesien und gewann es für Preußen in schließlich drei Kriegen. Den letzten davon, den Siebenjährigen Krieg, überstand er nur mit Glück, aber Friedrich hatte das Unerwartete vollbracht: Fortan galt das zuvor randständige Preußen als eine der großen europäischen Mächte, gleichauf mit Frankreich, England – und Österreich. Dort, im stolzen Wien, Hauptstadt der Habsburger Kaiserdynastie, hatte man den

Werdegang Friedrichs seit jenen Böllerschüssen aufmerksam verfolgt und maßgeblichen, aber großenteils geheimen Einfluss darauf genommen – und damit am Ende das provoziert, was man zu verhindern trachtete: dass Preußen im europäischen Mächtekonzert in vorderster Reihe aufspielen und Habsburgs Vorrangstellung anfechten würde.

Wir befinden uns im Zeitalter des Barock, einer Epoche höfischen Glanzes im Licht kerzenbestückter Kronleuchter, des schönen Scheins, der Perücken und Brokatgewänder, der Galanterie, aber auch der Verstellung und Intrige. Und so wie der französische Hof in Versailles das oft, aber stets unvollkommen kopierte Vorbild für die barocken Fürstenhöfe überall in Europa abgab, so setzte Frankreich auch in Sachen Spionage Maßstäbe. Noch unter König Ludwig XIII. hatte Kardinal Richelieu ein Informantennetzwerk aufgebaut, das man durchaus als frühen Nachrichtendienst bezeichnen kann – ein moderner Biograf nannte Richelieu den zu seiner Zeit bestinformierten Mann der Welt. Seine Agenten, darunter viele Kirchenmänner, waren im Inland gegen die rebellischen Hugenotten im Einsatz, vor allem aber agierten sie an den europäischen Höfen, darunter in Deutschland. Besonders wichtig waren Informationen vom Wiener Kaiserhof, denn das Haus Habsburg war damals Frankreichs Rivale Nummer eins, über dessen Absichten man so gut wie möglich im Bilde sein und dem man nach Möglichkeit die Gefolgschaft im Reich wenigstens teilweise abspenstig machen wollte. Richelieus wichtigstem Vertrauten und Agenten, dem Kapuzinermönch Père Joseph, gelang es sogar 1630, während des Dreißigjährigen Krieges, den kaiserlichen General Wallenstein zu treffen und auszuhorchen, bevor er auf dem Reichstag von Regensburg erfolgreich gegen ihn und den Kaiser intrigierte. Wien hatte also allen Grund, in Sachen Spionage und geheime Informationsbeschaffung aufzurüsten, andere Regierungen folgten. Große und kleine Agenten hatten also für immer mehr Interessenten immer mehr zu tun, und das 18. Jahrhundert mit seinen Machtrangeleien wurde zur Blütezeit der Geheimdiplomatie und der Spione, die stets und überall im Einsatz waren. Die Hauptstädte wimmelten von Spitzeln, die nicht selten an mehrere Auftraggeber gleichzeitig lieferten und sich ihre Dienste mehrfach bezahlen ließen. Dass man jederzeit mit Spionen zu rechnen hatte, war kein Geheimnis. Jeder konnte im fremden Auftrag unterwegs sein, nicht nur die ausländischen Gesandten. Denn die unterhielten an ihrem Einsatzort mitunter umfängliche Netzwerke, verpflichteten Kammerdiener und Zofen, Hofdamen und Sekretäre, Minister und Beamte. Vertrauliche Gespräche wurden belauscht, heimliche Liebschaften ausgeplaudert, Kuriere wurden bestochen, Briefe abgefangen und vor der Weitersendung eilends kopiert – und so verhielt sich jeder konspirativ: entweder um das eigene zweifelhafte Tun zu kaschieren oder um sich eben solchen Tuns anderer zu erwehren. Die Folge war ein latentes Misstrauen, aber wohl ebenso ein spielerisches Vergnügen, mit diesen Widrigkeiten umzugehen.

Im Zentrum der Nachrichtenbeschaffung standen die Diplomaten, die zuständig waren für das, was heute Nachrichtendienste besorgen. Sie galten als »ehrenhafte Spione«, was paradox klingt, aber gängige Praxis war: Der Berufsstand der Diplomaten hielt sich einerseits seine Aufrichtigkeit zugute, übte sich aber ebenso in der Geheimhaltung eigener Absichten und Taten beziehungsweise der Ermittlung dessen, was die Regierung des Gastlandes lieber verborgen halten wollte. Dieser Teil der Berufsbeschreibung fehlte auch in den offiziellen Handbüchern und theoretischen Abhandlungen für Diplomaten nicht. Die Doppelfunktion der Gesandten war durchaus akzeptiert, weil es den Erfordernissen entsprach und dem Miteinander der Mächte durchaus förderlich sein konnte, wenn Offenheit und Geheimhaltung zwar im Spiel waren, aber eine Balance hielten. Als Beauftragter seiner Regierung musste der Diplomat im Interesse der Staatsräson handeln, wozu auch Heimlichtuerei, Spionage, Bestechung und notfalls Lüge zählten. Politische Entscheidungen aber wurden in einem kleinen Kreis bei Hofe diskutiert, vorbereitet und getroffen, daher war es für auswärtige Diplomaten unerlässlich, so gut wie nur möglich bei Hofe integriert zu sein. Im Übrigen stand das Spiel mit der Maske, der Einsatz von Täuschung und Verstellung ja durchaus im Einklang mit den Usancen des höfischen Parketts, auf dem sich die Gesandten vornehmlich bewegten. Alle paar Tage begab man sich an den Hof zur dortigen Nachrichtenbörse: das königliche Vorzimmer, eine Art Lobby des Fürstenhauses. Im zwanglosen Gespräch war da viel zu erfahren. Wer Zugang zum Monarchen und seinen wichtigsten Beratern und Beamten sowie seiner Familie hatte, gewann nicht nur weitere Einblicke, sondern konnte auch Einfluss nehmen, sei es direkt oder durch Bestechung derjenigen, die an den Entscheidungen beteiligt waren. Wem es am direkten Zugang mangelte, der machte Geschäfte mit Personen aller Art, die nützliche Informationen liefern konnten. Es empfahl sich, stets aufmerksam zu sein, welches beiläufige Gespräch, welcher zufällige Kontakt nicht vielleicht in eine vertrauliche Zusammenarbeit münden könnte. Ein Übriges tat ein guter Draht zu den Gesandten anderer Länder, denn auch hier war viel in Erfahrung zu bringen. Ebenso empfahl sich ein Agent in einer gegnerischen Gesandtschaft, der gegen Bezahlung geheime Korrespondenz kopierte, oder man überwachte den Kurierverkehr und fand Wege, Post abzufangen und vor der Zustellung einzusehen. Wenn dann die Berichte nach Paris, Wien oder London versandt wurden, trug man größte Sorge, sie keinem unliebsamen Mitleser in die Hände geraten zu lassen.

Aus Sicht der Regierenden waren die verstärkten Bemühungen zur Informationsbeschaffung eine blanke Notwendigkeit – die politischen Verhältnisse in Europa zwangen dazu. Seit dem Westfälischen Frieden, der den Dreißigjährigen Krieg beendete, hatte sich das europäische Staatensystem herausgebildet und die Diplomatie professionalisiert: Wer in der großen Politik mitmischen wollte – und es sich leisten konnte –, unterhielt ein leistungsfähiges Netz an ständigen Vertretern an den anderen Fürstenhöfen. Das 18. Jahrhundert war auch die Epoche der wechselnden Allianzen der Mächte untereinander. Wenn aber dauernd die Karten neu gemischt wurden, war es ratsam, möglichst häufig einen Seitenblick auf das Blatt der anderen zu werfen. Da die Regierenden sehr viel mehr als früher miteinander zu tun hatten, musste man auch mehr übereinander wissen, folglich wuchs mit der Nachfrage nach Informationen der Nachrichtenverkehr, Zeitungen und Informationsnetzwerke wurden wichtiger. Allerdings waren Zeitungen angesichts fürstlicher Geheimhaltungspolitik und in Ermangelung eines freien Pressewesens nach modernem Verständnis weder erschöpfende noch jederzeit zuverlässige Informationsquellen. Zu den wichtigsten Aufgaben der Diplomaten gehörte daher die Beschaffung von Informationen und ihre Auswertung für verwertbare Berichte nach Hause. In den Hauptstädten nutzte man bestehende Informationsmöglichkeiten und baute daneben eigene Netzwerke auf. Denn wichtiger als die frei kursierenden Neuigkeiten waren solche Nachrichten, die anderswo geheim gehalten wurden – so wie man seinerseits einige Anstrengungen unternahm, eigene Geheimnisse zu hüten.

BERLIN:
TUMMELPLATZ HÖFISCHER AGENTEN

Das Kurfürstentum Brandenburg lag lange Zeit eher am Rand des Geschehens, so wie es sich geografisch am Rand des Heiligen Römischen Reiches befand. Es galt auch als dessen »Streubüchse«, weil wüste Flächen den märkischen Sand übers Land wehten – und weil dieses Land eher karg, arm und rückständig war. Dem Großvater Friedrichs des Großen war es dank hartnäckiger Arbeit und einigem diplomatischen Geschick gelungen, 1701 mit Zustimmung des Kaisers in Wien vom Kurfürsten zum König aufzusteigen. Friedrichs Vater, der Soldatenkönig Friedrich Wilhelm I., hatte dem jungen Königreich mit einer starken, perfekt gedrillten Armee international Respekt verschafft, fühlte sich aber von den großen Mächten unzureichend respektiert und oft genug als politische Manövriermasse rüde herumgeschubst. Man nahm Preußen ernst, hielt es aber in der zweiten Reihe. Der Soldatenkönig schlug sich so gut er konnte, war aber kein geborener Außenpolitiker, der sich mit der gebotenen Schnelligkeit auf die sich ständig verändernden politischen Konstellationen und Bündnisse einstellen konnte. Auch für das damit verbundene taktische Spiel besaß er wenig Talent, seine mangelnde Finesse aber eröffnete den Fürstenkollegen Möglichkeiten der verdeckten Einflussnahme. An den europäischen Höfen war Friedrich Wilhelm I. für sein unberechenbares, aufbrausendes Naturell berüchtigt, und Paris wie Wien konnten, wenn sie wollten, ihre geheimdiplomatischen Unternehmungen und ihr Doppelspiel unter Einsatz von Spionage, Täuschung und Bestechung damit rechtfertigen, dass dem Preußenkönig anders nicht beizukommen war. Außerdem hielten sie sich gern zugute, im Interesse des altehrwürdigen Heiligen Römischen Reiches zu handeln, dessen Oberhaupt der Kaiser war und zu dessen Gliedern Brandenburg-Preußen zählte. Früher wie heute: Spione und ihre Auftraggeber sehen ihr Handeln stets gerechtfertigt und dem allgemeinen Wohl verpflichtet. Friedrich Wilhelm I. hatte für sein Land zwei zentrale Anliegen: Er wollte als König von den Kollegen in London, Wien und Paris gleichberechtigt behandelt und nicht als »Fürst von Zipfel-Zerbst« abgetan werden. Und er wollte seinen Anspruch auf die niederrheinischen Herzogtümer Jülich und Berg, wo ein strittiger Erbfall anstand, durchsetzen und so seine Grenzen erweitern. Beides sollte ihm nicht gelingen. Stattdessen war er von falschen Freunden, gekauften Ministern und intriganten Hofschranzen umgeben, die ihn im Sinne ihrer jeweiligen Auftraggeber zu beeinflussen suchten. Der Soldatenkönig regierte sein Land hemdsärmelig, er hatte den ihm verhassten Prunk seines Vaters umgehend abgeschafft, das Personal bei Hofe auf einen Bruchteil reduziert und im Rang die Militärs über die Hofchargen gestellt. Er war eher der Typ derber Gutsherr als verfeinerter Galant, alles Barocke war ihm fremd, auf dem üblichen Weg der höfischen

Etikette und Schmeicheleien war daher ein Zugang zu ihm nicht zu erlangen.

Die Außenpolitik der Habsburger war darauf ausgerichtet, Allianzen zu verhindern, die sich gegen den Kaiser richteten oder richten könnten. Seit Mitte der 1720er-Jahre bemühte sich Wien daher um Brandenburg-Preußen und seinen rumpeligen, unter harter Schale durchaus sensiblen König. Der fühlte sich von der Partei der Habsburg-Gegner, der er seit einigen Jahren angehörte, schlecht behandelt und wirkte offen für Wiener Avancen. Die Möglichkeit, Preußen aus dem antikaiserlichen Lager herauszubrechen, schien also reell. Es bedurfte allerdings noch des richtigen Mannes, um die Berliner Politik nach Wiener Vorstellungen zu beeinflussen. Sobald der aber gefunden war und seine Tätigkeit begann, wirkte sich das auf die Situation des Kronprinzen unmittelbar aus.

Der Geburtsort des kleinen Fritz war barocker Ausdruck der Rangerhöhung zum Königtum: das Berliner Schloss, das damals aufwendig erweitert und zu einem der schönsten und modernsten Schlösser Europas ausgebaut wurde. Für Friedrichs unglückliche Kindheit, von Intrigen, Eifersüchteleien und einem überforderten Vater verschattet, stehen jedoch zwei kleinere Schlösser: nicht weit vom Hohenzollernpalast das Rokokoschlösschen Monbijou, an das heute nur noch der Name des Parks erinnert, in dem damals der Preußenprinz herumtollte, sowie das Jagdschloss Königs Wusterhausen südöstlich von Berlin. In Monbijou wohnte Friedrichs Mutter, dort ging es französisch, verspielt und vornehm zu, denn die Königin hielt so standesgemäß Hof, wie sie es für angemessen erachtete: Hier war am ehesten barocker Glanz zu erleben. An diesen Ort hatte Friedrich noch die besten Erinnerungen, weil er die besseren, frühen Jahre hier verbrachte, bevor sein strenger, oft jähzorniger Vater die Erziehung übernahm. Seither gab man nämlich das unschöne Drama »Verständnisloser Vater drangsaliert hochbegabtes Kind«, denn der Soldatenkönig wollte seinen ganz anders gearteten Sohn mit Brachialgewalt zu einem idealen Herrscher machen – nach seiner Vorstellung. Ebenso war es jedoch das Kräftemessen zweier ebenbürtiger Sturköpfe, deren einer allerdings am längeren Hebel saß. Königs Wusterhausen, der Lieblingsort Friedrich Wilhelms I., ähnelte eher einem größeren Jagdhaus, wo man sich einfach bis derbe vergnügte. Während in Monbijou zwischen reich bespannten Wänden hübsch verzierte Pantöffelchen über poliertes Parkett trippelten, schlugen in Wusterhausen zwischen weiß gekalkten Wänden schwere Jagdstiefel auf Steinboden. Diese gegensätzlichen Pole und die Kämpfe zwischen den Eltern beziehungsweise deren Parteigängern bestimmten Friedrichs Kindheit von Anfang an.

Die Kindheit eines Kronprinzen kann man selten unbeschwert nennen, aber für die Friedrichs gilt das in besonderem Maße. Schon früh wurde der kleine Fritz zu Gegenstand und Opfer höfischer Intrigen und hochkarätiger Spionage, und dass er darunter empfindlich leiden würde, hat seine spätere Politik maßgeblich beeinflusst. Die Frage an die Geschichte »Was wäre gewesen, wenn?« mag im Rückblick unerheblich sein, stellt sich aber gerade im Falle Friedrichs des Großen unwillkürlich. Denn ein erheblicher Teil seiner Politik ist nur erklärlich, wenn man den Einfluss von Spitzeln, Spionen und Intriganten auf seine Prinzenzeit würdigt. Über das Trauma Friedrichs infolge seiner gescheiterten Flucht 1730, als er sich vor seinem despotischen Vater ins Ausland retten wollte, ist viel geschrieben worden, doch weniger bekannt ist das Ausmaß von Spionage und Intrige in seiner Kindheit und Jugend insgesamt – sowie ihre Bedeutung für seine Regierung und sein Leben als Ganzes.

WIENER GEHEIMDIPLOMATIE
FÜR PREUSSISCHE PRINZEN

Friedrichs Eltern hatten höchst verschiedene Temperamente, gänzlich unterschiedliche Ansichten über Königsrang und Hofhaltung und konträre Ansichten über Erziehung und Zukunft ihrer Kinder: Als Tochter des englischen Königs Georg I. und Schwester von dessen Nachfolger Georg II. orientierte sich Sophie Dorothea nach England, wohin sie ihre beiden ältesten Kinder, Wilhelmine und Friedrich, verheiraten wollte. Friedrich Wilhelm I. war dem zunächst nicht abgeneigt, aber auch offen für andere Optionen. Vor allem aber wollte er sich die väterliche Entscheidungsgewalt über Erziehung und Zukunft seiner Kinder nicht nehmen lassen. König und Königin machten sich gegenseitig das Leben schwer und zerrieben zwischen sich ihre beiden ältesten Kinder. Nachhaltig prägte das vergiftete Klima Friedrich und seine Schwester, die sich schon früh darin zu behaupten versuchten. Bei Hofe bildeten sich Parteien, die sich belagerten, misstrauisch beäugten und gegeneinander intrigierten. Das waren keineswegs nur höfische Spielchen, denn mit einer Eheschließung des Kronprinzen, der selbst die englische Idee favorisierte, aber nichts zu entscheiden hatte, fielen Vorentscheidungen über die politische Ausrichtung Preußens, es handelte sich also um keine innerpreußische oder gar rein familiäre Angelegenheit. Eine Annäherung Berlins an England nämlich lief den kaiserlichen Interessen der Wiener Hofburg krass zuwider, und das rief eine zwielichtige Personnage auf den Plan, die mit viel Geschick und wenig Skrupeln den Berliner Hof für den Großeinsatz von Spionen aller Art präparierte. Als Mitte der 1720er-Jahre die Hochzeitsfrage akut wurde, wuchs sich die Elternfehde zur Staatsaffäre aus und Friedrich wurde gewissermaßen zum operativen Vorgang Wiens. Auf die Sache angesetzt wurde der Gesandte des Kaisers, Reichsgraf Friedrich Heinrich von Seckendorff. Der beschrieb in einem späteren Lebenslauf seine Berliner Jahre in dürren Worten, dabei war seine Mission dort für die Wiener Hofburg von allergrößter Bedeutung. Aber die Angelegenheit war eben hochbrisant und sein Auftrag geheim, und der Graf blieb auch später diskret. Als Nichtösterreicher und Protestant hatte der Franke eigentlich wenig Chancen auf einen guten Diplomatenposten gehabt, war aber vom großen Feldherrn und Politiker Prinz

Eugen gefördert und befördert worden, ihm also entsprechend verpflichtet. 1724 wurde er im allerhöchsten Auftrag des Kaisers nach Berlin geschickt, um auszukundschaften, wie die wegen religiöser Dissonanzen seit 1721 unterbrochenen diplomatischen Beziehungen wieder aufzunehmen waren. Von Seckendorff, äußerlich unscheinbar bis abstoßend, war nach den durchaus parteiischen, aber wohl zutreffenden Worten des englischen Historikers Carlyle ein »höchst unschöner alter Intrigant«. Von dem deutschen Historiker Droysen stammt der Befund, Seckendorff sei »unter der Maske des anspruchslosen Biedermannes ebenso habgierig wie ehrgeizig gewesen«. In jedem Fall war der Franke bemerkenswert robust – er sollte 90 Jahre alt werden, für die damalige Zeit ein biblisches Alter. Daran hinderten ihn nicht Humorlosigkeit und Cholerik, die ihm attestiert wurden, und auch nicht der Wein, dem er gerne und reichlich zusprach.

Am Hof des Soldatenkönigs Diplomat zu sein, stellte keine leichte Aufgabe dar. Aber Seckendorff hatte einen Hang zur Verschlagenheit und konnte sich auf wechselnde Umstände und Gesprächspartner bestens einstellen, war also der geeignete Mann für seine Berliner Aufgabe. Daneben kamen ihm eine Reihe weiterer Eigenschaften sehr zugute: Der König kannte ihn bereits und schätzte ihn als tapferen Soldaten, trinkfesten Kameraden und sittenstrengen Zeitgenossen, zudem war er Protestant. Ein Problem im Verhältnis zwischen dem protestantischen Berlin und dem katholischen Wien war stets die Konfession, weshalb im Interesse Wiens nur ein Protestant beim preußischen König vorankommen konnte. Überdies hatte Seckendorff an der Schlacht von Malplaquet 1709 teilgenommen, die der König als sein größtes Erlebnis verstand und alljährlich mit Waffenbrüdern feierlich beging. Mit diesen Eigenschaften sowie viel Geschick, Anpassungsfähigkeit und Einfühlungsvermögen gewann Seckendorff das königliche Vertrauen, was ihm großen Einfluss verschaffte, aber daneben eine Menge abverlangte: Die Männerrunde des Soldatenkönigs, das Tabakskollegium, ist noch heute legendär, und wer beim König Respekt oder Einfluss erlangen wollte, musste dessen lange Sitzungen durchstehen. Das bedeutete eine Menge Alkohol, ein derber Ton der reinen Männerrunde und jede Menge Pfeifenrauch, den Seckendorff nur passiv aufnahm, weil er seine Pfeife nur zum Schein entzündete. Und im Unterschied zu anderen barocken Höfen musste sich, wer Friedrich Wilhelms Gunst erringen wollte, regelmäßig auf den Exerzierplätzen in Berlin, Potsdam oder anderswo in Brandenburg sehen lassen. Seckendorff brillierte in jeder Hinsicht und wurde dem König einer seiner liebsten Begleiter. Mit einem Satz: Der Mann war ein Glücksfall für den Kaiserhof, dessen Diplomaten eher im Ruf standen, hochmütig und wenig konziliant zu sein. Dass Seckendorff bei seiner Mission bisweilen eher zum Seufzen als zum Verbrüdern mit dem Soldatenkönig zumute war, davon zeugen Briefe von ihm nach Wien, etwa wenn er stöhnt, es bedürfe großer Anstrengung, sich die königliche Gunst zu erhalten, und dass man stets den Eindruck erwecken müsse, eigentlich in den Diensten des Königs zu stehen. Oft wich er dem Preußenherrscher den ganzen Tag lang nicht von der Seite, um nur ja keine günstige Gelegenheit der Einflussnahme zu verpassen.

DER KAISERLICHE GESANDTE UND SPION

Seckendorff war eingebunden in das konspirative Netzwerk des Prinzen Eugen von Savoyen, der in kaiserlichen Diensten nicht nur ein großer Feldherr, sondern auch einer der wichtigsten – und gewieftesten – Diplomaten seiner Zeit war. Ein französischer Zeitgenosse nannte einmal als dessen hervorstechendste Eigenschaften Verschlossenheit und Verstellung, selbst engen Freunden gegenüber. Aus den wichtigsten Hauptstädten Europas schickten Diplomaten dem Prinzen inoffizielle Berichte, die nur er und der Kaiser lasen – und sein getreuer Geheimsekretär und Vertrauter, der Westfale Ignaz Koch, der schon als sehr junger Mann in die Dienste des Prinzen getreten war und sich als absolut loyal und verschwiegen bewährt hatte. Dieses informelle, ausgedehnte geheimdienstliche Netzwerk war ein höchst leistungsfähiges Instrument des Prinzen zur eigenen Machtsicherung, vor allem aber diente es den kaiserlichen Interessen, die durch den reichhaltigen Nachrichtenfluss zielgerichtet durchgesetzt werden konnten. Eugens Dienstherr Kaiser Karl VI. nahm regen und überaus interessierten Anteil an Arbeit und Ergebnissen seiner verstreuten Agenten. Ergänzt wurden die Informationen durch Erkenntnisse aus der abgefangenen Diplomatenpost, die auswärtige Gesandte am Wiener Hof in ihre jeweiligen Hauptstädte schickten.

Die Agenten des Prinzen wurden immer und immer wieder zu strengster Geheimhaltung verpflichtet, natürlich durfte nichts über ihre verdeckte Tätigkeit nach außen dringen, um den Informationsfluss nicht versiegen zu lassen. Man nutzte die Chiffrierung und ließ bei der Zustellung größte Vorsicht walten, indem man eigene, verschwiegene Kuriere einsetzte. Zur größtmöglichen Sicherheit seiner Informanten garantierte Prinz Eugen ihnen, niemand außer ihm und dem Kaiser erhalte Zugang zu den Papieren. In diesem diplomatischen Geheimgeflecht des Prinzen Eugen spielte Seckendorff eine Schlüsselrolle, zumal er Wien mit wertvollen Informationen nicht nur aus Berlin, sondern dem ganzen Reich und Nordeuropa versorgte: Für die konspirative Korrespondenz zwischen Berlin und Wien bestand ein eigener Chiffriercode, der allein 28 Seiten umfasste. Zudem bekam der Graf nicht nur die eine übliche Instruktion mit offiziellen Anweisungen für seine Berliner Mission, sondern derer drei. Die dritte befasste sich mit demjenigen Teil der Aufgabe, der verdeckt gehandhabt und daher geheim bleiben sollte, und gelangte auf verschwiegenen Wegen zu ihm.

Mit Unterstützung des Prinzen Eugen schuf sich Seckendorff sein eigenes kleines Netzwerk, in dem zwei Männer für die Berliner Sache eine wichtige Rolle spielten: Friedrich Wilhelm von Grumbkow und Ernst-Christoph von Manteuffel.

Kleinere Chargen mit geringeren Zuwendungen waren der königliche Kammerdiener Eversmann oder der für Preußen in London weilende Diplomat Reichenbach. Generalleutnant Grumbkow, mächtigster preußischer Minister, der den König außenpolitisch zu beeinflussen verstand und zum Zwecke des eigenen Aufstiegs im Intrigengeschäft bereits erfahren war, wurde mithilfe einer jährlichen Zahlung von 1000 Dukaten sowie weiteren Aufmerksamkeiten zu einem willigen Instrument in Berlin. Er war überaus ehrgeizig und machtbewusst und darüber hinaus einigermaßen habsüchtig, was ihn für Bestechlichkeit anfällig machte, zumal der preußische König seine Leute nicht übermäßig großzügig bezahlte. Schon sein Vorgänger von Ilgen hatte im Amt trotz aller Ängstlichkeit seiner Gier nachgegeben und sich bestechen lassen – allerdings von der französischen Regierung und mit vergleichsweise geringem Ergebnis. Mit seinem Freund Seckendorff versorgte Ilgens Nachfolger nun das Kaiserhaus mit Informationen zu den Vorgängen am preußischen Hof und in der Regierung, darunter zum Verhältnis zwischen König und Kronprinz, sowie über die königliche Korrespondenz, inklusive Berichte preußischer Diplomaten an fremden Höfen. Auch über die Machenschaften der Königin, die hinter dem Rücken ihres Mannes Gesandte für ihre Zwecke einspannte, und des jungen Prinzen Friedrich, der sich noch eher stümperhaft als Politiker in eigener Sache betätigte, war man zumeist im Bilde. Grumbkow spielte ein gefährliches Doppelspiel, ihm war aber zugesichert worden, sich im Falle der Enttarnung und dann unvermeidlichen Ungnade auf Wien verlassen zu können. Der hochgebildete hinterpommersche Adelige Manteuffel war sächsischer Minister in Dresden, mit Außenpolitik befasst und Spinne im Netz eines eigenen Nachrichtensystems. Noch als sächsischer Gesandter in Berlin mehr als ein Jahrzehnt zuvor hatte auch er ein Vertrauensverhältnis zu dem Soldatenkönig aufbauen können, obwohl er eigentlich kein Kumpeltyp nach Friedrich Wilhelms Geschmack war. Auf ihn könne sich niemand verlassen, so ein ablehnender zeitgenössischer Kommentar über Manteuffel, weil er alle Welt betrüge, was sein ständiger Geldbedarf für einen aufwendigen Lebensstil begünstigte. Nicht überraschend, dass Seckendorff ihn als »einen der geschicktesten Männer« in ganz Deutschland bezeichnete und Prinz Eugen ihn als »ehrlichen Mann« rühmte. Es liegt im Auge des Vorteilsnehmers – Manteuffel hatte Vertrauliches des polnischen Gesandten in Dresden sowie französische Interna nach Wien weitergegeben und wurde als ständiger Agent wie Grumbkow alsbald mit jährlichen 1000 Dukaten aus dem kaiserlichen Geheimfonds für nachrichtendienstliche Aufgaben bezahlt. 1730 wurde Manteuffel, der als Doppelagent für Geld auch dem preußischen König sächsische Interna zukommen ließ, Opfer seiner Gegner am Dresdner Hof, musste in Sachsen seinen Abschied nehmen und zog sich, mitsamt 30 Kisten Geheimpapiere aus Dresden als Lebensversicherung, auf sein pommersches Gut zurück. Für Wien blieb er weiter tätig, ja stieg sogar im Wert, da er nun keine Rücksichten mehr nehmen musste. Die Vergütung wurde aufgestockt. Mithilfe dieser Kollaborateure und einer ganzen Schar anonym gebliebener Zuträger und Handlanger stellte Seckendorff Woche für Woche umfängliche Sendungen zusammen, die mit eigenen Kurieren und auf abgesichertem Weg zu Prinz Eugen gelangten. Berlin wurde damit zum wichtigsten Knoten im kaiserlichen Spionagenetz, weil die Informationen nicht nur Brandenburg-Preußen, sondern zahlreiche weitere Staaten betrafen und hier von Seckendorff weitergeleitet wurden.

Spätestens 1727 rückte Kronprinz Friedrich in den Fokus Wiens – mit gerade mal fünfzehn Jahren. So wurden auch Friedrich und seine Schwester Wilhelmine, die vom knauserigen Vater ausgesprochen knapp gehalten wurden, Nutznießer Seckendorff'scher Zahlungen. Prinz Eugen billigte das ausdrücklich, weil »dies das kräftigste Mittel« sei, »wodurch Sie des Kronprinzen Vertrauen sich zuziehen, auch mehr Neigung gegen Kaiserliche Majestät selbigem beibringen können, zumalen bei derlei flüchtigen Gemütern notwendig in ihren Passiones hineingegangen werden muss, um sich angenehm bei ihnen zu machen und mit Nutzen alsdann operieren zu können«. Denn Friedrich, darin wohl stark beeinflusst von der Mutter und in wütender Hilflosigkeit gegenüber dem brutal-verständnislosen Vater, arbeitete selbst auf die englische Heirat hin, führte Gespräche mit Gesandten bei Hofe, ahnte aber wohl nicht, wenn er mit dem französischen oder englischen Gesandten sprach oder korrespondierte, dass dies sogleich Seckendorff hinterbracht wurde, der seinerseits Prinz Eugen und Kaiser Karl VI. informierte. Dass aber Seckendorff, obwohl er ihnen Geld zusteckte und sie sich gut mit ihm stellten, ihr inoffizieller Gegenspieler war, war den Geschwistern durchaus bewusst. Seine Nähe zum König, sein Einfluss auf dessen Entscheidungen und sein Interesse, die englische Doppelheirat zu verhindern, bedrohten ihre Träume. Jedoch ahnten sie nicht, wie dicht das Spionagegespinst um sie herum tatsächlich war: dass Seckendorff in Kontakt zu den preußischen Gesandten in Paris und Wien stand und daher wusste, was man dort in Sachen Prinzenhochzeit dachte. Den preußischen Gesandten in London, Benjamin Friedrich von Reichenbach, bestach er dahingehend, die Berichte an den König über englische Vorgänge immer so abzufassen, dass das Heiratsprojekt als Aktion Londons erscheinen musste, um politischen Einfluss auf Preußen zu gewinnen. Auch seine Kontakte zu einer Kammerfrau der englischen Königin wurden Reichenbach vergütet. Über Grumbkow hatte Seckendorff Einblick in die preußische Regierungstätigkeit, aber auch ins preußische Militär und erhielt nützliche Informationen über wichtige Figuren in der Verwaltung und in den Provinzen. Kammerdiener Eversmann berichtete von Vorgängen, Gerüchten und Stimmungen bei Hofe und unterhielt vermutlich ein eigenes Informantengeflecht bis hin zu Küchenmädchen und Stalljungen. Man ist versucht, sich die Innenstadt Berlins zu diesen Zeiten wie ein Gewimmel von Boten und Zuträgern vorzustellen, die Briefe und Informationen umhertragen, von Sekretären, die Korrespondenz heimlich kopierten und weiterleiteten, und solchen, die verschlüsselten, was man ihnen diktiert hatte, damit es eben nicht in die falschen Hände geriet. Im Kabinett des einen Adelspalais wurden eilends Briefchen verfasst und einer Magd anvertraut, die damit einen Stallburschen in einem der Berliner Schlösser versorgte. Der mag die Sendung, bevor er sie dem Empfänger überbrachte, einem Diplomaten zu lesen gegeben haben, der das erbrochene Siegel hernach durch ein gefälschtes ersetzte und die Vertraulichkeit vergütete. Die Vorsichtsmaßnahme des rechtmäßigen Empfängers, das Briefchen noch im Lesen über einer Kerze restlos zu verbrennen, war damit ins Leere gelaufen. Die größeren und kleineren Akteure trafen sich mit ihren Gewährsmännern und Verbündeten an verschwiegenen Orten, von denen das riesige Schloss ebenso einige zu bieten hatte wie die damals noch zahlreichen engen Gassen und verwunschenen Gärten der Stadt.

Seckendorff besaß außerdem Zugang zu einer Dame in Hannover, die er sich mit »Galanteriewaren« gewogen hielt, weil sie der englische König stets besuchte, wenn er aufs Festland kam. Agenten in England zapften die Korrespondenz zu Friedrichs oft verzweifelten Versuchen, durch Intervention bei den Londoner Verwandten über den englischen Gesandten die Hochzeit voranzubringen, an und informierten Seckendorff darüber. Das für den Wiener Diplomaten schon recht umfassende Bild wurde ergänzt durch weitere Agenten des Prinzen Eugen. Dazu gehörten Friedrichs späterer Schwiegervater, der Herzog von Braunschweig-Bevern, mit der Kaiserin verschwägert und bedacht, mit Wiener Hilfe seine Kinder hochkarätig zu verheiraten, oder der kaiserliche Gesandte in London Graf Kinsky, der so viel wie möglich von dem in Erfahrung zu bringen versuchte, was sich am englischen Königshaus in Sachen Prinzenhochzeit tat. Alles in allem wussten Karl VI. und Prinz Eugen mithilfe Seckendorffs und anderer Spione, wo gerade am besten anzusetzen war, um eine Heirat des preußischen Kronprinzen im eigenen Sinne voranzubringen.

Wien ließ sich das Ganze eine Menge kosten: Zwar ist der genaue Betrag nicht mehr zu ermitteln, aber sowohl über direkte Zahlungen als auch durch das Wiener Bankhaus Palm floss viel Geld an die zahlreichen Beteiligten. Neben regelmäßigen Pensionen waren das Sonderzuwendungen, Gelder an weitere Personen für einmalige Belohnungen oder Bestechungen sowie für Geschenke aller Art bis hin zu den berühmten Langen Kerls, übermannsgroße stattliche Soldaten, die Friedrich Wilhelm I. am liebsten exerzieren sah. Wer ihm solches Menschenspielzeug zukommen ließ, machte sich den Soldatenkönig mit Sicherheit gewogen. Mochte Seckendorffs Auftrag insgesamt die Einflussnahme auf die preußische Politik im kaiserlichen Interesse sein – den größten Aufwand verwandte man in diesem Zusammenhang darauf, die englische Hochzeit zu hintertreiben. Die preußische Königin mitsamt ihrer Hofdamenschar machte er sich zu mehr oder weniger offenen Feindinnen, die Wut der Königskinder Friedrich und Wilhelmine war stiller, ohnmächtiger. 1730 war der Druck auf den Kronprinzen, machtlos gegenüber dem brutalen Vater und den erfolgreichen Bemühungen Seckendorffs und Grumbkows um eine Heirat in ihrem Sinne, so unerträglich geworden, dass er einen verzweifelten Befreiungsschlag wagte. Sein Versuch, bei einer Reise ins Pfälzische über Frankreich nach England zu fliehen, war allerdings allzu dilettantisch vorbereitet ausgeführt und scheiterte kläglich. In der Folge musste sich der Sohn dem Vater in allem unterwerfen. Diese Demütigung hatte er zwar auch sich selbst zuzuschreiben, konnte er aber gleichzeitig zu einem erheblichen Maß dem Intrigantentum der Wiener Spione am Berliner Hof anlasten.

ZWANGSHOCHZEIT AUF GEHEISS DES KAISERS

Alsbald ging die Rechnung für die kaiserliche Partei tatsächlich auf. Nicht zuletzt mithilfe von Informationen aus London, an denen er sein Vorgehen ausrichtete, überzeugte Seckendorff mit Unterstützung Grumbkows den König, den

Thronfolger kaisernah zu verheiraten: mit Elisabeth Christine von Braunschweig-Bevern, Tochter eines kaiserlichen Gefolgsmanns, Informant des Prinzen Eugen, außerdem mit der Kaiserin verwandt. Am Ende gingen Seckendorff und seine Wiener Auftraggeber aber ein Stückchen zu weit. Weil sich plötzlich doch noch eine Annäherung zwischen Wien und London abzeichnete, erhielt Seckendorff am Vortag der Hochzeit Friedrichs mit der ungeliebten Prinzessin den Auftrag, die Verlobung auflösen zu lassen und dem preußischen König urplötzlich doch die Verbindung nach England nahezulegen: Der über Jahre mit viel Aufwand hintertriebene Plan der Vermählung Friedrichs mit Prinzessin Amalie von England sollte in allerletzter Sekunde doch noch verwirklicht werden, nun aber im Wiener Interesse. Angesichts dieses Kurswechsels aus heiterem Himmel jedoch war dem Soldatenkönig das Maß mehr als voll, er lehnte »solchen Schandfleck« entrüstet ab, weil er damit seine Reputation als Ehrenmann gefährde, und wandte sich in der Folge von Seckendorff und mit anderen außenpolitischen Veränderungen nach dem Tod Augusts des Starken von Wien ab. Hinzu kam, dass die Hoffnung auf kaiserliche Unterstützung beim Erwerb des Fürstentums Jülich-Berg sich zerschlagen hatte – das aber war des Königs wichtigstes Regierungsprojekt gewesen und entsprechend tief seine Enttäuschung. Als Seckendorff im missgestimmten Berlin infolgedessen seinen Abschied nehmen musste, sprang Manteuffel ein, der im geheimen Auftrag für Dresden und Wien beim König arbeiten sollte und weiter Grumbkows Dienste und dessen Hofspitzel nutzte. Und da Seckendorffs Nachfolger als Agent dessen krasses Gegenbild war, eignete er sich bestens, zusätzlich das Vertrauen des Kronprinzen zu gewinnen – stets sprühend vor Esprit, jederzeit eine Pointe auf den Lippen, war der Mann ganz nach Friedrichs Geschmack. Manteuffel war inzwischen nach Berlin gezogen und wohnte im prächtigen vormaligen Palais der ebenfalls pommerschen Familie von Kameke, ein an der Spree gelegenes Kleinod des Schlossarchitekten Andreas Schlüter, wo »tout Berlin« sich traf. Da die beiden intellektuelle Interessen teilten, entspann sich eine Freundschaft, die Manteuffel ohne Skrupel zum Zwecke der Information Wiens verwertete, was er natürlich tunlichst für sich behielt.

Politische Beobachter in ganz Europa erwarteten damals mit Spannung, was wohl aus Preußen werden würde, wenn der täglich erwartete Tod des kranken Soldatenkönigs eintreten würde. Die grundverschiedene Wesensart von Vater und Sohn war allseits bekannt, am dramatischen Fluchtversuch hatte die Welt Anteil genommen, und von Friedrichs Geistesgröße ging längst die Kunde – welchen Kurs würde der junge König also einschlagen? Für Manteuffel war die Einflussnahme nicht allein im kaiserlichen und sächsisch-polnischen Interesse verlockend, ebenso reizte es ihn, einen künftigen Herrscher zu formen. An Prinz Eugen schrieb er, man müsse im kaiserlichen Interesse »den Charakter dieses Prinzen sehr genau kennen«, und hob in einer Charakterstudie dessen Ruhmsucht und außerordentliche Selbstbeherrschung hervor. Preußen war zwar noch immer kein politisches Schwergewicht, wohl aber ein militärisches, und die Frage der politischen Ausrichtung des künftigen Königs war natürlich nicht allein für Wien von Bedeutung, sondern auch für Paris und London. So bemühte sich schon seit 1732, mit konkretem Auftrag, angesichts der abgekühlten Atmosphäre zwischen Wien und Berlin den Einfluss Frankreichs zu stärken, auch der Marquis de la Chétardie um den Kronprinzen, was ihm nicht schwerfiel, denn der fand den Gesandten »einen liebenswerten Kerl«. Der nur ein paar Jahre ältere Marquis verkörperte für Friedrich das Beste an Frankreich: Esprit, Eloquenz, Weltläufigkeit, Luxus, Eleganz. So buhlten zwei hochkarätige Gegner mit großem Aufwand um die intellektuelle Gunst des Kronprinzen, um Einfluss auf die künftige Politik Preußens nehmen zu können.

Manteuffel war überzeugt, den Kronprinzen noch ein wenig im Sinne der kaiserlichen Interessen formen zu können, und rühmte sich dem Prinzen Eugen gegenüber, ganz vertraulich mit Friedrich zu verkehren. Friedrich bestärkte ihn in dieser Meinung, man ging vertrauensvoll miteinander um, schrieb sich Hunderte Briefe, führte intellektuelle Dispute – bis es zu einer Entfremdung kam, als der Kronprinz 1736 Schloss Rheinsberg bezog. Manteuffel wurde nicht eingeladen, ihm zu folgen, obwohl sich Friedrich dort einen Musenhof einrichtete, zu dem der Graf gut gepasst hätte. Aber zum einen gab es intellektuelle Spannungen zwischen den beiden, zum anderen war Friedrich zu Ohren gekommen, dass Manteuffel nicht so integer war, wie es den Anschein hatte. Vermutlich waren nicht alle seiner Korrumpierungsversuche am Kronprinzen vorbeigegangen. Trotzdem versuchte er es weiter auf dem Weg der Bestechung, darunter bei Offizieren aus Friedrichs Umgebung, dem Rheinsberger Koch oder Luise von Brandt, Tochter des Staatsministers von Kameke und Hofdame am Rheinsberger Kronprinzenhof. Ein weiterer Manteuffel'scher Zuträger war der schillernde Sensationsautor Baron von Poellnitz, den Friedrich zwar infam, aber doch ganz amüsant fand.

Mittlerweile hatte Friedrich allerdings genug Erfahrung mit höfischer Spionage gesammelt, um sich der Spitzelei einigermaßen erwehren zu können. Ohnehin war ihm bewusst, dass weit weg von Berlin sein stets misstrauischer Vater Informanten unterhielt, um vom Treiben des Sohnes Kenntnis zu erlangen. Also behielt Friedrich, der sich in Rheinsberg auf seine Regierung vorbereitete, einen Großteil seiner Ansichten für sich oder verwirrte mit widersprüchlichen Aussagen. Auch Frankreich konnte beim frankophilen Kronprinzen politisch sehr viel weniger Einfluss erlangen als geistig. Als Friedrich im Frühling 1740 schließlich König wurde, entfaltete Manteuffel in Berlin noch einmal eine rege Agententätigkeit, verpflichtete Informanten, schrieb Briefe nach Dresden und nahm Gelder in Empfang, um seine Tätigkeit aufrechterhalten zu können. Doch als Ende Oktober Kaiser Karl VI. starb, ordnete Friedrich kurz darauf seine Ausweisung an. Er wusste nur zu genau, dass die europäischen Mächte begierig darauf waren zu erfahren, wie er mit der Situation umgehen würde, denn mit Maria Theresia trat eine Frau die Thronfolge an, was Österreich fürs Erste schwächte. Den europäischen Hauptstädten war natürlich bekannt, dass Friedrich einen stattlichen Staatsschatz geerbt hatte und über eine schlagkräftige Armee verfügte, die nur auf ihren Einsatz wartete. Was also würde der neue Preußenkönig tun? Mitte Dezember marschierte er in Schlesien ein.

EINE LEKTION FÜR DEN NEUEN KÖNIG

Weder als Kronprinz noch als König war Friedrich en detail bekannt, welch umfängliches Spionagenetz sich in Berlin eingerichtet hatte, welche gierigen Spinnen in den Ecken saßen und wie sehr er sich wie eine Fliege darin verfangen hatte. Die Ausmaße schienen jedoch immer wieder einmal hervor, und vor allem dass Graf von Seckendorff im Wiener Interesse spionierte, intrigierte und Einfluss nahm, wo es nur ging, war ihm bewusst. An ihm rächte sich Friedrich viele Jahre später, als der dritte und letzte Krieg um Schlesien in vollem Gange war: Ende 1758, der intrigante Graf hatte inzwischen das stattliche Alter von 85 Jahren erreicht und sich längst, nach einer eher unrühmlichen Spätphase seines Wirkens, auf seinen Landsitz in Meuselwitz zurückgezogen, wurde er dort von preußischen Truppen festgenommen und nach Magdeburg verbracht. Er sollte als Geisel dienen, um General Moritz von Anhalt-Dessau freizupressen, der seinerseits von österreichischen Truppen gefangen genommen worden war. Allerdings zeigte Wien wenig Interesse an dem greisen Grafen, der sich vielmehr mit eigenem Geld aus der misslichen Lage loskaufen musste. Der Spion hatte seine Schuldigkeit getan.

Seckendorff galt Friedrich und seiner Schwester als derjenige, der ihre Träume hintertrieben und zerstört hatte, aber insgesamt hinterließ die unglückliche Jugend am intriganten Hof als Spielball zwischen den konkurrierenden väterlichen und mütterlichen Interessen und als Objekt der Einflussnahme durch fremde Mächte tiefe Spuren. Nach seiner Thronbesteigung plante Friedrich zunächst den Bau einer neuen Residenz am Berliner Königsboulevard Unter den Linden, bevor er sich ganz nach Potsdam orientierte und die Hauptstadt nur noch pflichtgemäß beehrte. Berlin den Rücken zu kehren hat wohl nicht allein mit dem Wunsch zu tun, sich als Philosophenkönig auf dem Weinberg von Sanssouci zu stilisieren. Ebenso dürfte die Abscheu vom Berliner intriganten Hoftreiben und seinen Spitzeln, Spionen und Agenten dabei eine Rolle gespielt haben. Das unheilvolle Gespinst gänzlich zu beseitigen, war kaum machbar. Aber die Entzerrung der verschiedenen Funktionen der preußischen Hauptstadt Berlin war ein vielversprechender Ansatz. Über Friedrichs schon früh entwickelte Fähigkeit zur Verstellung ist viel geschrieben worden – das war für den jungen Prinzen wohl die einzige Möglichkeit, sich zu behaupten. Misstrauen und Vorsicht aber begleiteten den König für den Rest seines Lebens. Vor allem in politischen Angelegenheiten wollte er sich nicht in die Karten sehen lassen, und als Instrument dazu schuf er die Distanz des Entscheidungszentrums Potsdam zum Berliner Hauptstadt-, Hof- und Behördenbetrieb. Die wenigen, die am weitesten eingeweiht waren, darunter sein verschwiegener Kabinettssekretär August Friedrich Eichel, schirmte er erfolgreich ab. Friedrichs Regierungsstil unterschied sich von dem anderer Monarchen seiner Zeit, denn er behielt ein größtmögliches Maß an Macht und Informationen bei sich. Der eigentliche Hof, der in Berlin verblieb, und die Regierung in Potsdam mit dem König als Zentrum wurden getrennt, die Jugenderinnerung an ihre unheilvolle Vermengung war allzu präsent. Friedrich rühmte sich einmal, nie einen Staatsrat zur Beratung zusammengerufen zu haben, und verwies in diesem Zusammenhang auf das Problem der Geheimhaltung. Durch ein Weniger an Macht konnten unter den Ministern, Beratern und Beamten Machtkämpfe und Intrigen, wie sie an anderen Höfen an der Tagesordnung waren, gar nicht erst entstehen, und für die »ehrenwerten Spione« war es fast unmöglich, auf offenem oder verdecktem Weg an Informationen zu gelangen. Selbst die eigenen Ratgeber und Minister ließ der König am ausgestreckten Arm verhungern und verweigerte ihnen Einblicke in seine Überlegungen und Pläne. Dasselbe galt für Diplomaten, mit denen der König zwar plauderte, die ihm aber nicht viel Verwertbares zu entlocken vermochten, weil er entweder höflich parlierend im Ungefähren blieb oder ein absichtsvolles Verwirrspiel widersprüchlicher Aussagen betrieb. Das führte natürlich zu einiger Verärgerung, wie viele Gesandtenberichte aus Berlin bezeugen. Und der Weg der persönlichen Vertrautheit, auf dem Seckendorff bei Friedrichs Vater so erfolgreich gewesen war, erwies sich ebenso als Sackgasse. Fast verzweifelt erging aus Paris an einen neuen Gesandten in Berlin 1752 die Weisung, das Vertrauen des Königs zu gewinnen, weil nur so Verwertbares zu erfahren war – dabei bestand zu diesem Zeitpunkt zwischen Paris und Berlin noch ein Bündnisvertrag. Friedrich aber genoss den Vorteil, den ihm seine Art der Spionageabwehr fürs Regieren verschaffte: Immer wieder nutzte er das Überraschungsmoment – weil er ziemlich sicher sein konnte, seine Gegner auch wirklich zu überraschen.

Der Überfall Schlesiens 1740 war eine solche Überraschung und ein echter Paukenschlag, hatte man dem schöngeistigen Friedrich, noch dazu Verfasser einer Streitschrift gegen Machiavelli, eine solche Aktion nicht zugetraut. Auch dass er in seiner Regierung nicht alles umwarf, was auf seinen Vater zurückging, darunter dessen notorische Sparsamkeit, kam überraschend. Den Vorteil aus unerwartetem, raschem Handeln nutzte Friedrich ein weiteres Mal aus, als er den Siebenjährigen Krieg begann. Erfolgreich hatte er die Welt über seine Absichten im Dunkeln gelassen, die Diplomaten in Berlin und ihre Spitzel eingeschlossen. Dem Bruch mit Frankreich waren Pariser Bemühungen vorausgegangen, Klarheit über die Absichten des preußischen Königs zu gewinnen. So sollte ein früherer französischer Gesandtschaftssekretär in Berlin, der als Sekretär an den Hof gewechselt und inzwischen wieder in

Frankreich war, als Informant gedungen werden, um den König angelegentlich eines Aufenthalts im westfälischen Wesel auszuhorchen. Das misslang, ob aus Aufrichtigkeit des Franzosen oder königlicher Schweigsamkeit, ist nicht überliefert. Bis Friedrich mit einem Präventivschlag gegen Österreich den Krieg begann, blieben die europäischen Mächte im Unklaren über seine Absichten und hatten diesen Schritt gegen eine übermächtige Gegnerschaft überwiegend auch nicht erwartet. Aber auch Friedrich hatte sich verkalkuliert, denn er sah sich in den Gegnern Österreich, Russland und Frankreich einer überwältigenden Koalition gegenüber, die er für vollkommen ausgeschlossen gehalten hatte. Dabei wurde die Umwälzung der europäischen Bündnisse, die ihn nun so sehr belasten sollte, durch seine Hinwendung zu England und die kühle Behandlung des eigentlichen Partners Frankreich erst in Gang gesetzt. Nicht zuletzt Friedrichs Unberechenbarkeit hatte das Unmögliche möglich gemacht: eine Annäherung der Erzfeinde Paris und Wien.

Im Krieg gegen eine mächtige Allianz kam dem König mehrmals zugute, als oberster Feldherr ohne zeitraubende Absprachen handeln zu können – auch hier waren Schnelligkeit und Überraschung von Vorteil. Auf der anderen Seite erwies sich in Krieg und Frieden von Nachteil, dass der grundsätzlich argwöhnische Friedrich auf das eigene Urteil am meisten vertraute. Doch nicht in allem konnte er Experte sein, woraus manche falsche Entscheidung zum Beispiel in der Wirtschaftspolitik, aber auch krasse Fehlurteile im militärischen Bereich resultierten. Eine der dramatischsten Niederlagen im Siebenjährigen Krieg, die Schlacht bei Kunersdorf 1759, ist vor allem darauf zurückzuführen, dass der stark kurzsichtige König das Schlachtfeld bei Frankfurt/Oder selbst inspizierte, das Terrain falsch einschätzte und hernach seine Männer im Morast auf verlorenem Posten kämpfen ließ. Auf dem klassischen Feld der Spionage, der militärischen Aufklärung, versagte der König also als Spion in eigener Sache. Immerhin beschäftigte er Spione auch im militärischen Bereich.

Auf verlässliche Freunde gab Friedrich viel, aber wer sein Vertrauen missbrauchte, zog seinen Zorn auf sich. Wer allzu neugierig schien, kam bei ihm sowieso nicht weit – das musste selbst der berühmte Philosoph und Freund des Königs Voltaire erfahren, als er in den 1740er-Jahren mehrmals kurz sowie 1750 für ein paar Jahre an den Potsdamer Hof kam. Voltaire hoffte, seine Nähe zum preußischen König würde ihm eine Rolle in der französischen Außenpolitik eröffnen, denn er war vom französischen Premierminister Kardinal Fleury beauftragt worden, so viel wie möglich über Friedrichs Pläne in Erfahrung zu bringen. Der aber gestattete ihm keinerlei Einblicke in seine Regierungstätigkeit, sodass der Franzose keine nützlichen Informationen nach Paris weiterleiten konnte. Den König verstimmte, dass der Philosoph gerne eine politische Rolle spielen wollte, und schrieb ihm einmal leidlich scherzhaft, mit ihm über Politik zu sprechen sei wie einer Geliebten Kräutertee zu reichen – abwegig und unangebracht. Einem Freund gegenüber urteilte Friedrich bezüglich Voltaires politischen Ambitionen: »Es ist schade, dass eine solche kleine Seele mit einem solchen Genie vermählt ist.« Und an anderer Stelle äußerte er: »Die Welt hat kein größeres Genie hervorgebracht, als Voltaire es ist; aber ich verachte ihn ganz und gar, weil er nicht ehrlich ist.« Die Hoffnung, der Philosoph beim Philosophenkönig würde Frankreich Einfluss auf die preußische Politik eröffnen, sollte sich nicht bewahrheiten. Das Geld, das ihm der Hof in Versailles dafür zahlte, erwies sich als schlechte Investition. Ebenso fiel der französische Abbé de Prades, der eine Weile Friedrichs Vorleser gewesen und in dessen munterer Freundesrunde als »Bruder Lustig« bekannt war, als Spion der Franzosen zu Beginn des Siebenjährigen Krieges in königliche Ungnade, wurde bis Kriegsende in Magdeburg inhaftiert und verbrachte dann die restlichen Lebensjahre im Hausarrest auf seinem schlesischen Landsitz. An Voltaire schrieb der König auf dessen Nachfrage: »Er hat sich zum Sammler von Neuigkeiten hergegeben, und weil diese Beschäftigung mitten im Krieg nicht eben wünschenswert ist, so hat man ihn bis zum künftigen Friedensschluss ein Plätzchen anweisen müssen, von wo es gewiss keine Neuigkeiten zu berichten gibt.«

Umgekehrt gab der König seiner Neugier durchaus nach und nutzte die Dienste von Spionen, um über die Absichten der anderen Hauptstädte so gut wie möglich im Bilde zu sein. Seine Lektion hatte er längst gelernt und ging in seinem politischen Testament von 1752 auf den Nutzen der Spionage ein. Einerseits bezeichnete er sie als »erbärmlich«, andererseits als »in der Welt gebräuchlich und von den Souveränen genehmigt«. Die eigenen Spitzel nannte er Kompasse, die ihn, den Schiffer, führen, »während die düsteren Wolken der Politik das Tageslicht verbergen«. An anderer Stelle betonte er, »dass man die Spione freigebig, ja verschwenderisch bezahlen muss. Ein Mensch, der den Strick wagt, um Euch zu dienen, verdient schon, dafür belohnt zu werden.« Friedrich bezahlte den Sekretär des Wiener Gesandten in Berlin, Maximilian von Weingarten, der über die österreichisch-russischen Kontakte berichtete, und der preußische Gesandte in Dresden unterhielt mit dem Kabinettssekretär Friedrich Wilhelm Menzel ein U-Boot beim sächsischen Kurfürsten. Außerdem wurde die Korrespondenz des holländischen Gesandten in Sankt Petersburg abgefangen, wenn sie auf dem Weg nach Westen Berlin passierte. In Berlin und Potsdam wusste sich der König ebenfalls zu wehren: »Man bestiht die Dienstboten der fremden Gesandten, um im Bilde zu sein über die, die ihre Häuser besuchen, die Botschaftssekretäre besuchen (höchst gefährliche Leute) und mit einem Wort, über alles, was bei ihnen vorgeht.«

Eindringlich weist er seinen Nachfolger auf die Gefahren der Spionage anderer hin: »Die Sekretäre des Kabinetts, des Büros für auswärtige Angelegenheiten, des Kriegs und der Finanzen und die Legationssekretäre sind diejenigen, deren Bestechung den Geschäften des Staats den meisten Schaden tun könnten. Aus diesem Grunde habe ich unbekannte Aufpasser, die sie beobachten und ihre Schritte mit der größten Aufmerksamkeit überwachen. Man muss vor allem den Personen misstrauen, deren Liederlichkeit und schlechte Haushaltsführung sie immerwährend in Schwierigkeiten bringt und die, um ihre Gläubiger zu befriedigen und ihrer Verschwendungssucht zu genügen, mehr durch Leichtsinn als durch Niedertracht zu Verrätern werden. Diese Sorte von Charakteren werden nicht unter diejenigen aufgenommen, denen man wichtige Sachen anvertraut.«

Friedrich der Große hatte den Drang, nicht nur großen Ruhm einzufahren, sondern in vielerlei Hinsicht einen Unterschied zu machen. Er tat dies auch, indem er sich von anderen Monarchen seiner Zeit abhob und sich seine Unabhängigkeit zu erhalten versuchte. Dies machte sein politisches Erfolgsrezept zu einem Teil aus. Über seine Beweggründe wird nach wie vor viel gerätselt, aber zu ihnen zählen gewiss die Erfahrungen seiner Kindheit und Jugend, inmitten von Intrigen und Spionage, ausgeliefert den Machenschaften von Akteuren fremder Mächte, die Vater und Sohn im eigenen Sinne benutzten. Die Politik seiner langen Regierung ist ein Ausweis des Willens, solches nicht zuzulassen. Er hat danach gehandelt.

3. KAPITEL

DER INNERE FEIND

Historiker bezeichnen das 19. Jahrhundert gerne als das lange, das sie mit der Französischen Revolution 1789 beginnen und erst mit dem Ausbruch des Ersten Weltkrieges 1914 enden lassen. Es steht gewissermaßen im Bann der vier R, denn sein Fortgang wurde geprägt von Revolution, Restauration, Reaktion und Repression. Die Regierenden sahen sich neuen Herausforderungen und Bedrohungen ausgesetzt, die Regierten begannen, politisches Bewusstsein zu entwickeln und Forderungen zu stellen – und im Spannungsfeld dazwischen gab es neue Aufgaben für Spione und Spitzel – und Denunzianten. Die Volksweisheit »Der größte Lump im ganzen Land ist und bleibt der Denunziant« stammt nicht von ungefähr aus dieser Epoche. Spionage hatte es nicht mehr vornehmlich mit äußeren Feinden und ihren Zuträgern im Inland zu tun, derer man sich erwehren musste. Zunehmend kam die Gefahr von innen – mal real, mal eingebildet: von Revolution, von öffentlicher Meinung, vom Druck des Volkes, von Attentätern. Es begann die Zeit der politischen Polizei, die mithilfe von Spitzeln und Denunzianten die eigene Bevölkerung ausspionierte, um rechtzeitig dem etwas entgegenzusetzen, was die Macht der Fürsten und die gewohnte Ordnung gefährdete.

In Österreich geht die politische Polizei auf die Zeit Kaiser Josephs II. Ende des 18. Jahrhunderts zurück, dessen Berater Joseph von Sonnenfels Sicherheit als den Zustand bezeichnete, »worinnen wir nichts zu fürchten haben«. Dafür sorgte Polizeiminister Johann Anton von Pergen – zunächst befasst mit der Beobachtung auswärtiger Diplomaten, denen man nach Möglichkeit Personal unterschob, das insgeheim auf der kaiserlichen Lohnliste stand. Beim preußischen Gesandten beispielsweise wurden durch Konfidanten der Geheimpolizei regelmäßig die Papierkörbe inspiziert. Hinzu kam nunmehr der Auftrag, das ebenso ehrgeizige wie umstrittene Reformwerk des stets misstrauischen Kaisers gegen konservativ-bürokratische Widerstände durchzusetzen. Joseph II. wollte frühzeitig Kenntnis erlangen über unbotmäßige Vorgänge: etwa unzulässige Auslandskontakte von Beamten, Geheimnisverrat durch Militärangehörige oder politisch agitierende Geistliche. War aber ein polizeiliches Netzwerk mit zentraler Leitung erst einmal geschaffen, wurde es auch anderen Zwecken dienstbar gemacht, darunter die Ermittlung der Stimmung im Volk, von »Missvergnügten« und »Aufwieglern«, wie es in der bereits 1786 erlassenen »Geheimen Instrukzion« hieß. Die Aufgabe lautete, »die gefährlichen Feinde der inneren Sicherheit, die solche im Verborgenen untergraben, entdecken und ausrotten«. Zu den Arbeitsmethoden zählten Personenlisten, Postüberwachung, Spitzeldienste, Überwachung von Ausländern, konspirative Ermittlungen sowie polizeiliche Maßnahmen von Belehrung bis zur Strafverfolgung. Ganz offen verweist die Instruktion darauf, diese Aufgaben sollten im Rahmen allgemeiner polizeilicher Arbeit stattfinden, die als »Deckmantel« diene.

Mit der Französischen Revolution wurde auch dem Wiener Hof angst und bange, zumal nach der Hinrichtung des Königspaars 1793 – Marie Antoinette war eine Tante des nunmehrigen Kaisers Franz II. Die militärische Bedrohung durch das revolutionäre Frankreich war die eine Gefahr, gegen die andere einer möglichen revolutionären Stimmung im eigenen Volk wurde die politische Polizei in Anschlag gebracht. Man hat die Verbissenheit gegen alles »Staatsschädliche« mit der Vehemenz verglichen, mit der die Habsburger zur Zeit der konfessionellen Auseinandersetzungen die Gegenreformation vorangetrieben hatten. Eine Erneuerung erfuhren die geheimpolizeilichen Strukturen durch Staatskanzler Metternich. Das österreichische Generalkonsulat in Leipzig wies er an, »eine in den außerösterreichischen Staaten Deutschlands, zumal des nördlichen Theiles dieses Landes um sich greifende revolutionäre Stimmung der Gemüther, welche theils durch das Unglück der Zeit und das Beispiel benachbarter Staaten, theils aber durch wirklichen üblen Willen Einzelner oder ganzer Partheien veranlaßt worden, aufmerksam und fortgesetzt zu beobachten«. Mit der massiven Korrespondenzüberwachung konnte Metternich sich auf eine österreichische Tradition berufen, die ins frühe 16. Jahrhundert zurückreichte. Die Wiener Geheime Ziffernkanzlei nahm sich des Briefverkehrs in und durch Österreich an; vor allem in und um die Hauptstadt wurde aus-, ein- oder durchgehende Post abgefangen. Im Hofpostamt standen eigens ausgebildete Beamte bereit, in Windeseile interessante Korrespondenzen zu kopieren. Zur Vermeidung verdächtiger Zustellverzögerung wurden Briefe, mitunter von mehreren Mitarbeitern gleichzeitig, in wenigen Minuten Schnellschreibern diktiert, hernach wieder versiegelt und dem Postweg anvertraut. Bis zu 100 Briefe wurden so pro Tag ausgewertet. Für die verschiedenen Sprachen gab es in der Ziffernkanzlei speziell geschulte Beamte, kaum weniger wichtig aber waren die fürstlich entlohnten Spezialisten der Dechiffrierung, da die wichtigsten Briefe meist verschlüsselt waren. Diese Beamten mussten verschwiegen, bestens beleumundet und von »einer ausgezeichneten treu erprobten Rechtschaffenheit und wärmsten Vaterlandsliebe« sein und wurden für ihre Tätigkeit gleich doppelt vereidigt. Voller Stolz erklärte Ende des 18. Jahrhunderts der Leiter der Ziffernkanzlei gegenüber seinem Monarchen, und durfte sich eines gnädigbeifälligen Nickens sicher sein: »Es ist nicht zu leugnen, daß der allhier auf das Beste und besser als irgendwo bestellte geheime Dienst ein wahres Kleinod Eurer Majestät Krone ausmacht, ohne welchem es hart sein dürfte, eine so ausgebreitete und mit allen Staaten in verschiedenen Verhältnissen stehende Monarchie mit Vorsicht und Klugheit zu regieren.«

Auch das unter napoleonischem Einfluss sich gerade modernisierende Bayern stützte sich, ab 1807, auf die Dienste einer politischen Polizei, schon weil man durch den territorialen Zuwachs auf österreichische Kosten sich der Loyalität der eigenen Bevölkerung nicht mehr uneingeschränkt sicher sein konnte. Der Würzburger Oberpostmeister Freiherr von Brück brachte seine Untergebenen als staatliche Informanten ins Gespräch, sie sollten entlang der bayrischen Staatsgrenzen Agenten beschäftigen, außerdem sollten die wichtigsten Postämter zur Postüberwachung herangezogen werden. Der Minister Maximilian Graf Montgelas sah in Bayern außerdem die Gefahr österreichischer Spionagetätigkeit und Volksaufwieglerei, wogegen man Maßnahmen traf. In Bayern wie anderswo gerieten ins Visier der Ermittler zunehmend Professoren und Gelehrte, die man politischer Umtriebe verdächtigte, ebenso Freimaurer und andere Geheimbünde. Insgesamt war Bayern damals ein Zentrum pro- bzw. antinapoleonischer Spionage. Der Wiener Gesandte in München, Graf Stadion, hatte den Auftrag und umfangreiche Mittel, ein gegen Frankreich gerichtetes Netzwerk aufzubauen. Dasselbe unternahm später der französische Gesandte Narbonne unter umgekehrten, also antiösterreichischen Vorzeichen, um nicht mehr auf die Informationen der bayrischen Spione angewiesen zu sein. Wo immer Napoleons Macht präsent war, trug seine Geheimpolizei nach Kräften zu ihrer Festigung bei, oft verhasst beim Volk, das sich stets beschnüffelt und verdächtigt wähnte. Auch Montgelas setzte vor allem auf die Postüberwachung, die er im großen Stil durchführen ließ. Erst nach seinem Sturz 1817 wurde sie eingestellt, der Geschasste musste sich ihretwegen sogar rechtfertigen, was er ohne schlechtes Gewissen tat: Er habe »nur unter außergewöhnlich bedenklichen Verhältnissen« und allein im Interesse des Staates so gehandelt. Und hielt sich zugute, alle gegen Staat und Regierung gerichteten Umtriebe vereitelt zu haben.

Nachdem die napoleonischen Truppen aus der preußischen Hauptstadt abgezogen waren, schuf 1809 Justus Gruner, der zum Kreis der preußischen Reformer gehörte, das Berliner

Polizeipräsidium und begann gleichzeitig mit dem Aufbau einer Geheimpolizei. Da sich die Franzosen noch im Land befanden, war zum einen Umsicht geboten, zum anderen ging es um Gegenspionage gegen die Besatzungsmacht. Gruner, ein hagerer Mann mit feuerrotem Haar und wachem Blick, mit Tatkraft und Leidenschaft, rechtfertigte den Aufbau der Geheimpolizei intern in Abgrenzung gegen die Besatzer: »Wir wollen uns nur als Gegenwehr, zur eigenen Verteidigung eines Systems bedienen, das zu den furchtbarsten Angriffswaffen der französischen Macht gehört.« Der rechtschaffene Gruner sah seine Arbeit aber durchaus kritisch: »Unheilbar zernagt das schreckliche Sistem der Spionerie die schönste Blüthe der Menschheit; wo sein giftiger Athem wehet, welkt Vertrauen, Moralität und Kraft dahin.« Vielleicht hegte er doch gewisse Skrupel ob der Schnüffelei in den Privatangelegenheiten hoher Beamter, über die er dem König Bericht erstattete. 1811 wurde die Zuständigkeit der Geheimpolizei auf ganz Preußen ausgedehnt. Hauptaufgabe war eine umfängliche Postüberwachung mit zehn Zentren von Berlin bis Memel und Königsberg bis Breslau – dort gab es in den zentralen Postämtern sogenannte Brieföffnungsbüros, in denen geschickte Mitarbeiter Kuverts möglichst spurenlos öffneten und wieder verschlossen. Daneben stand im Zentrum der geheimpolizeilichen Arbeit die Informationsbeschaffung zur Stimmung in der Bevölkerung insbesondere im Hinblick auf die Franzosen, die bis zum Beginn der Befreiungskriege Preußen unter ihrer Kontrolle hatten, aber auch der Einsatz von Spitzeln in den Gesandtschaften Frankreichs und seiner Verbündeten. Je mehr Preußen zwischen Russland und Frankreich lavierte, desto wichtiger, aber auch heikler wurde die Mission, zumal Gruner, wenngleich verdeckt, im antifranzösischen Sinne publizistisch tätig war. Bald eilte ihm der Ruf eines aufrechten, mutigen und gewieften Patrioten voraus; mit Oberst von Gneisenau bereitete er einen Volksaufstand gegen die Franzosen vor, der aus Zögerlichkeit des Königs aber nicht zustande kam. In seinen regelmäßigen geheimdienstlichen Berichten, die er an den noch in Königsberg residierenden preußischen Hof schickte, forderte er den König vehement auf, Frankreich militärisch entgegenzutreten. Nicht verwunderlich, dass sich Gruner so unbeliebt machte, dass der französische Gesandte seine Demission forderte. Anfang 1812 kam Gruner einer Entlassung durch Staatskanzler von Hardenberg zuvor und nahm seinen Abschied.

Fortan operierte Gruner von Prag aus, zum damals neutralen Österreich gehörig, stützte sich auf englische und russische Hilfszahlungen und installierte ein konspiratives Agentennetz, das die Vorgänge im französischen Militär ausspionieren, seine Absichten torpedieren und Deserteure und Partisanen unterstützen sollte. Da seine Berliner Strukturen noch bestanden und nun für die Franzosen arbeiteten, kämpfte er gewissermaßen gegen seine eigene Behörde, stützte sich aber zugleich auf vertraute Mitarbeiter, die ihm gefolgt waren. Sein Spionagenetz reichte von Hamburg bis Galizien, vom Rhein bis nach Ostpreußen, überall gab es Kundschafter, die die militärischen Bewegungen der Franzosen beobachteten und meldeten, ein Netz an Kurieren schaffte die Informationen herbei. Weil der König in Berlin die offene Gegnerschaft zu Napoleon weiterhin scheute und Staatskanzler von Hardenberg die Kaltstellung Gruners betrieb, konnte er sich selbst in Prag nicht mehr lange halten. Die Leistungsfähigkeit seines Auslandsgeheimdienstes beeindruckte selbst die Österreicher – und beunruhigte sie schließlich. Als sich die politische Wetterlage wieder einmal änderte und Österreich mit Napoleon ein Militärbündnis einging, ließ Metternich Gruner auf Berliner Betreiben und mit Diensten preußischer Denunzianten im Hochsommer 1812 verhaften und der preußischen Regierung die Namen der Agenten zukommen, die nunmehr verfolgt werden konnten, worin Preußen mit dem von Napoleons Bruder Jérôme regierten Königreich Westfalen einträchtig zusammenarbeitete. Bis die antifranzösische Koalition im Herbst 1813 zustandekam, blieb Gruner österreichischer Gefangener. Sein weiterer Lebensweg ist einigermaßen tragisch, zumal er ein tatkräftiger, patriotischer Idealist war, der für sein Vaterland durchs Feuer gegangen wäre. Stattdessen wurde er später selbst zum operativen Vorgang eben der von ihm so hingebungsvoll aufgebauten Geheimpolizei, denn nach der Restauration und in der beginnenden Repression der demokratisch und national gesinnten Reformer aus der Zeit vor den Befreiungskriegen war Justus Gruner zunehmend verdächtig. Jetzt wurden seine Briefe abgefangen, geöffnet und kopiert, um Regierungsstellen über seine Aktivitäten in Kenntnis zu setzen. Und er wurde Opfer von Denunzianten, die nunmehr Konjunktur hatten. Eine Rückkehr Gruners nach Berlin, die einflussreiche Freunde wie Gneisenau betrieben, vereitelten seine noch einflussreicheren Gegner. Doch war Gruner seinerseits skeptisch, denn in seiner früheren Behörde wollte er nicht unter den veränderten politischen Umständen arbeiten. Nach einem Zwischenposten im besetzten Paris sollte er, nunmehr geadelt, auf einen Gesandtenposten weggelobt werden. Für die meisten Posten war er jedoch in der politischen Atmosphäre dieser Zeit nicht vermittelbar, also schickte man ihn schließlich nach Bern, wo er praktisch einflusslos blieb und vielmehr im Gefolge der Karlsbader Beschlüsse ins Visier der Demagogenjäger geriet. Als er sich schwer krank zur Kur nach Wiesbaden begab, wurde er dort vors Mainzer Untersuchungsbüro zitiert und wochenlang mit Verhören traktiert, was ihm derart zusetzte, dass er bald darauf starb, 42-jährig.

DER KONGRESS TANZT UND SPITZELT

Nachdem die Französische Revolution auf dem gesamten Kontinent Turbulenzen verursacht und danach Napoleon ihm seinen Stempel aufgedrückt hatte, bemühte man sich nach den siegreichen Befreiungskriegen, die Uhr wieder so weit es ging zurückzudrehen. Auf dem Wiener Kongress 1814/15 ordneten die europäischen Mächte den Kontinent nach den napoleonischen Kapriolen wieder neu – und zwar nach den

altgewohnten Prinzipien von Mächtegleichgewicht, Fürsten-
staat und Absolutismus. In den Verhandlungen wurden Grenzen neu gezogen und wieder verworfen, wurden Allianzen ge-
schmiedet und hintertrieben, und dabei war jeder auf seinen
größtmöglichen Vorteil bedacht. Das ging natürlich nicht
ohne Geheimgespräche, verschwiegene Absprachen und intrigante Taktiererei vor sich, und dabei spielte Spionage eine
wichtige Rolle.

Dem österreichischen Kaiser kam zugute, dass der Kongress in Wien stattfand und ihm und seinem Außenminister
Klemens Fürst Metternich der gesamte Hauptstadtapparat
zur Verfügung stand. Während der Verhandlungen zwischen
September 1814 und Juni 1815 wurde der Kaiser von seinem
Polizeiminister ständig auf dem Laufenden gehalten: über die
hochrangigen Kongressteilnehmer der verschiedenen Staaten,
ihre Kontakte und Tätigkeiten und abgefangene Korrespondenz; ebenfalls wurden auf gesellschaftlichen Veranstaltungen
Stimmungsberichte erstellt. Demgegenüber befanden sich die
anderen Kongressteilnehmer im Nachteil, blieben aber keineswegs untätig. Wien war in diesen Monaten der unbestrit-
tene Mittelpunkt Europas, an den sich viele gekrönte Häupter
höchstselbst bemüht hatten: Russlands Alexander I., Preußens
Friedrich Wilhelm III., Dänemarks Friedrich VI., Bayerns Maximilian I. Joseph, Württembergs Friedrich I., um nur die Kö-
nige zu nennen, dazu zahlreiche weitere Fürsten sowie hochrangige Vertreter anderer Staaten. Alle waren von großem
Gefolge umgeben; der Wiener Kongress ist nicht zuletzt als
gesellschaftliches Großereignis mit umfänglichem Amüsement
in die Geschichte eingegangen. In diesen Monaten hatten von
der Putzmacherin bis zur Edeldirne, vom Chefpâtissier bis
zum Frackhändler zahllose Gewerbe Hochkonjunktur, und
wer immer für Informations- und Spitzeldienste infrage kam,
wurde von der Geheimpolizei verpflichtet, die vor einer Herausforderung ungekannten Ausmaßes stand, wollte sie ihre
Aufgabe an die Gegebenheiten des Kongresses anpassen. Der
geheimpolizeiliche Apparat musste enorm aufgeblasen wer-

den, um die mehreren Hundert unmittelbar am Kongress beteiligten Besucher mit ihren mehreren Tausend Zuarbeitern und Dienstleuten auszuspähen. Der Chef der Geheimpolizei Baron Hager teilte Wochen vor Kongressbeginn dem Wiener Oberpolizeidirektor Siber mit: »Die bevorstehende Ankunft der fremden Souveräne erheischt vervielfachte Aufsichtsanstalten, wodurch man täglich zur Kenntnis alles dessen, was ihre allerhöchsten Personen und ihre nächsten Umgebungen betrifft, aller jener Individuen, die sich ihnen zu nähern suchen, und der Pläne und Unternehmungen, die an diese hohe Gegenwart sich reihen dürften, auf eine möglichste umfassende Weise gelangen könnte. In dieser Absicht muß ich Euer Wohlgeboren schon jetzt auffordern, nicht nur die besseren Vertrauten, oder solche Personen aus dem Handelsstande, aus den Honoratioren, auch aus dem Adel und Militär sich zu bemühen, welche geeignet und geneigt wären, Ihnen oder mir alles, was sie in obiger Beziehung erfahren, schriftlich oder mündlich ohne allen Verzug zu eröffnen.« Aus den Akten geht hervor, dass eine ganze Zahl von Informanten aus höchsten Adelskreisen Berichte schrieben und sich wohl weniger als zweifelhafte Spione, sondern als Patrioten verstanden. Daneben war für die Vertreter der teilnehmenden Mächte eine ganze Armee von Bediensteten, Gastwirten und Postbeamten, Kutschern und Stubenmädchen etc. tätig. Briefe mochten für mehrere Seiten ausgewertet, Gespräche mehrfach belauscht worden sein, während auf den Inhalt der vielen interessanten Papierkörbe und der Kaminasche meist nur eine Stelle Zugriff erlangte, nämlich die Wiener Polizei. Fürst Metternich konnte daraus wertvolle Erkenntnisse gewinnen. Die Arbeit der Spione aller Seiten wurde jedoch umso schwieriger, als sich bald nach Verhandlungsbeginn die Fronten verhärteten.

Das schillernde Bild vom Vergnügungskongress und der männlich geprägte Blick darauf hat außerdem den Prostituierten eine wichtige Rolle bei der Kongressspitzelei zugeschrieben. Vieles davon ist vermutet bis erdichtet, einiges aber auch belegt. Je länger die Verhandlungen andauerten, desto mehr

Anlass zum Misstrauen hatten die Delegationen: erbrochene Siegel, verloren gegangene Briefe, allzu gut unterrichtete oder übermäßig neugierige Gesprächspartner, verdächtig sorgfältige Stubenmädchen. Der englische Minister Castlereagh beispielsweise legte großen Wert darauf, die Dienerschaft von eigenen Leuten aussuchen zu lassen, um sich keine Spitzel ins Haus zu holen. Der französische Außenminister Talleyrand wehrte sich nach Kräften gegen Spionage, wie ein österreichischer Agent namens Schmidt beklagte: »Wer nur ein wenig den Charakter Talleyrands kennt und sich außerdem die Mühe nimmt, sich die Art seiner Unterkunft klarzumachen, der versteht sofort die Schwierigkeiten, die die Einrichtung einer ernsthaften Beobachtung des Fürsten und dessen, was er tut, bereitet. Dieses Haus ist jetzt eine Art Festung, in der er eine Garnison hält, die nur aus Leuten besteht, denen er traut. Trotzdem ist es uns gelungen, einige Papiere aus seinem Schreibtische zu erwischen. Außerdem ist es geglückt, einen alten Diener zu bestechen, der schon bei drei französischen Botschaftern im Dienst gestanden hat, und einen Wächter oder Kanzleidiener, durch den wir einige zerrissene Papiere, die im Schreibtisch Talleyrands selbst gefunden worden sind, erhalten haben.« Von den misstrauischen Russen wurde berichtet, sie hätten in der Wohnung des Zaren an allen Schränken die Schlösser ausgetauscht und hielten die Schlüssel streng verwahrt, Abdrücke der Schlösser seien aber bereits abgenommen. Der Zar machte keinen Hehl aus seiner Verachtung der »falschen« Diplomaten, nutzte aber selbst Intrige, Gerücht und Lüge, um in den schwierigen Verhandlungen um Polen, das er nicht freigeben wollte, im eigenen Sinne voranzukommen.

Briefe wurden nur verlässlichen Personen anvertraut oder gleich persönlich ausgetragen, andere verlegten sich aufs Chiffrieren, verkannten aber die Fähigkeiten der Wiener Ziffernkanzlei mit ihren gewieften und überaus schnellen Fachleuten. Die Zielpersonen im Zentrum des Interesses änderten sich mit dem Fortgang der Verhandlungen und der Themen, die gerade im Mittelpunkt standen. Mal ging es um die Frage der Erweiterung Preußens auf sächsische Kosten, mal um das Schicksal der polnischen Nation oder Norwegens, dann wieder um die künftige Rolle der deutschen Kleinstaaten, die Zukunft der von Napoleon säkularisierten geistlichen Territorien in Deutschland oder die Behandlung des nachnapoleonischen Frankreich.

Die politische Restauration gelang den in Wien versammelten Mächten besser als die Wiederherstellung des Untertanentums, denn die Entwicklungen hatten die Menschen politisiert und die wirtschaftlichen Entwicklungen schufen Probleme, die nach neuen Lösungen verlangten. Die aber hatten die Herren Fürsten nicht parat, stattdessen sahen sie überall Umstürzlerisches, das sie mit allen Mitteln zu bekämpfen versuchten. Sie wollten weiterhin keine mündigen Bürger, die sich politisch beteiligten oder kritisch artikulierten, sondern gefügige Untertanen. Stattdessen kam es zu politischen Veranstaltungen und Demonstrationen, zur Gründung von Bünden, Vereinen. Das schien den Regierenden so unerhört, waren sie doch gerade dabei, die alte Ordnung wiederherzustellen, dass sie alsbald überall Verrat witterten und entsprechend breit vorgingen. Wie berechtigt die Vorstellung einer groß angelegten Verschwörung oder der Gefahr durch kleinere Bünde auch gewesen sein mag, sie wurde politisch instrumentalisiert und diente zur Legitimierung des Polizeiapparates – Mitarbeiter und Zuträger hatten also allen Grund, Ergebnisse zu liefern, und die Herrschenden das Interesse, sie zu verwerten. In Berlin waren viele der Männer, die nunmehr Jagd auf Oppositionelle machten, schon seit der Ablösung Gruners und der Neuausrichtung unter dessen Nachfolger Wittgenstein tätig. Die öffentliche Kritik an der Geheimpolizei, die fatale Erinnerungen an die napoleonische Besatzungszeit weckte, erreichte zwar ihre Auflösung 1817, tatsächlich arbeitete sie aber emsig weiter, sie war nur im Organigramm der preußischen Sicherheitsstruktur in eine weniger prominente Ecke verschoben worden. Staatskanzler von Hardenberg, der den »freiwilligen« Rücktritt Gruners zumindest nicht verhindert hatte, unterhielt ein eigenes Netzwerk an Informanten, die zum Teil schon gegen Gruner intrigiert hatten und die er nach dem Wartburgfest aktivierte, um deren Erträge gleich zu Beginn der Demagogenverfolgung zu verwerten.

Der neu gegründete Deutsche Bund hatte sich »die Erhaltung der äußeren und inneren Sicherheit Deutschlands« zur Aufgabe gemacht. Die Universitäten, die als Nährboden unbotmäßigen Aufruhrs erschienen, wurden fortan scharf überwacht. Im »inneren Feind« sahen die Fürsten eine Gefahr für ihre Stellung, und um von dessen Umtrieben frühzeitig zu erfahren und rechtzeitig tätig werden zu können, gründeten die deutschen Staaten 1819 im Zuge der Karlsbader Beschlüsse, zunächst in Mainz, eine geheim operierende Überwachungsbehörde, die Zentraluntersuchungskommission. Treibende Kräfte waren dabei, in seltener Eintracht, Preußen und Österreich, während die übrigen Mitglieder des Deutschen Bundes dem Vorhaben eher widerwillig gegenüberstanden. Pikanterweise bespitzelte man die in Karlsbad anwesenden Verhandlungspartner eingehend. Die Zentraluntersuchungskommission war eine staatliche Geheimpolizei zur Unterdrückung unliebsamer Opposition, wie sie sich in den Augen der Regierenden im Wartburgfest der Studenten, der Gründung der Allgemeinen Deutschen Burschenschaft oder im Attentat auf den Diplomat in russischen Diensten August von Kotzebue äußerte. Dass sie existierte, war bekannt, über das Ausmaß und die Art ihrer Tätigkeit wurde viel spekuliert, immer wieder kamen Einzelheiten ans Tageslicht. Heute gelten Verfassungsschützer doch eher als honorige Leute, im 19. Jahrhundert aber bedeutete Verfassungsschutz Repression und rücksichtslosen Kampf gegen Oppositionelle, gegen eine allzu neugierige Presse, gegen politische Vereine und Zusammenkünfte, weil all das den Bestand der staatlichen Ordnung der nachnapoleonischen Restauration zu bedrohen schien. Die Behauptung verschwörerischer Bewegungen und die bewusst vagen

Definitionen der Verdachtsmomente hätten eine umfassende Verfolgung ermöglicht, aber dem österreichischen Staatsminister Metternich und seinen preußischen Kollegen, Außenminister Bernstorff und Polizeiminister Wittgenstein ging es vor allem um Spitzelei und Überwachung, wofür ein umfassendes Netz an Agenten und Spionen zu knüpfen war. Der Abschlussbericht von 1827 weist den Fleiß der Gesinnungsschnüffler eindrucksvoll aus – nur konnte eine übergreifende Verschwörung, wie man sie angenommen hatte, nicht nachgewiesen werden. Der weiteren Arbeit tat dieses Nicht-Ergebnis keinen Abbruch, dafür sorgten schon gerüchtehafte Informationen über staatsfeindliche Umtriebe, denen nachzugehen war. Zur besseren Arbeit legte man ein »Personalregister« an, das schließlich mehr als zehntausend Einträge umfasste.

Die internationalen Weiterungen der Pariser Julirevolution und das Hambacher Fest 1832, mit dem sich die deutschen Regierungen einer Revolution nahe wähnten, führten zu weiteren Maßnahmen. Metternich frohlockte gar, dass die eindrucksvolle Massendemonstration im Pfälzischen – mit Zehntausenden Teilnehmern, für Freiheit und deutsche Einigung, aber preußischerseits gut ausspioniert und anschließend dokumentiert – einen willkommenen Vorwand »zum Zuschlagen« lieferte, wie er sich ausdrückte. Nunmehr wurden politische Vereine verboten und die Regierungen der deutschen Einzelstaaten aufgefordert, das eigene Volk zu überwachen, einander staatsgefährliche Umtriebe zu melden und gemeinsam gegen Aufrührer vorzugehen. Im Visier befanden sich nicht mehr nur Studenten und Professoren, sondern ebenso fahrende Handwerksgesellen und Literaten. Man traf geheime Absprachen, gegen Verdächtige auf das schärfste vorzugehen, sich gegenseitig zu informieren, einander im Bedarfsfall militärisch zu assistieren und die polizeiliche Arbeit zu koordinieren. Kein Wunder, dass der Frankfurter Wachensturm im Frühling 1833 als Bestätigung der Revolutionserwartung erschien. Hinter der versuchten Erstürmung zweier Polizeiwachen vermutete Metternich ein »weithin über Deutschland verzweigtes Complott«. Als Reaktion darauf wurde nun in Frankfurt am Main die Zentraluntersuchungsbehörde geschaffen, die die repressiven Maßnahmen koordinierte.

Anfangs arbeiteten und trafen sich die Bünde und Vereinigungen, die sich zur politischen Meinungsbildung und mit dem Ziel eines geeinten Deutschland zusammenfanden, ganz offen, aber die staatliche Gegenreaktion zwang sie alsbald zur Konspiration. Die Bünde versuchten sich mit strenger Geheimhaltung und scharfen Sanktionen bis hin zur Todesstrafe gegen Verräter in den eigenen Reihen zu behaupten. Das Wartburgfest markiert den Beginn der Bespitzelung und Nachrichtenbeschaffung von Studentenvereinigungen durch das preußische Innenministerium, die Karlsbader Beschlüsse läuteten das Verbot und die strenge Verfolgung von Burschenschaften ein, auch von politisch tätigen Professoren. Ihnen drohte Entlassung, unbotmäßigen Studenten Karzerhaft und Zwangsexmatrikulation. Eine umfassende Überwachung wurde eingeleitet, die sich wieder einmal auf die Postüberwachung stützte. Ziel war es, so eine preußische Kabinettsorder von 1820, »die Behörden, Konsistorien, Universitäten und Schulen von gefährlichen Irrlehren« zu reinigen. Wer Lehrer oder Beamter werden wollte, wurde von der politischen Polizei überprüft. Wie Inquisitoren zogen Sonderkommissare zu Ermittlungsarbeiten in die Universitätsstädte, was für viel Unmut sorgte: Die Bespitzelung von Studenten und Professoren in Vorlesungen, bei universitären und privaten Zusammenkünften und die Kontrolle der Post war allseits bekannt und wurde vielfach beklagt. Wer einmal ins Visier der Ermittler geriet, sah sich allen möglichen Maßnahmen ausgesetzt, wurde verhört und gemaßregelt. Die gesellschaftliche Atmosphäre, nicht nur an den Universitäten, litt erheblich unter dem Wissen um allgegenwärtiger, unerkannter Denunziation. Als Informationsquellen bediente sich die Polizei sowohl spontaner Denunziantentätigkeit von Freiwilligen, mitunter gezielt ermutigt durch Prämienzahlungen, als auch des gezielten Einsatzes von Spitzeln. Geriet ein Student ins Visier der Verfolgungsbehörden und floh ins Ausland, wurden Kommilitonen ausgehorcht, Studentenkneipen belauscht und seine Familie überwacht, um doch noch seiner habhaft zu werden. Brieflicher Kontakt war heikel, was auch bekannt war, denn abgefangene Korrespondenz diente als beliebtes Beweismittel in einschlägigen Prozessen. Nur gab es häufig gar keine Alternativen für die Kommunikation.

Selbst im Ausland war man nicht sicher, denn dort waren die preußischen Gesandtschaften aktiv und beschäftigten eigene Spitzel. Einer von ihnen war der Student Ludwig Lessing, aus dem brandenburgischen Freienwalde am Rand des Oderbruchs gebürtig, der in Berlin zur Schule gegangen war und danach in Bonn und Berlin Medizin studierte. Nach einem Studienaufenthalt in Zürich wurde er 1833 bei der Rückkehr nach Berlin verhaftet, weil man ihn der Mitgliedschaft in einer Burschenschaft verdächtigte. Das jedoch war verboten, und da es sich daher bei diesen Vorwürfen keineswegs um Kavaliersdelikte handelte, stand für den jungen Mann mit einem Mal seine gesamte Lebens- und Berufsplanung zur Disposition. Er entschloss sich zur Kollaboration unter der Bedingung, dass man ihn sein Studium fortsetzen ließ. Um sich als gute Quelle zu empfehlen, erfand er gar ein Komplott gegen das Leben des Königs, über das er auspacken wolle. Von dieser Hochstapelei ließen sich die Beamten zwar nicht foppen, gingen aber auf das Angebot zur Zusammenarbeit ein: Ein halbes Jahr später kam Lessing wieder frei, ging erneut in die Schweiz und betätigte sich dort als eifriger Spitzel in der deutschen Emigrantenszene, wo er zur Tarnung wieder politisch aktiv wurde. Der junge Mann fand offenbar durchaus Gefallen an seiner Aufgabe und seiner Doppelrolle, die ihm wohl ein gewisses Machtgefühl verlieh und das fade Studentendasein würzte. Mindestens zweimal pro Monat schickte er Berichte nach Berlin und bezog Geldzuwendungen der preußischen Behörden, ging mit der Wahrheit aber offenbar nicht immer pfleglich um, sondern überzeichnete in den Rapporten seine Rolle. Eine Versicherung gegen Fantastereien des Studenten war der Umstand, dass Preußen in der Schweiz noch andere Spitzel unterhielt. Allerdings flog Lessing in Bern, wohin er zunächst gegangen war, auf und verlegte seine Aktivität nach Zürich. Ein Kollege, genauer ein österreichischer Spion, war ihm auf die Spur gekommen, weil Lessing mit einem preußischen Ministerialpass eingereist war, und denunzierte ihn in einem Zeitungsartikel. Der Besitz eines solchen Privilegiertenpasses und Lessings forsche Agitationsarbeit passten einfach nicht zusammen, die Sache schien klar. In Zürich gab er sich weniger rührig, verkehrte aber weiterhin in studentischen Kreisen und hatte einen größeren Bekanntenkreis, den er offenbar diskreter aushorchte. Trotz erneuter Spionagegerüchte vermochte er sich gut zu integrieren, bis er seit Mitte 1835 von den deutschen Studenten zunehmend gemieden wurde und in Isolation geriet. Was genau geschehen war, lässt sich nicht mehr ermitteln, aber Anfang November 1835 wurde Lessing tot aufgefunden, ohne dass der oder die Täter je ermittelt wurden. Allerdings entdeckte man unter seinen Sachen einen Drohbrief, und es spricht einiges dafür, einen Rachemord bespitzelter Aktivisten zu vermuten. Mehrere Studenten aus Lessings Umfeld kamen zu dieser Zeit in Schwierigkeiten mit der Obrigkeit, allerdings ist dessen Beitrag daran unklar. In der nachfolgenden Untersuchung leisteten die preußischen Behörden der schweizerischen Justiz keine Amtshilfe – weshalb zu den möglichen Szenarien der Ermittler gehörte, sie selbst stünden als Drahtzieher hinter dem Mord.

EINE KOSTBARE PERSÖNLICHKEIT

Preußen zeigte sich bei der Verfolgung der Opposition besonders engagiert, bis der Thronwechsel 1840 eine etwas weniger reaktionäre Phase einleitete. Aber spätestens mit der Märzrevolution 1848 riss König Friedrich Wilhelm IV. das Ruder wieder herum. Nach der Niederschlagung der Revolution wurde die preußische Verfassungs- und Nationalpolitik zum Paradeexempel der Reaktion, die das monarchisch-absolutistische System mit aller Macht bewahren wollte. Fortan konzentrierten sich die preußischen Behörden auf die Verfolgung der Revolutionsteilnehmer und versuchten, alles Bedrohliche im Keim zu ersticken. Das ging keineswegs immer sauber vonstatten, und für Heikles bedurfte es der richtigen Leute.

Man möchte meinen, wer vom König höchstselbst als »eine kostbare Persönlichkeit« bezeichnet wird, müsse von ihm, seiner Regierung und Verwaltung in den höchsten Ehren gehalten werden. Doch man kann sich täuschen – der Mann, den Friedrich Wilhelm IV. so bezeichnete, war keineswegs hochangesehen und respektabel in den Augen seiner Arbeitgeber, außerdem nicht »von Stand«. Aber er war ungeheuer nützlich für die schmutzigen Dienste, derer die preußische Krone bedurfte – kostbar eben.

Der so wertvolle Mann hieß Wilhelm Stieber, ein 1818 geborener Beamtensohn aus Merseburg, dessen Familie bald nach Berlin umzog. Dort besuchte er eine der besten Schulen der Stadt, das Gymnasium Zum Grauen Kloster im ehemaligen Franziskanerkonvent, von wo er 1838 auf die Berliner Universität wechselte. Stieber studierte Rechtswissenschaften und schlug die Beamtenlaufbahn ein, als er nach Abschluss des Studiums 1841 beim Kammergericht anfing. Das klingt nach einem vielversprechenden, ehrgeizigen jungen Mann, und das war Stieber wohl auch, denn bei der Berliner Polizei und Justiz profilierte er sich bald als kompetent, zupackend und clever. Daneben besaß er aber eine gewisse Affinität zu Halbdunkel und Zwielicht und ermittelte unter dem Decknamen Schmidt inkognito, woran andere sich nicht die Finger schmutzig machen wollten. Stieber entwickelte darin einige Meisterschaft, wovon eine dienstliche Einschätzung zeugt, die ihn einen Mann nannte, der »in einem hohen Grade die Gabe besitzt, in die Geheimnisse des verbrecherischen Treibens einzudringen«. Doch dem skrupellosen Polizeimann erging es wie vielen anderen, die weder schummrige Ecken noch zweifelhafte Methoden scheuen: Solange sie gute Ergebnisse liefern, sind sie wohl gelitten, doch man lässt sie im Handumdrehen fallen wie eine heiße Kartoffel, sobald es nötig wird oder opportun erscheint. Und dann kommt man erneut auf sie zurück, sobald man ihrer Dienste wieder bedarf.

Einer größeren Öffentlichkeit wurde Stieber bekannt, als er 1845 in Schlesien ermittelte. Dort hatte es ein Jahr zuvor in verschiedenen Städten Aufstände gegeben, mit denen Weber und andere Arbeiter gegen Hunger und Ausbeutung aufbegehrten – Arbeitstage von bis zu 17 Stunden waren keine Seltenheit. Zu Aufständen kam es damals vielerorts in Europa, sie waren ein Ergebnis der beschleunigten Industrialisierung, die sich um das Elend ihrer Opfer wenig scherte. Brutal und blutig wurde die schlesische Revolte vom preußischen Militär niedergeschlagen, und denen, die nunmehr in Breslau vor Gericht kamen, nutzte eine internationale Welle der Solidarität wenig: 80 Arbeiter wurden zu bis zu neun Jahren Zuchthaus und zu Peitschenstrafen verurteilt. Der Weberaufstand galt der DDR-Geschichtsschreibung als »erste Klassenschlacht des deutschen Proletariats« – dem monarchischen Preußen musste er jedenfalls Angst einjagen. Zwar zeigte sich an der Art, wie sich die »soziale Frage« einstweilen äußerte, dass von einer schlagkräftigen Arbeiterbewegung noch nicht die Rede sein konnte, aber unter den Regierenden grassierte die Kommunistenhysterie. Mit dem Auftrag, konspirativ ausfindig zu machen, wer unter den verzweifelten Menschen Wühlarbeit leistete und die kommunistische Bewegung zu festigen versuchte, wurde Wilhelm Stieber nach Schlesien entsandt. Der Agent gab sich den Anschein eines harmlosen Landschaftsmalers und reiste, womöglich mit breitkrempigem Künstlerhut auf dem Kopf und vielsagenden Farbflecken auf der Weste, nach Hirschberg im Riesengebirge. Seine Bilanz ist einigermaßen zweifelhaft, aber Stieber verkaufte seine Mission unverdrossen als großen Erfolg und gelangte so zu einiger Prominenz. Die Mehrzahl der mutmaßlichen Verschwörer, die er in Schlesien verhaftete, musste später wieder freigelassen werden, einige wenige wurden wegen Hochverrats angeklagt.

Deren revolutionäre Schriften, die Stieber stolz präsentierte, sind allerdings obskuren Ursprungs. Die Vermutung, er habe sie kurzerhand selbst verfertigt, um bei seinen Berliner Auftraggebern glänzen zu können, ist nicht vollends aus der Luft gegriffen; jedenfalls sollte er im Fälschen noch einige Fertigkeit entwickeln. Wie auch immer, Stieber geriet trotz dieses Erfolgs beim beruflichen Vorankommen bald ins Straucheln. Offenbar war er ein wenig zu forsch bei der Sache, ein wenig zu unkonventionell in seinem Arbeitsstil und wohl auch eine Spur zu überzeugt von sich selbst – jedenfalls fiel er Kollegen und Vorgesetzen bald unangenehm auf. Recht skrupellos übertrat er seine Kompetenzen und missachtete die Spielregeln, misshandelte Untersuchungsgefangene und fälschte sogar Beweise, wenn er es für geboten hielt. Wilhelm Stieber scheint eine eigene Mission verfolgt zu haben, nämlich sich einen Namen zu machen und so statt einer geordneten Beamten- eine schillernde Agentenkarriere einzuschlagen. Den Auftrag für seine schlesische Reise hatte ihm das preußische Innenministerium erteilt, ohne dass das Kammergericht als sein Arbeitgeber dies abgesegnet hätte. Stattdessen hatte er unter einem Vorwand gewöhnlichen Urlaub eingereicht, was bei seiner Rückkehr angesichts der landesweiten Schlagzeilen aufflog. Als er im Jahr darauf ein Buch über Prostitution in Berlin veröffentlichte, für das er ihm zugängliche Polizeiakten unberechtigt benutzt hatte, machte er sich bei seinen Vorgesetzten ein weiteres Mal unbeliebt und erhielt im Präsidium kurzerhand Hausverbot. Vom Vorwurf, einen Untersuchungshäftling misshandelt zu haben, wurde er zwar freigesprochen, aber das Maß war offenbar voll, und als schließlich ein Disziplinarverfahren gegen ihn eingeleitet wurde, gab er sich selbst wohl wenig Chancen, daraus einigermaßen ungeschoren herauszukommen. Seine Arbeitsmethoden hatten längst auch in der Öffentlichkeit Anstoß erregt, zudem dürfte es ob seiner Erfolge auch Neider in den eigenen Reihen gegeben haben. Bereits 1847 reichte er seinen Abschied ein, um nicht den Makel einer förmlichen Entlassung davonzutragen.

Stieber gab aber nicht klein bei: Nach seiner Heirat arbeitete er als Strafverteidiger und machte seinen Doktor als Jurist. Als dann die Revolution von 1848 die politischen Verhältnisse vorübergehend durcheinanderbrachte, trat er in politischen Prozessen als Verteidiger von Demokraten auf – ob aus Überzeugung, aus geschäftlichen Gründen oder im Hinblick auf das berufliche Fortkommen unter geänderten politischen Vorzeichen, muss dahingestellt bleiben. Ebenso aber diente er sich höchsten Kreisen an: Als der preußische König 1848 sich für einige Zeit der Revolution fügte und den volkshörigen Landesvater gab, fungierte er beim berühmten Ausritt Friedrich Wilhelms durch seine revolutionäre Hauptstadt wenige Tage nach Ausbruch der Kämpfe als dessen Leibwächter. Beim König, der an jeder Straßenecke Attentäter vermutete, blieb er daher in guter Erinnerung. Seine Tätigkeit als Verteidiger von Demokraten jedoch geriet ihm nach der Niederschlagung der Revolution zum Nachteil, denn er durfte, mutmaßlich deswegen und unter Nutzung neuer Berufsregeln, alsbald nicht mehr als Anwalt arbeiten.

Seine eigentliche Karriere hatte Wilhelm Stieber aber noch vor sich. Durch Kontakte zu einem windigen Vertrauten des Königs, Carl Wilhelm Saegert, empfahl er sich als monarchistischer Spitzel. 1850 erinnerte sich der preußische König an den inzwischen 32-Jährigen, nachdem der Bonner Professor, Dichter und Demokrat Gottfried Kinkel aus dem Spandauer Zuchthaus nach England hatte fliehen können. Kinkel war als Abgeordneter des Wahlkreises Bonn-Sieg Mitglied der preußischen Nationalversammlung von 1849 gewesen, die der König alsbald aufgelöst hatte. Beim preußischen Sturm auf die Festung Rastatt im Sommer 1849, letzte Bastion der Revolution, war er festgenommen worden. Kinkels Freund Carl Schurz, später US-Innenminister, gelang es, den Zuchthäusler und Volkshelden zu befreien. Die Festung Spandau strotzte vor Militär, weswegen eine gewaltsame Aktion unmöglich war, aber nach einiger Zeit gewannen Schurz und seine Helfer zwei Aufseher für ihren Plan. Als Befreiung und Flucht Kinkels bekannt wurden, war die Blamage von Militär und Polizei grenzenlos, ganz Deutschland nahm Anteil daran, mitunter mit viel Häme. Immerhin: Der steckbrieflich gesuchte Revolutionär Carl Schurz war inkognito aus dem schweizerischen Exil zurückgekehrt und hatte Deutschland ausgiebig bereist, ohne in Schwierigkeiten zu kommen. Und dann befreite er auch noch einen berühmten Revolutionär inmitten der preußischen Festungsstadt Spandau. Allzu gut schien der preußische Überwachungsapparat also nicht zu funktionieren. Vom Vorhaben hatten schon wegen der langen Vorbereitung und fehlgeschlagenen Anwerbungsversuche unter dem Zuchthauspersonal viele gewusst, nur der Polizei war all das nicht zur Kenntnis gelangt. Dem Skandal – und seiner eigenen Attentats- und Verschwörungsparanoia – wollte Friedrich Wilhelm IV. mit einer publikumswirksamen Aufklärung begegnen und wies deswegen seinen Innenminister von Manteuffel an: »Ich habe den Kinkel'schen Fluchtbericht soeben gelesen. Dies hat mich auf den Gedanken gebracht, den ich nicht gerade unter die lautern classefizieren will. Nämlich den, ob Stieber nicht eine kostbare Persönlichkeit ist, das Gewebe der Befreyungs-Verschwörung zu entfalten und dem Preußischen Publikum das lang und gerecht ersehnte Schauspiel eines aufgedeckten und (vor Allem), bestraften Complotts zu geben? Eilen Sie also mit St's Anstellung und lassen Sie ihn s. Probestück machen. Ich glaube, der Gedanke ist folgenreich und ich lege großen Wert auf seine sofortige Realisirung ... Verbrennen Sie dies Blatt!«

Der preußische König ordnete die unerbittliche Verfolgung der Demokratie an, und Stieber diente dabei als Werkzeug. Der so Zurückgeholte wurde Chef der Kriminalpolizei, die alle Oppositionellen zu überwachen hatte, und arbeitete direkt unter dem Polizeipräsidenten Hinckeldey – zu dessen Leidwesen mit Zugang zum König. Weil ein Großteil der Oppositionellen vor staatlicher Verfolgung ins Ausland geflohen war, waren Informationen über deren Tätigkeit im Exil von größtem Interesse. Das galt insbesondere für den Bund der Kommunisten mit seiner von Karl Marx und Friedrich Engels geleiteten Londoner Zentrale. Ein direktes Vorgehen dort wurde 1851 möglich, als zur Londoner Weltausstellung auf Bitten der englischen Regierung preußische Polizisten geschickt und zur Verbesserung der Sicherheitslage auf deutsche Exilanten angesetzt wurden, deren berühmtester zweifellos Karl Marx war. Vor seiner Abreise im Frühling 1851 erklärte Stieber, der sich als Chef der preußischen Delegation empfohlen hatte, gegenüber Hinckeldey. »Noch nie hat eine so schlimme Emigration existiert als jetzt in London. Es liegt dort nicht eine Emigration vor, sondern eine vielköpfige Hydra: eine polnische, französische, preußische, ungarische, womöglich auch eine spanische. Gift, Dolch und Unfrieden wird fortwährend in dieser Wolfsgrube gesät.« Um seinerseits Unfrieden in die Wolfsgrube zu tragen, bereitete Stieber sich eingehend vor und heuerte Spitzel an, die aus Berlin eingeschleust oder in der Londoner Emigration angeworben wurden, um an Informationen zu gelangen. Sie trugen Zahlen als Decknamen und horchten unter anderem den Flüchtling Gottfried Kinkel aus, der offenbar nicht in revolutionärer Absicht tätig war, aber auch August Willich, der angeblich eine Revolution in Deutschland vorbereitete, allerdings in der deutschen Emigration in kläglichen Umständen agierte. Von einer Tanzveranstaltung berichtet Stieber, wie moralisch verrottet die Emigranten sich präsentierten, tanzten sie doch mit zweifelhaften Weibspersonen. Verdächtig schnell, nämlich bereits nach nur ein paar Tagen, meldete Stieber, er sei einer Verschwörung auf die Spur gekommen, die sich gegen den preußischen Thronfolger richtete, der zur Weltausstellung angereist war. Das kam selbst dem preußischen Gesandten Bunsen, dessen Haus als Stützpunkt Stiebers und seiner Leute fungierte, spanisch vor, und in der Tat ist von einer Fälschung auszugehen. Bunsen bezeichnete Stieber später eine »Schuftseele«, die sich verkauft habe.

Unterdessen wurde in Leipzig der Schneidergeselle Peter Nothjung aufgegriffen, der kommunistisches Propagandamaterial bei sich trug. Den Hinweis darauf gab ein ungarischer

Offizier und Spitzel der österreichischen Polizei in London, der auch Stieber zuarbeitete. Nothjungs Festnahme ermöglichte die Verhaftung fast der gesamten Führung des Kölner Arbeitervereins und führte zu einer Anweisung Hinckeldeys an Stieber, doch in London verwertbares Material aufzutun, das für einen »passenden strafbaren Tatbestand« in einem »Hochverratsprozeß« dienen könne. Die elf Angeklagten sahen sich dem Vorwurf ausgesetzt, die politische Ordnung stürzen und einen Bürgerkrieg entfesseln zu wollen, wobei allerdings bekannt wurde, dass sich die Anklage auf gefälschtes Beweismaterial stützte. Außerdem war die damalige deutsche kommunistische Bewegung sehr viel weniger einflussreich, als der aufwendige Prozess und die erhobenen Vorwürfe vermuten ließen. Es ging schlicht darum, ein Exempel zu statuieren, Macht zu demonstrieren und die Scharte von Spandau auszuwetzen. Dazu gehörte, dass lautstarke Gefolgsleute der elf Angeklagten vor dem Kölner Gerichtsgebäude kurzerhand ebenfalls verhaftet wurden. Sechs Wochen lang wurde unter ausführlicher Berichterstattung im In- und Ausland das Verschwörertum der Kommunisten verhandelt; als jedoch die Vorwürfe sich als überzogen bis haltlos erwiesen, drohte der Schauprozess aus der Sicht der preußischen Krone zu kippen – bis Stieber auf den Plan trat. Noch in London hatte er einen seiner Agenten aus der Wohnung eines Emigranten Unterlagen entwenden lassen, die er mit allerlei Gefälschtem ergänzte. Unter den Fälschungen befand sich ein sogenanntes Protokollbuch mit Interna des Londoner »Bundes der Kommunisten«. Aus seinem Exil, wo er sich durch die englische Presse mit zweitägiger Verspätung über den Prozess auf dem Laufenden hielt, konnte Marx klärend eingreifen und das Buch als Fälschung entlarven. Noch Jahrzehnte später nannte er Stieber den »elendesten Polizeilumpen unseres Jahrhunderts«. Marx' Londoner Gegenspieler Willich ließ gar den Fälscher bei der englischen Polizei bestätigen, das Protokollbuch auf Veranlassung Stiebers fabriziert zu haben. Diese entlastende Nachricht aber kam in Köln nicht an, weil die Empfänger inzwischen ebenfalls einsaßen. Das gefälschte Protokollbuch spielte zwar für die Beweisführung ohnehin keine entscheidende Rolle mehr – gleichwohl wurden, entgegen allgemeiner Erwartung, sieben der Angeklagten zu teils hohen Haftstrafen und zur Aberkennung ihrer bürgerlichen Ehrenrechte verurteilt, woraufhin es in und vor Gericht zu einigem Aufruhr kam. In Berlin machte der liberale Beobachter Varnhagen von Ense seinem Ärger im Tagebuch Luft: »Ein schändliches, ganz ungerechtes Urtheil! Die Regierung hat abscheulich alles dazu vorbereitet, anderthalbjährige Untersuchungshaft gebraucht, die Geschworenen ernannt, Schelmstücke veranlaßt ... Und ein solcher wie Stieber geht frei umher, darf sich brüsten, Belohnung fordern, während die besten Männer im Kerker schmachten! Treffe jeder Fluch die Urheber solcher Missethaten und alle Helfer und Zustimmer!«

Stieber hätten solche Einschätzungen wenig gekümmert, denn er hatte sich in heiklen Aufgaben bewährt – seine hemdsärmeligen Methoden fielen für seine Auftraggeber da nicht weiter ins Gewicht, solange sie zu den gewünschten Ergebnissen führten. In der Folge konnte er seine Position in Berlin ausbauen und sich wappnen gegen kollegiale Eifersüchteleien oder prinzipienreiterische Anwürfe. Er wurde nunmehr als Direktor der Kriminalpolizei Leiter einer eigenen Abteilung im Berliner Polizeipräsidium, erlangte ein hohes Maß an Unabhängigkeit und durfte sich rühmen, immer wieder vom König persönlich mit Aufträgen versorgt zu werden. Sein Eifer und sein Ehrgeiz hatten sich damit aber noch immer nicht erfüllt. Als sich während des Krimkrieges, in dem seit 1853 Russland und die Türkei gegeneinanderstanden, ein internationaler Skandal entspann, kam der Mann für heikle Missionen wieder zum Einsatz. In Preußen stritt man damals, ob im Konflikt für Russland oder für die Westmächte, die das Osmanische Reich unterstützten, Position zu beziehen war. Verschiedene Fraktionen wollten Einfluss auf den preußischen König nehmen, und als Befürworter einer Westorientierung setzte der preußische Ministerpräsident Manteuffel einen

Spitzel auf die erzkonservative, russlandfreundliche sogenannte »Kamarilla« an. 1855 kam es zu einer Affäre, als Manteuffels Spitzel militärische Geheimberichte der preußischen
Gesandtschaft in Sankt Petersburg beschaffte und gleich noch
an Frankreich verkaufte – mit England und an der Seite der
Türkei Russlands Kriegsgegner. Nachdem ein französischer
Spion zu den Russen übergelaufen und die Sache bekannt geworden war, löste das preußisch-russische Verstimmungen sowie einen internationalen Skandal aus. Der preußische König
höchstpersönlich setzte Stieber in Bewegung, der Manteuffels
Agenten überwachen und schließlich verhaften ließ. Zur Vermeidung noch größerer diplomatischer Verstimmungen ließ
Friedrich Wilhelm vertuschen, dass der Spion von der preußischen Regierung beauftragt worden war.

Als Agent zur besonderen Verwendung auf königlichen
Befehl war Stieber von Friedrich Wilhelm abhängig, der aber
schließlich krankheitsbedingt die Amtsgeschäfte seinem Bruder Wilhelm (I.) übertrug. Unter den neuen Verhältnissen
musste sich Stieber erneut vor Gericht verantworten. Zu den
Vorwürfen gehörten ein weiteres Mal Kompetenzübertretung
und Freiheitsberaubung, und einem harten Urteil entging er
nur, weil er die Mitwisserschaft höherer Stellen, bis hin zum
König, ins Gespräch brachte. Abermals musste er den aktiven
Dienst quittieren und verdingte sich einstweilen im Auftrag
der Russen, für die er Emigranten in Berlin bespitzelte. Die
Zeit seiner Spionagetätigkeit für Preußen war aber noch nicht
zu Ende, sondern nur ein weiteres Mal unterbrochen.

4. KAPITEL

DER KANZLER UND SEIN SPION

Als 1862 Otto von Bismarck zum preußischen Ministerpräsident aufstieg und Preußen sich anschickte, dem deutschen Einigungswillen auf dem Weg einer »Revolution von oben« Genüge zu tun, blieb Wilhelm Stieber noch eine Weile ein nützliches Instrument. Bereits im selben Jahr konnte er »zur Ausführung geheimer staatspolizeilicher Aktionen« wieder ins geheimdienstliche Geschäft einsteigen. Einem skeptischen Abgeordneten gegenüber verwies Bismarck auf die Unfähigkeit der preußischen Polizei, die er als »unglaublich schlecht, fast unbrauchbar« bezeichnete. Stieber sei »der einzig brauchbare Polizeimann«. So verschieden die beiden Männer von Herkunft und Rang sein mochten, sie ähnelten sich doch in ihrer zupackenden Art, die Dinge wenig zimperlich und in ihrem Sinn voranzutreiben. Die Skrupellosigkeit der Mittel, die Spion und Politiker einsetzten, um ihre Ziele zu erreichen, lassen sich durchaus vergleichen.

Im kurzen Krieg gegen Österreich wurde Stieber 1866 zum Chef der Feldpolizei ernannt. Seine Aufgaben waren recht umfänglich: Er war zuständig für die Sicherheit im Hauptquartier, für Spionageabwehr, Postüberwachung, Presseaufsicht sowie Feindaufklärung. Noch dazu hatte er sich mit interner Konkurrenz auseinanderzusetzen, denn der Generalstab unterhielt seinen eigenen Nachrichtendienst mit eigenen Spionen, und man war sich nicht recht grün. Untätig war die Gegenseite natürlich ebenso wenig – und verfügte offenbar über die bessere Aufklärung: Zwei Stunden früher als das Berliner Hauptquartier wusste Wien, wo und wie der preußische Aufmarsch vonstatten ging, weil man die Telegrafenleitungen angezapft hatte. Nur ließ sich der Spionage-Vorteil nicht in einen militärischen Sieg umwandeln: Österreich verlor den Krieg und wurde aus der deutschen Nationalpolitik herauskomplimentiert.

Nach dem Krieg führte Stieber für Bismarck im Außenministerium in der Wilhelmstraße das Central-Nachrichtenbüro, dessen Aufgabe in der Bespitzelung der Opposition bestand. Weil das Büro recht konspirativ arbeitete, alsbald aus dem Etat des Außenministeriums ausgegliedert und durch Bismarcks geheimen »Reptilienfonds« finanziert wurde, ist über die Aktivitäten des Spionageapparates nur wenig bekannt. Stiebers Berichte an Bismarck sind nicht erhalten, und man muss spekulieren, gegen wen sich seine Tätigkeit richtete und in welchem Maße er im Kulturkampf, gegen die Sozialdemokraten und auf anderen Gebieten zum Einsatz kam. Ein Auftrag jedenfalls war die Ausspähung sogenannter »Welfen-Umtriebe«: Der wegen seiner Unterstützung Österreichs im Krieg von 1866 (und zum Zwecke territorialer Arrondierung Preußens, das damit das lang ersehnte zusammenhängende Staatsgebiet erhielt) abgesetzte König Georg V. von Hannover plante für den Fall eines preußisch-französischen Krieges die Rückeroberung, wofür er im Exil eine Privatarmee aus geflüchteten Hannoveraner Soldaten aufbaute. Bismarck erhielt durch Stieber und dessen Spione, die die »Welfenlegion« auf das sorgfältigste beobachteten, eine genaue Kenntnis der Vorgänge – angeblich war er besser im Bilde als der blinde Exkönig selbst und saß sowieso am längeren Hebel.

Im Deutsch-Französischen Krieg 1870/71 spielte die Feldpolizei erneut eine wichtige Rolle. Ein prominenter Stützpunkt war die preußische Gesandtschaft in der Schweiz, wegen ihrer Neutralität ohnehin stets ein Eldorado auswärtiger Geheimdienste. In Bern liefen die Berichte von in Frankreich arbeitenden Spionen ein. Abermals ist unklar, woran Stieber und seine Leute im Einzelnen arbeiteten, aber die finanziellen Zuweisungen belegen eine emsige Spionagetätigkeit. In den 1860er-Jahren, noch unter Stieber, trat ein 24-jähriger ungarischer Ex-Leutnant der österreichischen Armee in die Dienste des Büros und sollte Deutschland bis zum Ersten Weltkrieg nützliche Dienste leisten. Im Unterschied zu Stieber, dem Mann fürs Grobe, könnte man ihn schon aufgrund seiner Herkunft als Gentleman-Spion bezeichnen. Dieser August Schluga Freiherr von Rastenfeld firmierte als Agent Nr. 17 und blieb, gern »Meisterspion« tituliert, für ertragreiche fünfzig Jahre einer der wertvollsten preußischen, dann deutschen Agenten. Aus Enttäuschung über verwehrte Aufstiegsmöglichkeiten war er aus der k.u.k Armee ausgetreten und nunmehr offen für eine weniger loyale, aber deutlich schillerndere Karriere. Wenn sich Enttäuschung und Wut in Reaktion auf verschmähten Dienst am Vaterland in Energie für eine Spionagetätigkeit ummünzen ließen, konnten sich bei entsprechendem Talent zur Konspiration wertvolle Quellen auftun. All das vereinigte sich in Agent Nr. 17, der hohen Sachverstand, militärischen Stallgeruch und die geeigneten Umgangsformen mitbrachte, um bei geschickter Konspiration ausgezeichnete Arbeit zu leisten. Bereits vor der entscheidenden österreichischen Niederlage im Deutschen Krieg bei Königgrätz 1866 nutzte er seine Insiderkontakte und lieferte wertvolle Details aus dem Hauptquartier der Österreicher. Nach dem Krieg ging er, getarnt als Journalist, nach Frankreich und baute Kontakte ins französische Militär auf, wobei ihm seine adelige Herkunft zugutekam. Ebenso gründlich wie zuverlässig und kompetent berichtete er seither nach Berlin. Im Krieg 1870/71 ließ er den preußischen Generalstab wissen, dass der französische Marschall Patrice de Mac-Mahon seinen Truppenverband von Châlons-sur-Marne östlich von Paris in Bewegung setzte, um sich in der belagerten Festung Metz mit der eingeschlossenen französischen Rheinarmee zu vereinigen. Moltke hatte geplant, Mac-Mahon in Châlons anzugreifen und dann nach Paris zu ziehen. Schlugas Information ermöglichte den Preußen nun, in ihrem seither berühmten »Rechtsschwenk« rasch genug die Marschroute zu verändern, um Mac-Mahon den Weg abzuschneiden. Es gelang, die Franzosen abzudrängen und am 1. September 1870 bei Sedan nahe der belgischen Grenze die Entscheidungsschlacht des letzten der drei »Einigungskriege« zu erzwingen. Preußen obsiegte, Kaiser Napoleon III. wurde gefangen genommen, einige Wochen später Paris besetzt, unter preußischer Führung und künftiger Dominanz das Deutsche Reich gegründet. Bismarck stieg zum Reichskanzler auf, und auch Schluga blieb im Geschäft, während Stieber zwar nach Auflösung seines Nachrichtenbüros 1874 weiter über einen kleinen Etat verfügen konnte, aber doch seine große Zeit hinter sich hatte, nicht zuletzt aus gesundheitlichen Gründen. Nach längerer Krankheit starb er 1882.

Fast möchte man die müßige Frage stellen, welchen Weg Stieber wohl gegangen wäre, hätte er ein halbes Jahrhundert später gelebt. Denn erst nach seinem Tod brach die große Zeit der Geheimdienstchefs und ihrer Agenten, des Spionagefiebers und der Spionageskandale an. In den Jahrzehnten vor dem Ersten Weltkrieg, mit europaweit sich verstärkendem Nationalismus und steigender Sensationslust sowie einer willfährig assistierenden Presse, mit militaristischer Kraftmeierei und, bei zunehmender Nervosität, Kriegshysterie, angesichts häufiger werdender Attentate, sozialer Spannungen, technischer Entwicklungen und bei wachsender politischer Unsicherheit entstand das Phänomen der »Spionie«. Sowohl ein Ergebnis der verbreiteten Paranoia, überall seien Spione am Werk, als auch ihr Brandbeschleuniger war die Affäre Dreyfus. Aber hatte die allgemeine Spionageangst nicht sogar eine gewisse Berechtigung? In allen europäischen Ländern häuften sich seit dem späten 19. Jahrhundert die Fälle aufgedeckter Spionage, ausgewiesener Diplomaten und Anklagen gegen verdächtige Ausländer. Überall sah man Veranlassung, die Strafen auf Spionage und Landesverrat zu verschärfen. Natürlich war nicht jeder Vorwurf berechtigt und die Furcht vor omnipräsenten Spitzeln war übertrieben und irrational. Gleichzeitig aber verstärkten die europäischen Mächte ihre bestehenden Spionageapparate und gründeten bald darauf Nachrichtendienste als feste Institutionen auch zu Friedenszeiten. Das Spionagegeschäft hatte also tatsächlich Konjunktur. Schwindende Sicherheiten hinsichtlich der politischen Verhältnisse des Kontinents, wechselnde Bündnisse, Rüstungswettstreit und militärtechnische Neuerungen verlangten ja auch danach. Es kommt nicht von ungefähr, dass exponierte Politiker dieser Zeit ihre Gedanken und Absichten konspirativ behandelten: So verschiedene Männer wie Otto von Bismarck und später der serbische Regierungschef Nikola Pašić kultivierten eine geradezu neurotische Vorsicht in ihrer politischen Arbeit, die manchem Spion zur Ehre gereicht hätte. Sie waren darin nicht die Einzigen.

Und doch war nicht jeder italienische Vagabund, der strategisch bedeutsame Eisenbahnstrecken entlanglief, ein Spion; nicht jede polnische Abenteurerin, die in Westpreußen ihr Glück suchte, spähte den deutschen Offizier aus, mit dem sie eine Affäre unterhielt; und nicht jeder belgische Tourist, der soeben verstärkte französische Bastionen fotografierte, verdingte sich für die Abteilung IIIb im Berliner Großen Generalstab. Andererseits wurden zum Teil enorme Finanzmittel aufgewendet, um ein gut funktionierendes Kundschafternetz aufzubauen und sich auch über den nicht offiziellen Teil der politischen und militärischen Vorgänge auf dem Laufenden zu halten. Schon vor 1914 gab es zahlreiche Kriege, in die die eine oder andere europäische Macht verwickelt war und geheimdienstlicher Unterstützung bedurfte. Und je mehr man in allen europäischen Hauptstädten davon ausging, dass über kurz oder lang der große, den ganzen Kontinent erfassende Krieg ausbrechen würde, desto mehr verlangte es die Entscheidungszirkel nach verwertbaren geheimdienstlichen Erkenntnissen.

DER SKANDAL DES JAHRHUNDERTS

Die Affäre Dreyfus begann mit einem Papierkorb, den die Putzfrau Marie Bastian am 26. September 1894 in der Pariser Botschaft des Deutschen Reiches nicht weit vom Pont Royal am linken Seine-Ufer pflichtgemäß leerte. Und zwar doppelt pflichtgemäß, denn die Dame war schon seit Jahren unter dem Decknamen Auguste zugleich Agentin in Diensten des französischen Militärgeheimdienstes und besuchte regelmäßig, aber außerhalb der Gottesdienste eine nahe gelegene Kirche, mal die neugotische Basilique Sainte Clotilde, mal die erst kürzlich geweihte Église Saint-Francois-Xavier in Sichtweite des Invalidendoms. Dort übergab sie zwischen Säulen und ins Gebet versunkenen Gläubigen ihrem Kontaktmann die Ausbeute. Madame Bastians besondere Art der Raumpflege war schon mehrmals folgenreich gewesen, sowohl für Deutsche als auch Franzosen, diesmal aber sollte ein aufsehenerregender Skandal daraus erwachsen, hohe Wellen schlagen und noch lange wirken. An jenem Frühherbsttag übergab Madame Bastian eine handschriftliche Liste geheimer französischer Militärdokumente aus dem Papierkorb des deutschen Militärattachés Oberstleutnant Maximilian von Schwartzkoppen, offensichtlich ein Begleitschreiben zur Sendung streng geheimer Militärunterlagen. Gefertigt war es von einem französischen Armeeangehörigen mit Zugang zum Aktenbestand des Pariser Generalstabes und zur Entsorgung säuberlich zerrissen. Wer hatte diesen hochkarätigen Verrat begangen?

Die Angelegenheit war schon deshalb heikel, weil es um Geheimnisverrat an Deutschland ging, von dem das stolze Frankreich im letzten Krieg so gedemütigt worden war, dem man die beiden Westprovinzen Elsass und Lothringen hatte abtreten müssen und dessen wirtschaftlicher und militärischer Aufstieg als Nationalstaat ebenso atemberaubend wie beunruhigend war. In der französischen Armee der Dritten Republik war man sich auf höherer Ebene durchaus bewusst, dass das nach der Niederlage angestrebte Ziel, mit Deutschland militärisch gleichzuziehen, nicht erreicht worden war. 1870/71 war ein bleibendes Trauma, der Nachbar jenseits des Rheins schien eine ernste Bedrohung, zumal befürchtet wurde, er könne einen Präventivschlag wagen, bevor Frankreich zu stark würde. Hinzu kamen interne Erkenntnisse, wonach das Deutsche Reich selbst in Sachen Spionage zunehmend überlegen war – aber auch die simple Statistik war beängstigend, denn nicht nur war durch die Reichsgründung Frankreich nicht länger das bevölkerungsreichste Land in Westeuropa, zudem sank die Geburtenrate. In Sachen Spionageabwehr hatte noch in den frühen 1880er-Jahren Kriegsminister Boulanger, auch »General Revanche« genannt, weil er die Niederlage gegen Deutschland militärisch ausbügeln wollte, Gegenmaßnahmen eingeleitet: verschärfte Anweisungen zur wirksamen Geheimhaltung sensibler Rüstungsdaten und Militärsachen sowie eine bessere Überwachung Spionageverdächtiger in Frankreich. Diese sollten, ob Franzosen oder nicht, im Falle des Krieges sofort verhaftet, andere Ausländer mit Pässen des Kriegsgegners oder dessen Verbündeter umgehend ausgewiesen werden. Andererseits stand Frankreich immer noch im Ruf, eine der besten Armeen der Welt zu besitzen. In jedem Fall war es für Deutschland unerlässlich, ein Maximum an Informationen über französische Militärangelegenheiten zu haben.

Mehr als alles andere musste der deutschen Aufklärung natürlich daran gelegen sein, an den französischen Aufmarschplan zu gelangen, um daran die eigene Strategie auszurichten. Dies war umso entscheidender, als Deutschland mit einem Zweifrontenkrieg zu rechnen hatte, denn Frankreich und Russland waren 1894 ein formelles Bündnis eingegangen. Da der Krieg an zwei weit auseinanderliegenden Fronten unmöglich zu gewinnen war, musste im Kriegsfall Frankreich durch einen gezielten und wirkungsvollen Anfangsschlag weitgehend ausgeschaltet werden, um anschließend alle Kräfte auf den Gegner im Osten konzentrieren zu können. Russland besaß die Kapazitäten für einen langwierigen Krieg. Folglich musste das Deutsche Reich im Westen Fakten schaffen, bevor das Zarenreich vollständig mobilgemacht haben würde. Und dafür war ein Höchstmaß an Informationen über die gegnerischen Pläne der Gegner unerlässlich. Denn die Kriegsplanung war zu einer sehr komplexen Angelegenheit geworden, aus technischen und logistischen Gründen. Je mehr schweres Gerät zum Einsatz kam, desto besser mussten Festungsbauten geschützt sein. Truppen und Ausrüstung wurden auf einem Eisenbahnnetz transportiert, das beständig ausgebaut wurde. An Struktur, Leistungsfähigkeit und Veränderungen gegnerischer Strecken ließ sich also eine Menge ablesen. Für die eigene Offensiv- wie Defensivvorbereitung war beispielsweise wichtig zu wissen, wie schnell welche Truppenumfänge verlegt werden konnten. Waren bestimmte Strecken aus militärtaktischen Gründen ausgebaut worden? Konnten Truppen damit in kürzerer Zeit verlagert werden? Gab es militärrelevante Einrichtungen an den Strecken, die der Mobilmachung dienen sollten? Wie umfänglich war das rollende Material und wie schnell war es im Kriegsfall verfügbar? Diese und ähnliche Informationen über den potenziellen Gegner waren heiß begehrt. Weitere Hinweise gaben allgemeine Rüstungsdaten, an denen in einer Zeit allgemeiner Hochrüstung kein Mangel bestand, und militärische Geheimabsprachen zwischen Bündnispartnern. Alles zusammen wurde mit umso größerem Aufwand bewertet, je misstrauischer die Mächte einander beäugten, um im Ernstfall schnell genug das eigene Kriegsuhrwerk in Gang setzen zu können. Den Nachrichtendiensten kam also eine wichtige Aufgabe zu. Je fleißiger sie aber diese Daten sammelten, desto schwieriger wurde die Auswertung der Informationsflut in der Gesamtschau. Mehr als einmal zeigten sich die europäischen Geheimdienste mit der Datenmenge überfordert – und mit ihnen die Politiker. Die Entscheidungsstrukturen in den europäischen Hauptstädten waren ohnehin überaus kompliziert, und zusammen mit nationalen Vorbehalten und hochrangigen Hahnenkämpfen, militärseligen Träumereien und Bündniszwängen waren dies keine guten Voraussetzungen für eine nüchterne Beurteilung der vorliegenden Daten.

An den französischen Aufmarschplan zu kommen, war kein Kinderspiel, mochte er auch immer wieder gegen gute Bezahlung angeboten werden – »kein verlässliches Material verfügbar«, mussten die Geheimdienstler ein ums andere Mal konstatieren und sich weiterhin auf öffentlich zugängliche Quellen ihren Reim machen. Daraus und aus französischen Rüstungsmaßnahmen ging hervor, dass Frankreich im Kriegsfall zunächst defensiv vorgehen würde. Deutschland hingegen plante, über Belgien und Holland möglichst rasch nach Frankreich vorzustoßen und der französischen Armee möglichst schnell die entscheidende Niederlage beizubringen. Als 1908 die Aufklärung ermittelte, dass Frankreich einen begrenzten Vorstoß nach Süddeutschland vornehmen würde, modifizierte der Generalstab in Berlin seine Planungen dahingehend ein wenig.

Zurück ins Paris des Herbstes 1894. Der brisante Fund aus dem deutschen Botschaftspapierkorb findet seinen Weg umgehend auf den Schreibtisch von Kriegsminister General Mercier, der eine Untersuchung anordnet, um das Leck im Generalstab zu orten. Sehr schnell gerät Hauptmann Alfred Dreyfus ins Visier der Ermittler, denen der Elsässer und Jude von vornherein verdächtig erscheint. Aus seiner Feder soll das Corpus Delicti stammen, auch wenn sich herangezogene Schriftsachverständige keineswegs einig sind, dass es sich um Dreyfus' Handschrift handelt. Inzwischen sind auch der französische Ministerpräsident sowie Außen- und Justizminister über den Fall in Kenntnis gesetzt worden; Dreyfus wird unter Verdacht des Hochverrats festgenommen, ins Militärgefängnis Cherche-Midi am Boulevard Raspail gebracht und dort in Einzelhaft genommen. Im anschließenden Prozess wird er trotz aller Unschuldsbeteuerungen und unter Missachtung all dessen, was für ihn spricht, für schuldig befunden, degradiert und zu lebenslanger Verbannung verurteilt. Er kommt zunächst für fünf Jahre auf die Teufelsinsel vor Französisch-Guyana.

Obwohl der mutmaßliche Geheimnisverräter dingfest gemacht ist, muss der neue Chef des Nachrichtendienstes

Oberst Marie-Georges Picquart jedoch bald feststellen, dass die deutsche Botschaft auch weiterhin Geheiminformationen erlangt. Er ermittelt und kommt dem eigentlichen Spion auf die Spur: Graf Walsin-Esterhazy, ein französischer Major, der im Unterschied zum wohlhabenden Dreyfus handfeste finanzielle Motive für einträgliche Spionagedienste hat – allerdings gedeckt wird von einflussreichen Männern, die nicht nur eine Wiederaufnahme des Prozesses verweigern, sondern stattdessen den aufrechten Picquart nach Nordafrika abschieben. In der Zwischenzeit jedoch hat ein Freund Walsin-Esterhazys, Major Hubert Henry, der Presse Informationen zum Prozess zugespielt, sodass der Skandal weiterköchelt. Bemühungen von Dreyfus' Frau und seinem Bruder, seine Unschuld zu beweisen, führen 1898 zu einem Prozess gegen Esterhazy, der allerdings freigesprochen wird. Beweise, die sich später als perfide Fälschungen Major Henrys entpuppen, führen vielmehr zur Verurteilung Picquarts. Zu seinem eigentlichen Höhepunkt kommt der Skandal, als der Schriftsteller Émile Zola bald darauf in einem offenen Brief an den französischen Präsidenten, seiner berühmten Schrift »J'accuse«, den Freispruch Esterhazys geißelt.

Aber schließlich wird doch noch offenbar, dass wichtige Beweismittel gefälscht worden waren. Major Henry wird verhaftet und begeht im Gefängnis Selbstmord, Esterhazy rettet sich nach England und gesteht dort seine Urheberschaft des zerrissenen Dokuments aus dem Papierkorb des deutschen Militärattachés, der Paris inzwischen ebenfalls verlassen hat. Der französische Verteidigungsminister tritt zurück. In einem Revisionsprozess 1899 wird Dreyfus zwar erneut zu zehn Jahren Haft wegen Hochverrats verurteilt, aber kurz darauf begnadigt. Erst 1906, zwölf Jahre nach dem ersten Prozess, wird auch dieses Urteil aufgehoben und Dreyfus rehabilitiert. Heute erinnert im Ehrenhof der École Militaire, unweit des Ortes, an dem die Affäre begonnen hatte, eine Plakette an Dreyfus, der Opfer einer Militär- und Spionageintrige geworden war, die sich zur Staatsaffäre auswuchs.

Der Fall Dreyfus ist bis heute berühmt. Und schon damals war das internationale Echo beträchtlich, zumal Zeitungen bei rasch steigenden Auflagenzahlen erstmals als wirkliche Massenmedien in Erscheinung traten und Prozessbeobachter aus Paris ein Stakkato an Telegrammberichten in alle Welt drahteten. In deutschen Zeitungen wurde über den gesamten Zeitraum immer wieder umfassend berichtet, das staunende Publikum spaltete sich wie jenseits des Rheins in »Dreyfusiarden« und solche, die von seiner Schuld überzeugt waren. Spionagehysterie und Antisemitismus spielten in Frankreich und Deutschland gleichermaßen ineinander. Es war nicht das erste Mal, dass Juden ohne Grund unter Generalverdacht gestellt wurden, aus mangelnder Loyalität zum Vaterland für die Spionagetätigkeit in fremden Diensten anfällig zu sein, und es sollte auch nicht das letzte Mal sein. Viele deutsche Zeitungen wiesen den Vorwurf der Spionage gegen Frankreich als völlig abwegig zurück und assistierten dem Auswärtigen Amt, das durchaus wahrheitsgemäß Beziehungen deutscher Seite zu Dreyfus bestritt. Angesichts des belasteten Verhältnisses zwischen Frankreich und Deutschland hätte eine eindeutigere Stellungnahme für Dreyfus wohl auch keine Entlastung dargestellt.

Dabei war Esterhazy, für den Dreyfus auf die Teufelsinsel verbannt worden war, nicht einmal der wichtigste der Spione, die damals in Frankreich für das Deutsche Reich tätig waren. Neben dem Freiherrn Schluga, der unter anderem jedes Jahr die französischen Truppenübungen inspizierte und darüber nach Berlin berichtete, gab es einen namentlich bis heute Unbekannten, den Schluga rekrutiert hatte: einen hochrangigen Eisenbahnmitarbeiter, der die Absichten der französischen Militärführung in Sachen Eisenbahn verriet – Aufmarschtransporte, Nachschublinien, Grenzsicherung und Ähnliches mehr. Das erlaubte dem deutschen Generalstab, die gegnerische Planung für einen Kriegsfall recht gut zu erfassen. Man wusste nun, wie sehr die Franzosen auf ihre Festungen im Osten des Landes vertrauten, wo die Mehrzahl der Truppen gegebenenfalls massiert würde, dass im Norden Verduns eine Schwachstelle auszumachen war und dass Paris erwartete, Berlin würde die Neutralität Belgiens ignorieren.

SPIONE IN UNIFORM

Dass die Affäre Dreyfus wie andere Spionageskandale einen Militärattaché betraf, ist kein Zufall. Militärattachés bevölkerten das diplomatische Parkett seit dem Wiener Kongress und wurden, wie zuvor die Gesandten, seit der Mitte des 19. Jahrhunderts zu einer ständigen Einrichtung mit einer wachsenden Zahl an Vertretern. Dahinter stand die Erkenntnis, dass die Politik zu Hause nicht nur der Assistenz der klassischen Diplomatie, sondern zunehmend der Unterstützung durch Fachleute bedurfte, die mit Sachverstand die militärischen Einrichtungen und Vorgänge verfolgten. Erster ständiger Militärattaché Preußens wurde 1830 Major von Cler in Paris, womit Preußen dem Beispiel Österreichs und Russlands, aber auch Englands und Frankreichs folgte. Allerdings tauschten schon seit dem Kongress die drei Verbündeten der »Heiligen Allianz« Preußen, Österreich und Russland zum gegenseitigen Einvernehmen ranghohe Offiziere aus, deren Mitarbeiter durchaus die Aufgaben späterer Militärattachés erfüllten. Es ging um legitim erworbene Kenntnisse über die militärischen Angelegenheiten anderer Mächte – hätte Napoleon I. 1813 einen Militärbeobachter in Preußen gehabt, so konstatierte man damals in Berlin, wären ihm die Vorbereitungen für die Befreiungskriege gegen Frankreich wohl früher bekannt geworden. Unter Verbündeten lag auf der Hand, dass der Austausch hochrangiger Fachleute der verschiedenen militärischen Disziplinen einem Bündnis nur nützlich sein konnte; aber dort wie anderswo gerieten nach den politischen Diplomaten nun auch die Militärattachés bald in den Ruch, in Kriegs- und Friedenszeiten gleichermaßen »offizielle Spione« zu sein. In der Tat waren sie auch ein Vorposten des Nachrichtenbüros des Generalstabs, dessen wichtigste Zuträger und angehalten, Angebote auf wertvoll erscheinende Nachrichten »aus unlauterer Quelle« nach Berlin weiterzureichen. Sie erstellten auf Grundlage eingehender Lektüre von Zeitungen und militärischen Fachpublikationen Berichte über die militärischen Vorgänge im Gastland, besuchten alljährlich im Spätsommer die Manöver, bauten Offiziersfreundschaften auf, machten Urlaubsreisen in strategisch interessanten Gebieten und beschäftigten Kundschafter. Nach außen hin gab man sich stets honorig und erklärte Spionage für unvereinbar mit dem eigenen Berufsverständnis, hielt es aber insgeheim deutlich pragmatischer. Selbst von ihren politischen Diplomatenkollegen wurden die Attachés daher mitunter spitz betrachtet. Aber vielleicht war es angesichts der wachsenden Bedeutung des Schmuddelkindes Spionage verständlich, wenn man als ihre Hauptakteure stets die anderen ansah, gleichwohl aber gemeinsam mit ihnen von den Ergebnissen profitierte.

Dieser etwas anrüchige Teil der Tätigkeit der Militärattachés war allen Seiten bewusst, aber durch das Prinzip der Gegenseitigkeit überwogen die Vorteile, weil man selbst dasselbe tun konnte. Natürlich wägte man stets den Nutzen eines Austausches von Attachés ab – für die eigene wie für die andere Seite. Als 1894 Paris anregte, zusätzlich zu den Militärattachés mit Berlin Marineattachés auszutauschen, erregte das bei der deutschen Admiralität wegen des kühlen Verhältnisses beider Länder Verdacht. Es schien den Franzosen um bessere Spionagemöglichkeiten zu gehen: In Deutschland waren Informationen überwiegend nicht öffentlich, ein Marineattaché in Berlin hätte da Paris gute Dienste leisten können. In Frankreich hingegen war viel Wissenswertes in Marineangelegenheiten vergleichsweise einfach durch Zeitungslektüre zu beschaffen. Da die Republik lebhafte politische Debatten führte, wurden der Öffentlichkeit durch die Presse sehr viel mehr militärische Details bekannt gemacht als im Kaiserreich. Deutschland hätte also von dem Austausch deutlich weniger profitiert.

Der österreichische Kaiser legte im Unterschied zur deutschen Regierung erklärtermaßen Wert auf die Honorigkeit seiner Attachés und verbot ihnen das Spionieren, wie der Wiener Geheimdienstchef Maximilian Ronge berichtet: »Jeder neuernannte Attaché musste vor seinem Abgang dem Chef des Evidenzbureaus die Einhaltung dieses Allerhöchsten Verbotes in die Hand versprechen. Diese Zurückhaltung bedeutete keine Beeinträchtigung des Dienstes unserer Militärattachés. Im Gegenteil, sie festigte ihre Position bei den leitenden Stellen und in den Offizierskreisen der fremden Staaten, sie wurden umso bereitwilliger zu Besichtigungen und besonderen militärischen Vorführungen eingeladen, wo sie mit militärisch geschultem Blick mehr sehen konnten als Kundschafter.« Spioniert wurde trotzdem von allen Seiten, inklusive der österreichischen, und immer wieder wurden aufgrund von Spionagevorwürfen Attachés abberufen. So mussten allein sechs russische zwischen 1900 und Kriegsausbruch nacheinander Berlin verlassen, weil sie allzu eifrig gewesen waren, in ihrer Konspiration nachlässig oder durch enttarnte Agenten diskreditiert.

Nach Kriegsbeginn 1914 gingen die Militärattachés in den neutralen Ländern ihrer Tätigkeit weiter nach, und einige erwiesen sich als besonders engagiert. Auf Verlangen der US-Regierung mussten Ende 1915 Marineattaché Boy-Ed und Militärattaché Franz von Papen, der spätere Reichkanzler, aus Washington abberufen werden, weil sie in den Vereinigten Staaten höchst umtriebig und mit weit verteilten Agenten Spionage betrieben hatten. Sie berichteten über die Stimmungslage in den USA bezüglich des Krieges, agitierten zugunsten Deutschlands und kümmerten sich, auch mithilfe von Passfälschungen, um die Rückführung Deutschstämmiger zum Kriegsdienst in die Heimat. Anfangs reichlich unvorbereitet auf den Ansturm deutscher Spione, wurden die amerikanischen Behörden bald wachsam, observierten verdächtige Deutsche und hörten ihre Telefone (und die der kaiserlichen Diplomaten) umfassend ab. Zunehmend enger arbeiteten die Vereinigten Staaten außerdem mit dem britischen Geheimdienst zusammen, der Washington eine Auswahl seiner Erkenntnisse zukommen ließ.

DER BEITRAG
DER GELEGENHEITSAGENTEN

Natürlich gab es unterhalb dieser ranghohen Agenten in den Botschaften eine ganze Armee von Kundschaftern, die oft unerkannt und erfolgreich vor Ort die Gegebenheiten ausspionierten. Einige Fälle von Spionage kleiner Leute im Auftrag Russlands hat der Spionage-Historiker Jürgen W. Schmidt aus Akten rekonstruiert. Aus der Vielzahl solcher Kundschafterdienste, von denen ja nur ein Teil überhaupt aktenkundig wurde, geht hervor, wie an zahlreichen Stellen Informationen beschafft wurden, die wie Puzzlestücke ein Gesamtbild ergeben sollten. Einer dieser Fälle brachte, als er 1905 aufflog, einen russischen Militärattaché in Berlin um seinen Posten. Im Zentrum steht eine in den Akten als »hochelegant« bezeichnete Russin von 34 Jahren namens Zinaida de Smoljaninoff, die seit einigen Jahren in Berlin deutschen Offizieren Russischunterricht erteilte. Sie wohnte in einer Pension nicht weit vom Kurfürstendamm und verkehrte auch privat mit Militärs. Ihr Arzt hatte sie angezeigt, weil er ihren lockeren Lebenswandel verdächtig fand – und wohl auch, weil sie ihm 650 Mark schuldete. Sie sei »stark sexuell veranlagt«, gab er zu Protokoll. Die Sprachlehrerin wurde zunächst ergebnislos überwacht, aber ihre Pensionswirtin erklärte, Frau Smoljaninoff habe sich leichtsinnigerweise gerühmt, von ihren Offiziersbekanntschaften alles erfahren zu können, was ihre Regierung interessiere. Verdächtig war zudem, dass sie Kontakt zum russischen Marineattaché hatte.

Die politische Polizei setzte einen Lockvogel ein, der sich in derselben Pension einmietete und als ein zum Großen Generalstab abkommandierter Offizier ausgab, aber knapp bei

Kasse war. In seinem Zimmer legte er als Köder vermeintlich wertvolle militärische Papiere aus und erwischte die Russin bald darauf in flagranti beim Inspizieren der Unterlagen. Auf ihren Vorschlag, sie könne die Dokumente doch für die russische Botschaft fotografieren und dafür zahlen, ging er zum Schein ein, nachdem er sich, ebenfalls zum Schein, ein wenig geziert hatte. Frau Smoljaninoff vereinbarte mit dem russischen Attaché eine konspirative Übergabe der Dokumente auf einer Brücke am heutigen Verteidigungsministerium. Kurz darauf reiste sie nach Brüssel, bezahlte anschließend mit dem dort erhaltenen Geld den Lockvogel und wurde eine Woche später in Baden-Baden verhaftet. Sie erhielt ein Jahr und drei Monate Haft, während nach einigem Hin und Her zwischen Berlin und Sankt Petersburg der Militärattaché Oberst Schebeko abberufen wurde.

Russland war naturgemäß besonders daran interessiert, die militärischen Einrichtungen zu kennen, die sich deutscherseits nahe seiner Grenze befanden, und setzte dementsprechend eine größere Menge Agenten in Ost- und Westpreußen ein. Dies tat im Dienst des Warschauer Außenpostens der Raswedka, dem zaristischen Militärgeheimdienst, beispielsweise ein gewisser Gustav Wölkerling, der aus dem brandenburgischen Perleberg stammte und jahrelang Schreiber in der westpreußischen Festung Thorn an der Weichsel war, bis er seinen Abschied genommen hatte. Seine Enttarnung 1912 kostete zwei Attachés der russischen Botschaft in Berlin ihre Posten. Immerhin hatte Wölkerling die Russen noch mit wertvollem Militärmaterial versorgen können: dem Mobilmachungsplan für die Festung Thorn. Das heute polnische Toruń war damals, nahe der Grenze zum russischen Teil Polens gelegen, eine wichtige preußische Festung und ein bedeutsamer Eisenbahnknoten. Die Polizei stieß in Wölkerlings Bromberger Wohnung aber noch auf mehr: auf ganze Stapel geheimer Papiere und Fotografie-Platten sowie Nachschlüssel der Aktenschränke der Festung ebenso wie auf rund 100 000 Mark, die überwiegend aus Spionagegeschäften stammten – damals ein Vermögen. Außerdem stellte sich heraus, dass Wölkerling ebenso Kontakte zum französischen Geheimdienst unterhielt. Der Mann aus einfachen Verhältnissen, den seine brisanten Geschäfte bis nach Moskau und Paris gebracht hatten, kam mit einer Strafe von fünfzehn Jahren wegen Verrats militärischer Geheimnisse ins Zuchthaus Brandenburg, dessen Tore sich auch mit Kriegsende und Revolution 1918 nicht für ihn öffneten. Seine Spionagearbeit übernahm ein junger Russe namens Sienjukowicz, ein begabter Maler, der 1912 über die Grenze nach Thorn kam. In der Tarnung eines Intellektuellen, der sich vorm russischen Militärdienst drückte, arbeitete er bald als Knecht bei einem Bauern in Balkau westlich der Stadt. Er sprach Deutsch, Russisch und Polnisch, reiste viel und verfügte verdächtigerweise über einiges Geld, was er mit einem vermögenden Onkel in Warschau erklärte. Des Abends machte er gerne ausgedehnte Spaziergänge, auf denen er wohl die nahe gelegenen Festungsanlagen inspizierte; den Brüdern seines Arbeitgebers kaufte er militärisches Druckwerk ab. Später zog der stets flüssige Wanderarbeiter weiter, heuerte bei einer Thorner Maschinenfabrik an und knüpfte Kontakte, um beim Festungsbau unterzukommen. Als Botin für Nachrichten an die Raswedka fungierte seine Geliebte. So ging es ungestört bis zum Kriegsbeginn 1914, noch kurz vor der deutschen Mobilmachung war Sienjukowicz in Thorn auf Erkundungstour. Er flog auch nicht mehr auf – seine Tätigkeit kam erst im Nachhinein ans Licht, als das österreichische Evidenzbureau 1918 erbeutete russische Akten auswertete.

Natürlich beschäftigten auch die Geheimdienste anderer Länder solche Kundschafter. Das Zarenreich unternahm im Jahrzehnt vor dem Ersten Weltkrieg aber die größten Spionage-Anstrengungen. Grund dafür war der Skandal des überraschend verlorenen Krieges gegen Japan 1904/05. Vorab war die gegnerische Militärkraft fatal unterschätzt worden, während der Kämpfe dann glänzte die russische Aufklärung durch einen desorganisierten und dilettantischen Auftritt. Also wurde die militärische Aufklärung Teil der allgemeinen Aufrüstung –

die Ausgaben dafür stiegen von 1900 bis 1914 um erkleckliche 2000 Prozent. Einen beachtlichen Posten darin stellte Gustav Wölkerling dar, doch ungleich berühmter und hochkarätiger – dabei aber preiswerter – war ein österreichischer Oberst, der ein Jahr vor Beginn des Ersten Weltkriegs enttarnt wurde.

DER FALL OBERST REDL

Der Fall Redl aus der Habsburger k.u.k. Monarchie ist kaum weniger bekannt als die Affäre Dreyfus – und war noch fataler für den Spion und sein Aufklärungsziel. Das Wiener Hauptpostamt schickte im Frühjahr 1913 einen Brief, adressiert an einen Herrn Nikon Nizetas, postlagernd, zurück an den Absender, weil das Schreiben nicht abgeholt worden war. In Berlin öffnete man den Umschlag, um Hinweise auf den Absender zu erlangen, und stieß auf ein stattliches Bündel Geldscheine im Wert von 6000 österreichischen Kronen sowie zwei Adressen, in Paris und in Genf. Die misstrauischen Mitarbeiter der Kaiserlichen Reichspost überstellten den Fund an den militärischen Geheimdienst, wo man die Anschriften als Deckadressen russischer Spione identifizierte. Da es sich um Landesverrat handelte, nahmen sich die Chefs der Geheimdienste in Berlin und Wien der Sache an: Spionagechef Walter Nicolai, erst seit Kurzem Leiter der Abteilung IIIb im Berliner Großen Generalstab, kontaktierte seinen Wiener Kollegen August Urbanski, Chef des Evidenzbureaus, der sodann seine Leute auf Nikon Nizetas ansetzte. Die Nachrichtendienste der verbündeten Länder arbeiteten da schon seit Längerem sehr vertraut miteinander. 1910 hatte man ein gemeinsames Memorandum für die Zusammenarbeit verabschiedet, und der Fall Redl war nicht der erste Erfolg dieses Einvernehmens. Da der ramponierte, weil eingehend untersuchte Brief den Verdächtigen sofort stutzig gemacht hätte, fingierte IIIb neue Briefe und gab sie in Berlin auf. Aber das Hauptpostamt in Wien vermerkte alsbald ohnehin weitere eingehende Schreiben an Herrn Nizetas – und das Evidenzbureau traf Vorsorge.

Als am Abend des 24. Mai 1913 auf dem Hauptpostamt ein unscheinbarer Mann von circa fünfzig Jahren sich nach Post für Nikon Nizetas erkundigte, händigte ihm die Schalterbeamtin leutselig plaudernd die Briefe aus. Man hatte vorsorglich an unauffälliger Stelle einen Knopf installiert, mit dem sie unbemerkt Alarm geben konnte, damit die im Nebenraum seit Wochen wartenden Mitarbeiter des Evidenzbureaus aus ihrer Langeweile hochschreckten und die Verfolgung aufnahmen. Der Weg zum nahe gelegenen Hotel Klomser im Palais Batthyány, wo man die Identität des Mannes ermittelte, war kurz: Es handelte sich um einen außergewöhnlich hochrangigen Hochverräter: Oberst Alfred Redl, aus dem galizischen Lemberg gebürtig und Generalstabschef des in Prag stationierten 8. Armeekorps. Es war wohl allzu fahrlässig, die mit sensiblen Materialien betrauten Mitarbeiter keiner Sicherheitskontrolle zu unterziehen. Redl verfügte wie der erwähnte französische Eisenbahninformant über wichtige Kenntnisse der Militärplanungen und aus langjähriger Tätigkeit für das Evidenzbureau zudem über beste Kenntnisse aus dem österreichischen Geheimdienst, die er wohl über die Warschauer Außenstelle der Raswedka zugänglich gemacht hatte. Der Kontakt war über den russischen Militärattaché in Wien, Mitrofan Martschenko, zustande gekommen, der später für die Raswedka arbeitete und auch den jungen Sienjukowicz betreute. Redl war wegen seiner Homosexualität erpressbar und hatte aufgrund seines luxuriösen Lebenswandels großen Geldbedarf. Außer Pferden besaß er auch zwei Automobile, damals ein kleines Vermögen wert, daneben schlugen regelmäßige Zuwendungen an einen jungen Leutnant zu Buche. Allerdings gibt es keinerlei Hinweise auf eine Erpressung seitens der Russen, einiges spricht sogar dafür, dass Redls genaue Identität seinen Auftraggebern gar nicht bekannt war. Wie auch immer, noch in derselben Nacht wurde Redl in seinem Hotelzimmer verhört, wo er nach seinem Geständnis die ihm zugestandene Gelegenheit zum ehrenhaften Selbstmord mit einer ihm ausgehändigten Pistole nutzte.

Ein Skandal war kaum zu vermeiden, aber zur Eindämmung der Folgen sollte die Explosion kontrolliert ablaufen. Das schien umso mehr geboten, als ausgerechnet der Sohn des schillernden und ständig Krieg fordernden Wiener Generalstabschefs Conrad von Hötzendorf mit Akteuren des Geheimnisverrats zu tun hatte, wenn nicht gar aktiv darin verwickelt war. Insbesondere aber war geboten, den Gegner im Dunkeln darüber zu lassen, wie genau man das Ausmaß des Redl'schen Verrats erfasste. Denn dann konnte man bei Redl sichergestellte Beweismittel nun umgekehrt zur gezielten Desinformation der russischen Seite nutzen. Also wurde ein Begräbnis mit militärischen Ehren anberaumt und in Umlauf gebracht, Redl habe aus psychischen Gründen Selbstmord begangen, wofür sogar angeblich eindeutige Hinweise der Hirnuntersuchung bei der Obduktion veröffentlicht wurden. Die umfassende, sensationsheischende Berichterstattung in Österreich und alsbald darüber hinaus machte das Vorhaben aber zunichte, worüber der Thronfolger Erzherzog Franz Ferdinand auf das Äußerste erzürnte und Urbanski seinen Posten räumen musste. Der Schaden war immens, zum jahrelangen Verrat (wie lange, ist unklar, aber die Einnahmen Redls waren ab 1907 auffällig gestiegen) kam die öffentliche Blöße. In des Obersts Wohnung fanden sich zahlreiche Geheimdokumente, die wie schon die umfänglichen Eingänge auf seinem Konto das Ausmaß des Schadens erkennen ließen: Es handelte sich nicht nur um Unterlagen, aus denen die österreichischen Aufmarschpläne und Rüstungsmaßnahmen hervorgingen. Auch Listen österreichischer Zuträger in Russland, Hinweise über österreichische Spionageabwehrmaßnahmen, Deckadressen hochrangiger auswärtiger Militärs, Redls Korrespondenz mit ausländischen Geheimdiensten und anderes mehr. Es lag also auf der Hand: Der Oberst hatte seine Auftraggeber so umfassend informiert, dass Umorganisierungen in beträchtlichem Maße und unter erheblichen Kosten vonnöten waren, um den russischen Informationsgewinn auch nur annähernd zu neutralisieren. Ganz abgesehen davon, dass eine größere Zahl österreichischer Agenten auf russischem Boden nunmehr gefährdet war. Zudem war man sich in Wien sehr wohl der Tatsache bewusst, dass im Unterschied zur Zeit vor der Jahrhundertwende die österreichische Spionage gegen das Zarenreich recht zahnlos geworden war. Angesichts der Bedrohung, die man wegen der Annäherung zwischen Russland und Frankreich verspürte, und der in Wien konstatierten geheimdienstlichen Aufrüstung der Russen war das höchst nachteilig. Immerhin hatte Wien umgekehrt längst für gutes Geld den russischen Aufmarschplan eingekauft, aber natürlich wollte man diesen Vorteil nicht durch gegnerische Spionageerfolge geschmälert sehen. Das gelang sogar, denn noch bei Kriegsbeginn ein gutes Jahr nach Redls unwürdigem Ende setzten die Russen den von ihm gekauften österreichischen Aufmarschplan, nach dem man den eigenen ausgerichtet hatte, als weiterhin aktuell voraus. Der war allerdings nach Redls Enttarnung modifiziert worden, was den Russen in Galizien prompt zwei Niederlagen bescherte. Befragungen österreichischer Kriegsgefangener bestätigten dann die Überarbeitung der Pläne.

Die k.u.k Behörden waren, als der Redl-Skandal sich entfaltete, längst sensibilisiert für Ausmaß und Gefahr russischer Spionage in Österreich-Ungarn. Ihr Ehrgeiz fand allerdings seine Grenzen in den beschränkten Finanzmitteln des Geheimdienstes, mochte er auch in den Vorkriegsjahren ausgebaut worden sein. In die Spionageabwehr aber, wie sie auch gegen jemanden wie Redl zum Einsatz hätte kommen sollen, investierte Wien erheblich weniger als jede andere Großmacht – zumal verglichen mit den enormen Mitteln, die Russland auf die Spionage verwendete. Die inzwischen enge Zusammenarbeit mit dem verbündeten Deutschen Reich, das in Wien als »Konfident Nr. 184« rangierte, konnte zwar manche Lücke schließen, aber auch das war nicht genug. Der zweite Partner im Dreibund kam allerdings eher einem Totalausfall nahe: Italien, auf dessen Bündnistreue sich weder Berlin noch Wien inzwischen so recht verlassen wollten. Italiener in Österreich sahen sich denn auch massiver Überwachung ausgesetzt, auch italienische Offiziere, die im Nachbarland Urlaub machten, wurden kontrolliert.

WIENER SPIONAGEABWEHR

Das Tauziehen Russlands und Österreichs auf dem Balkan in den Jahren vor dem Ersten Weltkrieg bestand nicht zum Wenigsten in einem regelrechten Spionagekrieg, der den großen Waffengang gewissermaßen vorwegnahm. Wien musste sich umso verwundbarer fühlen, als der Habsburger Vielvölkerstaat kaum mit unbegrenzter Loyalität seiner verschiedenen Volksgruppen rechnen konnte und außerdem die Situation auf dem Balkan immer heikler wurde. In den slawischen Landesteilen der Doppelmonarchie, immerhin ein gutes Fünftel des Territoriums, war das Engagement Russlands für die panslawische oder die großserbische Bewegung und für alle möglichen Gruppen, die die Loslösung von Wien betrieben, ziemlich erfolgreich – im trauten Einvernehmen mit Serbien. Seit der Bosnischen Krise 1908 wurden in Österreich die Maßnahmen zur Spionageabwehr immerhin verstärkt, sie hätten aber angesichts des russischen Aufwands noch sehr viel umfangreicher ausfallen müssen. Die Probleme auf dem Balkan ließen für den Kriegsfall Sabotageakte gegen militärische Einrichtungen und Eisenbahnstrecken befürchten. Zur Spionageabwehr gehörte Pressezensur selbst für Fachzeitschriften, ebenso sollten mögliche »Schläfer« ausfindig gemacht werden, bevor sie im Kriegsfall zum Einsatz kommen würden.

Nach dem Triumph im Zweiten Balkankrieg 1913, der das serbische Staatsgebiet nahezu verdoppelte, und unterstützt durch französische Kredite und Rüstungsgüter machte sich Belgrad mit russischem Segen an die Umsetzung der eigenen Hegemonie auf dem Balkan. Belgrad spekulierte auf den Zerfall des Habsburgerreiches und schien durchaus gewillt, mehr oder weniger aktiv darauf hinzuwirken. Der abermals verstärkte Einsatz von Agenten im anderen Land ging nicht ohne Aufsehen vor sich, zumal Serbien und Österreich sich auf dem Weg der Spionage regelrecht belagerten. Serbische Extremisten, die in Österreich unterwegs waren, wurden streng überwacht – und doch war das Wissen der Behörden über die südslawische Terrorszene unzureichend, wie sich mit der Ermordung des Thronfolgers Franz Ferdinand in Sarajevo dramatisch erweisen sollte. Insbesondere über die Geheimorganisation »Schwarze Hand«, die heute als extremistische Terrorzelle geführt würde, über ihre Verflechtungen in der serbischen Politik, ihre Präsenz im Geheimdienst, ihren Rückhalt in Heer und Grenztruppen, ihre Kontakte nach Russland und ihre balkanweite verdeckte Tätigkeit, war in Wien viel zu wenig bekannt. Erklärtermaßen verfocht die Organisation großserbische Ansprüche, aber selbst Regierungschef Nikola Pašić verstand sie primär als innenpolitische Gefahr, was der österreichische Gesandte in Belgrad leichtsinnigerweise unkritisch nach Hause weitergab. Was das wachsende serbische Militärpotenzial und die rasanten Verbesserungen der Eisenbahn-Infrastruktur betraf, war Wien genauestens informiert. In der Aufklärung serbisch-nationalistischer Agententätigkeit auf Habsburger Territorium dagegen hielt man sich fatalerweise allzu sehr zurück.

Bei seiner verhängnisvollen sonntäglichen Fahrt durch Sarajevo am 28. Juni 1914 war der österreichische Thronfolger unzureichend geschützt, was seinem Attentäter Gavrilo Princip, einem fanatisierten blutjungen bosnischen Serben, der in Belgrad zur Schule gegangen war, und seinen kaum älteren Gesinnungsgenossen die Arbeit erleichterte. Das Evidenzbureau hatte vorab auf die allgemeine Gefährdungslage ebenso hingewiesen wie auf Informationen über Attentatspläne. Auch Serbiens Regierungschef Pašić hatte über seinen Botschafter in Wien die österreichische Regierung, wenn auch allzu vage, warnen lassen. Und doch erwies sich die Vorsorge, die der österreichische Geheimdienstchef für Bosnien-Herzegowina traf, als nicht ausreichend, zumal Franz Ferdinand kein Freund verschärfter Sicherheitsmaßnahmen war.

Dass im Jahr zuvor der berüchtigte Verschwörer und Mitglied der »Schwarzen Hand«, der charismatische Dragutin Dimitrijević, genannt Apis, Chef des serbischen Militärgeheimdienstes geworden war, hätte in Wien Alarmsirenen schrillen lassen müssen. Seither waren die geheimen Verbindungen zwischen dem serbischen Nachrichtendienst und den Extremisten der »Schwarzen Hand« beziehungsweise dem nationalistischen Geheimbund Narodna Odbrana gewissermaßen offiziell. Der mächtige Apis hielt seine schützende Hand über grenzüberschreitende verdeckte Operationen, etwa bei der Lieferung von Waffen ins österreichische Bosnien, und pflegte enge Kontakte zu Russland. Als Regierungschef Pašić schließlich Mitte Juni 1914 die serbisch-bosnische Grenze streng kontrollieren ließ, weil seine Quellen auf einen gegen Wien gerichteten Anschlag auf bosnischem Boden vermuten ließen, waren Princip und seine Kameraden längst in Sarajevo. Unter Zuarbeit des eigenen Spionagenetzwerkes hatten Mitglieder der Bünde das Attentat so konspirativ vorbereitet, dass die Herleitung durch Historiker indiziengestützt geführt werden musste. Vor allem die Kontakte zwischen den Hintermännern und der eigentlichen Terrorzelle, die aus drei willigen jungen Bosniern bestand, hinterließen keine nachweisbaren Spuren.

SPIONE IM KRISENTAUMEL

Mit dem Ersten Weltkrieg erlebten die überwiegend jungen Institutionen der verschiedenen Geheimdienste ihre erste Bewährungsprobe – oder war dies bereits die Julikrise? Im Sinne einer den Krieg vermeidenden Politik waren die Wochen zwischen Attentat und Kriegsbeginn offensichtlich weder ein Bravourstück der politischen Klasse noch der Geheimdienste.

Das Attentat in Sarajevo ereignete sich, als ganz Europa sich entweder in Ferien befand oder auf den Feldern die Ernte einholte. Bis in die Regierungen hinein änderte sich daran zunächst auch nichts – nur Kaiser Wilhelm II., der eben noch mit Franz Ferdinand zusammengetroffen war und gerade auf seiner Jacht »Meteor« die Kieler Woche beehrte, kehrte umgehend nach Berlin zurück. Sein Generalstabschef Moltke hingegen kurte weiter in Karlsbad, und auch Geheimdienstchef Nicolai blieb an seinem Urlaubsort im Harz.

Walter Nicolai war seit 1913 Chef der 1889 gegründeten Abteilung IIIb im Berliner Großen Generalstab. Seine historische Beurteilung ist weit gespannt zwischen skrupellosem Beamtenschimmel und schillerndem Meisterspion. Mal gilt er als Totengräber deutscher Geschicke im Krieg, mal als gewiefter Taktiker und genial in der menschlichen Führung seiner Agenten. Der Offizierssohn aus dem Braunschweigischen arbeitete seit 1904 für die militärische Aufklärung, baute ab 1906 im ostpreußischen Königsberg die dortige Nachrichtenstelle auf und warb auf russischer Seite einige Agenten an. Dem Generalstab schien ein Ausbau der Spionagekapazitäten im Allgemeinen und gegen Russland im Besonderen angesichts der politischen Entwicklungen geboten, und Nicolai sprach fließend Russisch. 1912 kam er zurück in den Generalstab, wurde Major und übernahm mit knapp vierzig Jahren die Leitung von IIIb, die er unter nacheinander drei Chefs der Obersten Heeresleitung (OHL) bis Kriegsende innehatte. Neben der Organisation der Spionage gegen die einzelnen Kriegsgegner wurde er nach innen verantwortlich für die Presse- und Propagandatätigkeit der Armee, die in Deutschland bis kurz vor Kriegsende die Öffentlichkeit recht erfolgreich im irrigen Glauben wiegte, der Krieg sei noch immer zu gewinnen. Während der Novemberrevolution 1918 hielt sich Nicolai in Ostpreußen auf und wurde nach seiner Rückkehr sogleich zum Zwangsurlaub nach Weimar abgeordnet. Damit war seine Karriere jäh beendet, stattdessen begann in der aufgeheizten Frühphase der Weimarer Republik die Zeit politischer Anfeindungen. Nach dem Krieg spielte Nicolai keine große Rolle mehr, auch nicht zur Zeit des Nationalsozialismus. Trotzdem wurde er 1945 von der sowjetischen Geheimpolizei nach Moskau gebracht und in der berüchtigten Lubjanka über ein halbes Jahr verhört. Trotz Hafterleichterungen starb er 1947 im Hospital des Moskauer Butyrka-Gefängnisses.

Als im Juli 1914 der Krieg immer näher rückte, durften Nicolai und selbst Moltke sich wie andere Geheimdienstmitarbeiter und Mitglieder des Generalstabs noch so lange erholen, bis die Krise auch in den Augen der Politik brandgefährlich geworden war. Das war erst am 25. Juli der Fall, eine Woche vor Kriegsbeginn. An den Versuchen, die Ereignisse unmittelbar nach dem Attentat zu bewältigen, wurden die Geheimdienstler also nicht beteiligt, wenn man davon absieht, dass die militärische Aktivität im Westen Russlands genau beobachtet wurde. Nicolai wusste also gar nicht, was ihn erwartete, als er schließlich an seinen Schreibtisch zurückkehrte – nur für einen Tag, hatte es geheißen. Stattdessen blieb Nicolai und versetzte seine Leute in erhöhte Alarmbereitschaft, während hektische Maßnahmen ergriffen wurden, um über die Erwägungen und Entwicklungen in Frankreich und Russland auf den neuesten Stand zu gelangen: Würde der Zar Wien zugestehen, auf die Ermordung eines Thronfolgers entschieden zu antworten, oder für den Schützling Serbien einen europäischen Krieg in Kauf nehmen? Und wie würde sich Russlands Verbündeter Frankreich verhalten? Bereiteten Paris und Sankt Petersburg bereits die Mobilmachung vor? Selbst nach dem österreichischen Ultimatum an Serbien vom 23. Juli schien den Verantwortlichen ein großer Krieg noch keineswegs ausgemacht.

Noch vor Kriegsbeginn glänzten deutsche Spione, die Berlin vorab von der russischen Mobilmachung in Kenntnis setzen konnten. Die Agenten meldeten zunächst erhöhtes Funkaufkommen zwischen dem Pariser Eiffelturm und dem heute weißrussischen Babrujsk – die Bündnispartner hatten Gesprächsbedarf. Bald wurden an der russischen Westgrenze Truppenbewegungen und Einberufungen gemeldet, dasselbe geschah weiter südlich an der Grenze zum österreichischen Staatsgebiet. Weil sich insbesondere Wien und Berlin über die russische Positionierung in der Krise nicht im Klaren waren, machten sich sogenannte Spannungsreisende ein Bild von den Entwicklungen entlang der russischen Westgrenze und bestätigten die kriegsvorbereitenden Maßnahmen. Dabei war die Unterscheidung zwischen solchen Maßnahmen sowie den Phasen einer Mobilmachung höchst bedeutsam – und natürlich die Frage, ob all dies gegen Österreich-Ungarn geschah oder bereits auch gegen dessen Verbündeten Deutschland. Ältere Berichte eines für das Kaiserreich tätigen Mitarbeiters der russischen Botschaft, des Deutschbalten Benno von Siebert, über geheime Verhandlungen zwischen englischer und russischer Flotte, ließen zudem auf britische Aktionen gegen Deutschland schließen, sollte es zum Krieg mit Russland kommen. Die vergleichsweise umsichtige und abwartende Haltung Moltkes fand am 30. Juli ein Ende, nachdem aus Russland Agentenberichte über eine Mobilisierung gegen Österreich eingetroffen und vom deutschen Botschafter in Sankt Petersburg sowie vom russischen Gesandten in Berlin bestätigt worden waren. In der Nacht vom 30. auf den 31. Juli sah sich der einzige Offizier, der in IIIb eingehende Telegramme, Funksprüche und Anrufe entgegennahm, einer Flut von Informationen ausgesetzt, die gleichwohl kein eindeutiges Bild vermittelten. Aber dann befand sich Europa mit einem Mal mitten im Krieg, auf den die Regierungen wie schlafwandlerisch zugetaumelt waren.

Als »Urkatastrophe des 20. Jahrhunderts« erreichte der Erste Weltkrieg militärisch eine neue Dimension. Vorangegangen waren Jahre der Aufrüstung aller großen Mächte, aber auch technische Entwicklungen, die Taktik und Kriegsverlauf bestimmen sollten. Zur Aufrüstung gehörten nicht nur das Kräftemessen zur See oder der Output an Waffen, zum Einsatz kamen erstmals außerdem auch Flugzeuge, Automobile und Panzer – Mobilität und Tempo wurden auch für die militärische Aufklärung zu einer entscheidenden Frage. Die Art der Spionage während des Krieges änderte sich mit dessen Fortgang. Mit dem Abbruch diplomatischer Beziehungen reisten auch die Militärattachés aus den gegnerischen Hauptstädten ab, ihre Kollegen in den neutralen Staaten mussten die Lücke füllen. Da die Arbeit der Spione im Feindesland mit Kriegsausbruch schwerer wurde, kam es überall zu Ausfällen, neue Netzwerke waren aufzubauen. Im Vordergrund standen nunmehr Stützpunkte an den Grenzen, die über neutrale oder besetzte Länder Nachrichten aus Feindstaaten beschafften. Im langwierigen Stellungskrieg wurden wieder vermehrt Kundschafter eingesetzt, die aufgrund von Bevölkerungsstruktur und Loyalitäten an der Ostfront leichter zu akquirieren waren als im Westen. Deserteure und Gefangene wurden eingehend befragt – jedenfalls wenn die sprachliche Verständigung gelang –, feindliche Stellungen überfallen, um daraus Informationen zu beziehen. Das alles bewegte sich jedoch meist auf bescheidenem Niveau, schon weil nicht auf belastbaren Strukturen aufgebaut werden konnte. Es war nicht so, dass von nachrichtendienstlicher Seite der Krieg so weit vorbereitet war, dass ein bestehendes System einfach gestartet und schlüssig erweitert werden konnte. Vielmehr handelte man kurzfristig und improvisierte, wie sich der Kriegsverlauf ja auch nicht an vorab erstellte Szenarien hielt. Nach und nach wurden die Kapazitäten ausgebaut, etwa mit einzelnen Büros zur Spionage gegen die Kriegsgegner Russland, Frankreich, England, Serbien, Italien (seit 1915) und Rumänien (seit 1916).

Blockierend wirkten auf deutscher Seite außerdem Rivalitäten und Kompetenzgerangel im Generalstab. Als der Krieg schließlich begann, besaß der Geheimdienst kein sonderlich hohes Renommee bei den dünkelhaften Militärs, für die die Bewährung auf den Schlachtfeldern im Vordergrund stand. IIIb war fortan zuständig für die Aufklärung und Gegenaufklärung in neutralen Staaten und bei den Kriegsgegnern, bald auch für Öffentlichkeitsarbeit und Pressezensur der Obersten Heeresleitung, wie der Generalstab nunmehr hieß. Im Laufe des Krieges vermehrten sich aber die Aufgaben und verbesserte sich die Position des Nachrichtendienstes, der 1915 institutionell aufgewertet wurde. Ein Großteil der deutschen Bemühungen richtete sich naturgemäß auf Spionage in Frankreich, das sich aber auf eine leistungsfähige Abwehr und eine wachsame Bevölkerung stützen konnte. Unter den Soldaten führte der Schrecken des Krieges, der im Feld ein bisher ungekanntes Ausmaß annahm, zu zahlreichen Desertationen – manche verdingten sich, freiwillig oder nicht, als Spione der Gegenseite oder gleich als Doppelagenten.

In allen kriegführenden Ländern wurden Ausländer misstrauisch beäugt, häufig interniert oder ausgewiesen. Das galt für den Ersten Weltkrieg ganz besonders – wer als Deutscher, mit deutschen Wurzeln oder Beziehungen nach Deutschland in Frankreich, England oder Russland lebte, hatte bestenfalls mit Anfeindungen, wenn nicht mit Beschuldigungen oder Inhaftierung zu rechnen. Das Zarenreich, erschüttert von mehreren Niederlagen gleich zu Kriegsbeginn und in Spionagehysterie entbrannt, ging am rabiatesten vor. Mit dem Befund, gegnerische Agenten betrieben auf russischem Boden ungehindert ihr Geschäft, ließ sich vortrefflich vom Versagen der eigenen Aufklärung ablenken. Deutsche Spione wurden fortan als die gefährlichsten eingestuft, die Jagd war eröffnet. Unübersehbar zeigte sich das an Umsiedlungen größeren Stils, als die jüdische und deutschstämmige Bevölkerung des russischen Westens weit in den Osten des Landes deportiert wurde. Zahlreiche größere und kleinere Prozesse nährten die Spionageangst ebenso, wie sie sie stillten. Im wohl hochkarätigsten aufsehenerregenden Schauprozess, der gar dem Kriegsminister Gefängnis, anderen jedoch Beförderungen einbrachte, wurde 1915 Oberst Mjassojedow wegen Spionage für Deutschland und Österreich-Ungarn verurteilt und gehängt, obwohl die Beweislage keineswegs eindeutig war. In größte Schwierigkeiten gerieten außerdem Firmen, die in deutschem Besitz waren oder mit Deutschland in Verbindung standen, darunter Siemens und AEG in ihren russischen Niederlassungen.

So sehr Ängste in der Bevölkerung geschürt wurden, so sorglos war man an anderer Stelle: Um Telegrafie und Telefonie, die wichtigsten Kommunikationsmittel der Armee, und deren Anzapfen durch den Gegner machte man sich zunächst wenig Gedanken. Darin befand sich Sankt Petersburg in bester Gesellschaft der anderen europäischen Generalstäbe. Das eröffnete Möglichkeiten der Spionage, wobei der Vorteil meist aufseiten der Verteidiger lag: In den ersten Kriegsmonaten zapften die Franzosen beim deutschen Vorstoß die gegnerischen Kommunikationswege an – auf Feindgebiet standen den Deutschen die eigenen Leitungen nicht zur Verfügung. Umgekehrt konnten die Deutschen den in Ostpreußen vorrückenden russischen Truppen durch Fernmeldeaufklärung begegnen, was sich besonders bei der Schlacht bei Tannenberg Ende August 1914 auszahlte.

Dieser geheimdienstliche Triumph ist zu besonderer Berühmtheit gelangt. Russischerseits war längst bekannt, dass das Deutsche Reich seine militärische Kraft im Westen konzentrieren wollte, wo sieben Armeen gegen Frankreich eine schnelle Entscheidung herbeiführen sollten. Ostpreußen wurde nur durch die 8. Armee verteidigt. Gleichwohl drängte Paris seinen russischen Verbündeten, im Osten offensiv vorzugehen, damit der Zweifrontenkrieg seine Wirkung entfalten konnte. Sankt Petersburg schickte zwei Armeen gen Ostpreußen – die eine näherte sich von Osten, die andere von Süden. Eine Woche vor der Entscheidung bei Tannenberg begann die 8. Armee der Deutschen nach einer Niederlage bei Gumbinnen den Rückzug hinter die Weichsel, worauf die Russen spekuliert hatten. Allerdings wurde der auf Berlin überfordert wirkende Befehlshaber Prittwitz plötzlich abgelöst und per Sonderzug weit aus Westen und seinem preußisch getakteten Ruhestandsalltag General von Hindenburg sowie sein Stabschef Generalmajor von Ludendorff herbeigeholt, die die Operation in Ostpreußen übernahmen. Sie sollte durch zwei Armeekorps der Westfront verstärkt werden – insofern war die französische Rechnung also aufgegangen. Noch vor deren Eintreffen aber entschieden Hindenburg und vor allem Ludendorff auf rasche Konfrontation, während die beiden russischen Armeen sich getrennt in Bewegung setzten, um die 8. Armee von der einen Seite anzugreifen und ihr auf der anderen den Rückzug zu verwehren. Über diese Entwicklungen auf deutscher Seite waren die russischen Generäle Samsonow und Rennenkampff nicht im Bilde. Die beiden russischen Armeen befanden sich nördlich und südlich der Masurischen Seenplatte, und Samsonow und Rennenkampff telegrafierten, um Positionen und Marschziele abzustimmen sowie eingetretene Verspätungen kundzutun – allerdings ganz ohne Verschlüsselung, sodass die gegnerische Aufklärung die Funksprüche abhören und auswerten konnte. Damit konnte die deutsche Führung den russischen Plan durchkreuzen, indem sie die 8. Armee vorrücken ließ, die dann Samsonows Truppen einkreiste und bei zahlenmäßiger Unterlegenheit besiegte. Samsonow gab sich noch auf dem Schlachtfeld die Kugel, während der ihm wenig gewogene Rennenkampff sich gen Osten zurückzog.

Tannenberg sollte nicht das einzige Beispiel für mangelhafte Absicherung im russischen Funkverkehr bleiben. Das Chaos bei der Einführung neuer Funkcodes blieb fast den gesamten Krieg über eine Schwachstelle. Hinzu kam, dass den Russen erst im Herbst 1916 überhaupt klar wurde, dass der Gegner den Feldtelefonverkehr abhörte. Was die Aufklärung über bevorstehende Angriffe betrifft, war der Erfolg durchwachsen – während im Sommer 1916 den deutschen Spionen die Vorbereitungen für eine Offensive an der Somme aufgrund britischer Nachlässigkeit ebenso wenig entgingen wie für die französische Nivelle-Offensive bei Reims 1917, war die Aufklärung der russischen Brussilow-Offensive in Galizien im Juni 1916 oder der französischen Gegenangriffe bei Verdun im Hochsommer und Herbst 1916 mangelhaft. Auf deutscher Seite wurden gezielt Falschinformationen gestreut, so beim

Rückzug im Unternehmen »Alberich« 1917 zwischen Arras und Soissons oder bei der Operation »Michael« zu Beginn der deutschen Frühjahrsoffensive bei Cambrai 1918. Der Sieg bei Tannenberg aber wurde seither propagandistisch ausgeschlachtet und Hindenburg zur geradezu mythischen Figur erhoben. Der Sieg hatte aber auch Ernüchterndes zu bieten: Die Verhöre von russischen Gefangenen brachten zutage, wie genau der Gegner über Eisenbahnverbindungen, Festungsarchitektur und andere wichtige Details Ostpreußen betreffend im Bilde war.

Wie groß der Einfluss der Geheimdienstarbeit der verschiedenen Seiten auf den Kriegsverlauf und den Ausgang des Ersten Weltkriegs tatsächlich war, ist umstritten. Schwer lässt sich der Anteil der geheimdienstlichen Zuarbeit an einem Sieg quantifizieren. Zwei Dinge sind aber unabweisbar: Der Spionageaufwand im Ersten Weltkrieg war auf allen Seiten beispiellos. So wie dieser Krieg insgesamt eine Materialschlacht ungeahnten Ausmaßes wurde und die Soldaten, die darauf in keinster Weise vorbereitet waren, komplett überforderte, so war auch die Rolle der Spionage größer als je zuvor. Feindliche Linien wurden ausgespäht, Feldtelefon und Telegrafie abgehört, Eisenbahnstrecken kartiert, Festungsanlagen genauestens dokumentiert. Und dieser Aufwand bedeutet, dass der Krieg anders verlaufen wäre ohne die diversen Triumphe und Blamagen der verschiedenen Geheimdienste. Ob das am Ergebnis des Krieges etwas geändert hätte, muss dahingestellt bleiben. Auf höherer Ebene jedenfalls waren alle kriegführenden Staaten gleichermaßen erfolglos, denn keinem von ihnen gelang es, einen Topspion in den Kreisen der gegnerischen Entscheider zu platzieren.

Wie sehr Licht und Schatten einander ausglichen, illustriert das Beispiel Russlands, dessen geheimdienstliche Anstrengungen schon zu Friedenszeiten die aller anderen Ländern mühelos in den Schatten gestellt hatten. Aber bereits bei der Beurteilung der gegnerischen Kriegsplanung lagen die Russen in dem Maße zurück, in dem ihre eigene mit der allgemeinen Entwicklung nicht mitgehalten hatte. Überdies waren sie angesichts gezielter Desinformation durch den deutschen Geheimdienst skeptisch, was den Wahrheitsgehalt des ihnen vorliegenden Materials betraf. So hielten sie beispielsweise 1908 eine deutsche Westoffensive über Belgien für unwahrscheinlich und rechneten mit einer viel größeren Militärpräsenz in Ostpreußen, als sie sich schließlich gegenübersahen. Aus den wechselnden russischen Kriegsplänen vor 1914 sprechen Unentschlossenheit, ob die wahrscheinlichen Gegner Deutschland und Österreich-Ungarn gleichzeitig oder nacheinander anzugreifen waren – und wenn Letzteres, in welcher Reihenfolge –, sowie trotz aller geheimdienstlichen Erfolge große Unsicherheit bezüglich feindlicher Absichten und Militärstärke. Dass daraus und im Verbund mit internen Streitigkeiten zu Beginn des Krieges eine teils chaotische Führung resultierte, kann kaum erstaunen. Die Unsicherheit war so groß, dass man kurz nach Kriegsbeginn Auslandsagenten eine stattliche Belohnung versprach, wenn sie belastbare Informationen zu deutschen Truppenbewegungen lieferten. Im Verlauf des Krieges kamen personelle Diskontinuitäten auf der Leitungsebene der Geheimdienstler hinzu, die der kontinuierlichen Arbeit nicht eben förderlich waren. So erfolgreich russische Spione auch in Deutschland gearbeitet haben mochten: In einen entsprechend großen militärischen Erfolg konnten Geheimdienst und Armeeführung des Zaren die gewonnenen Informationen nicht ummünzen.

MATA HARI, DIE DILETTANTENSPIONIN

Im Spionage-Geschehen des Großen Krieges mischte auch ein alter Bekannter mit: Freiherr Schluga von Rastenfeld, der zuverlässig, wenn auch nicht mehr so folgenreich wie früher, aus Paris berichtete. Seine Informationen reichten von (überwiegend allgemein zugänglichen) militärischen Details über Stimmungsberichte aus der Bevölkerung und Informationen aus Ministerien bis zu Gesprächsinhalten mehr oder weniger aufschlussreicher Plaudereien auf Diners und anderen von ihm besuchten gesellschaftlichen Ereignissen. Er zog später nach Genf, wurde bei einem Besuch in Deutschland auf Veranlassung Nicolais verhaftet und starb vor Kriegsende in Brüssel.

Der zweifellos berühmteste Agent des Ersten Weltkriegs aber ist weiterhin eine Frau: Mata Hari, die schon einmal als größte Spionin des 20. Jahrhunderts bezeichnet wurde – und zwar, als das Jahrhundert noch keine zwei Dekaden absolviert hatte. Tatsächlich allerdings war die niederländische Lebedame, bürgerlich Margaretha Geertruida Zelle aus Leeuwarden in der Provinz Friesland, weder ein Top-Spion noch von sonderlicher Bedeutung für den deutschen Geheimdienst oder gar den Kriegsverlauf. Aber wie keine andere passt sie zum Bild von der Belle Époque und ihrem verrucht-verkommenen Tanz auf dem Vulkan, dem Maurice Ravel in »La Valse« musikalischen Ausdruck verliehen hat. In die Vorstellung einer Femme-fatale-Spionin, die wie eine ruchlose Spinne ein Informationsnetz aufbaut und gegen Geld dem Feind zur Verfügung stellt, passte Mata Hari vortrefflich, und ihre Biografie bot noch dazu viel Projektionsfläche für Fantasien aller Art.

1876 geboren, hatte sie kurz vor der Jahrhundertwende einen niederländischen Kolonialoffizier geheiratet und war mit ihm nach Indonesien gegangen. Das exotische Ambiente sagte ihr zu, noch mehr der Umgang mit Offizieren – weniger jedoch der mit ihrem Mann, der noch dazu streng und eifersüchtig war. Zurück in den Niederlanden, wurde die Ehe geschieden und Margaretha Zelle, geschiedene MacLeod, musste für ihren Lebensunterhalt selbst aufkommen. Dafür ging sie nach Paris und verdingte sich als orientalische Tänzerin mit Namen Mata Hari – Auge des Orients. Ihren Darbietungen gab sie mit ergänzenden Ausführungen einen gewissen volkshochschulartigen Touch, aber man darf annehmen, dass für die Zuschauer das Laszive, Exotische des Tanzes im Vordergrund stand. Im überreizten Paris, wo alles Orientalische gerade der *dernier cri* war, hatte sie großen Erfolg, erlangte Zugang zu besseren Kreisen und pflegte Liaisons mit großzügigen Gentlemen – und mit Firmen, die ihr Antlitz auf Zigarettenschachteln und Keksdosen bannten.

Mata Haris Welt war die der Pariser oberen Zehntausend, sie verkehrte in den Kreisen von Offizieren und Ministern, von Botschaftern und Attachés, wobei sie sich um den Pass ihrer Gönner weniger scherte als um die Pracht ihrer Uniform. Diesem mondänen Lebensstil setzte nicht etwa das unvermeidlich voranschreitende Alter ein Ende, sondern der Erste Weltkrieg. Den Kriegsbeginn erlebte sie beim preußischen Rittmeister Alfred Kiepert in Berlin, das sie als Staatsbürgerin der neutralen Niederlande erst Wochen später verlassen durfte, ohne zunächst ihr gewohntes Leben wieder aufnehmen zu können: Grenzen wurden plötzlich geschlossen, Ausländer waren suspekt und die Tänzerin mit ihrem kosmopolitischen Umgang überaus verdächtig. Vor allem in ihrer Wahlheimat Paris konnte sie sich wegen ihrer allseits bekannten Nähe zu deutschen Diplomaten und Militärs vorerst nicht blicken lassen, genoss aber gleichzeitig als Niederländerin den Vorteil einiger Bewegungsfreiheit. Als sie Ende 1915 vorübergehend und im Jahr darauf dauerhaft nach Paris zurückkehrte, ließ das französische Deuxième Bureau sie als verdächtig einstufen und überwachen. Prostitution mit in- und ausländischen Militärkreisen, Verdacht auf Spionagetätigkeit für den Feind, lautete das Ergebnis eines Berichts. In einem Gespräch mit Geheimdienstchef Georges Ladoux bestritt Mata Hari das auch gar nicht – so behauptete er jedenfalls später. Ihre nun vereinbarte Zusammenarbeit mit den Franzosen erlaubte ihr, weiterhin Liebschaften mit deutschen und französischen Diplomaten zu pflegen und trotz des Krieges durch Europa zu reisen. Sie besuchte Madrid und Amsterdam – und unfreiwillig London, weil sie auf der Schiffsreise nach Amsterdam von den britischen Behörden unter Spionageverdacht verhaftet wurde. Anfang 1917 kehrte sie nach Paris zurück und wurde sechs Wochen später in einem Hotel an der Champs-Élysées verhaftet.

Im dritten Kriegsjahr war die Atmosphäre in Frankreich auf

das Äußerste gespannt, die innenpolitische Lage heikel. Der Prozess gegen eine mutmaßliche Spionin, noch dazu eine so verruchte und schillernde Frau wie Mata Hari, kam der Regierung daher ebenso zupass wie der sensationshungrigen Presse. Vor Gericht gab sich Mata Hari als die, die sie war: eine Lebedame, die Geld von Männern nahm und sich als Bürgerin eines neutralen Landes um Politik und Krieg nicht weiter scheren musste. Wegen der Kontakte zu deutschen Diplomaten in Madrid und Amsterdam, die sie einräumte, wurde sie der Spionage für schuldig befunden und am 15. Oktober 1917 in der Festung Vincennes bei Paris hingerichtet – obwohl sich über die Kontakte hinaus keine konkreten Beweise für eine Spionagetätigkeit fanden. Der Fall wurde von allen Seiten propagandistisch ausgeschlachtet und sensationsheischend ausgeschmückt: Noch kurz vor der Erschießung habe sie den Schützen mit ihren Handschuhen huldvoll gewinkt oder auch ihre Brust entblößt – im Handumdrehen wurde die Niederländerin zur Heldin der Spionage-Folklore. Seither gibt es diverse Filme, Balletts und Musicals über die Kurtisane der untergehenden Belle Époque, Greta Garbo lieh ihr ihr göttliches Gesicht. Computerspiele, Fernsehserien und Comics nutzten ihren Name als Symbol für Verruchtheit, Verführung und todgeweihtes Laster; selbst eine Absinth-Marke wurde nach ihr benannt. Bei Asterix und Obelix erhielt sie ebenso ein Plätzchen wie in Songs von Madonna oder Ofra Haza, von den »Ärzten« oder in einem norwegischen Grand-Prix-Beitrag.

Dabei leistete Mata Hari nicht einmal einen relevanten Beitrag für den deutschen Geheimdienst, wie selbst in Frankreich zugegeben wurde – allerdings erst 1932. Als der Vorsitzende des Kriegsrats Oberst Lacroix sich die Akte Mata Hari noch einmal ansah, befand er, darin sei keinerlei »konkreter, greifbarer, absoluter, unwiderlegbarer Beweis«. Das hatte einige Jahre zuvor auch ein deutscher Geheimdienstler zu Protokoll gegeben: »Mata Hari hat gar nichts für den deutschen Geheimdienst geleistet. Ihr Fall ist über die Maßen aufgebauscht worden.« Man räumte aber ein, dass ihre Verurteilung rechtlich nicht zu beanstanden war – zweifellos hätte Berlin im umgekehrten Fall nicht anders gehandelt. Der Berliner Sexualforscher Magnus Hirschfeld fasste den Fall Mata Hari 1929 prägnant zusammen: Sie sei eine »große Liebeskünstlerin« und »kleine Dilettantenspionin« gewesen, »die deshalb erschossen wurde, weil man im Herbst 1917 eine international große Geste brauchte«.

DAS BRILLANTE FRÄULEIN DOKTOR

Sehr viel weniger berühmt als die mondäne Niederländerin ist eine ungleich ernsthaftere Frau, die aber für die deutsche Spionage im Ersten Weltkrieg sehr viel wichtiger war: Elsbeth Schragmüller, genannt Fräulein Doktor, die Mata Hari 1916 zur Agentin H 21 formen sollte, aber an der mangelnden Eignung der Kandidatin scheiterte. Im Unterschied zu Mata Hari kam Elsbeth Schragmüller weder aus Geldnot noch aus bloßer Abenteuerlust zum deutschen Geheimdienst. 1887 in der Nähe von Minden als älteste Tochter eines ehemaligen preußischen Offiziers geboren, genoss sie eine hervorragende Erziehung, unter anderem auf dem ersten deutschen Mädchengymnasium in Karlsruhe, und gehörte zur Pioniergeneration von Studentinnen in Deutschland. Sie studierte in Freiburg, Lausanne und Berlin und wurde *magna cum laude* in Politischer Ökonomie promoviert. Bei Kriegsbeginn arbeitete sie als Lehrerin in Berlin und versuchte sogleich, ihrem Patriotismus in einem kriegswichtigen Posten gerecht zu werden. Trotz ihrer Bildung und ihrer sehr guten französischen und englischen Sprachkenntnisse hielt es die Militärführung, wo sie sich als Mitarbeiterin bewarb, nicht für nötig, ihren Brief überhaupt zu beantworten. Aber so leicht gab Schragmüller nicht auf: Im August 1914 sprach sie täglich vor und erhielt schließlich eine Reisegenehmigung an die Front. In Brüssel quartierte sie sich im Hotel der deutschen Militärregierung ein, fing Feldmarschall von der Goltz ab und setzte ihm ihre Pläne auseinander.

Wenige Tage später bereits studierte sie sichergestellte Briefe belgischer Soldaten im Büro der Kriegsnachrichtenstelle Brüssel und bekam wegen ihrer guten Arbeit alsbald eine Vollzeitstelle, wurde in Lille ausgebildet und zog schließlich mit dem Büro nach Antwerpen. 1915 übertrug man ihr sogar die Leitung des Frankreich-Referats. Fortan organisierte sie die Spionagetätigkeit an der Westfront, rekrutierte, schulte und koordinierte Agenten, führte Befragungen durch, wertete die Presse und abgefangene Briefe aus und erstellte Berichte. Ihre Agenten kannten die hochgewachsene, blonde Chefin als »Fräulein Doktor«, und unter dieser Bezeichnung reichte ihr Ruhm bald sogar bis ins gegnerische Hauptquartier. Elsbeth Schragmüller hatte ihr Ziel erreicht, einen verantwortungsvollen Posten zu besetzen, der ihren Fähigkeiten entsprach. Der Krieg und ihre Hartnäckigkeit hatten ihr ermöglicht, was einer Frau damals eigentlich verwehrt war: einen hohen Rang im Geheimdienst zu erlangen. Und sie sollte ihre männlichen Vorgesetzten nicht enttäuschen. So wie ihre Kollegen sie in den höchsten Tönen lobten, hielt auch Geheimdienstchef Nicolai, trotz anfänglicher Bedenken, bald größte Stücke auf sie. Nach dem Krieg rühmte er ihre hervorragende Bildung ebenso wie ihre Fähigkeit, auch die schwierigsten Spione sicher zu führen.

Zu diesen schwierigen Fällen gehörte auch Mata Hari, bei der »Fräulein Doktor« offenbar an ihre Grenzen in der Menschenführung gelangte. Die Tänzerin bot aus Geldnot dem deutschen Geheimdienst ihre Zuarbeit an, weswegen es im Kölner »Domhotel« Ende März 1916 zu einem Treffen Schragmüllers und Nicolais mit der Niederländerin kam. Zwei Wochen lang bildete Fräulein Doktor die künftige Agentin H 21 aus, die sie einerseits für geeignet, andererseits für wenig diszipliniert hielt, während Nicolai sie als »ungebildet und dumm« bezeichnete. Im Ergebnis glänzte Agentin H 21 weniger durch wertvolle Berichte als durch überzogene Geldforderungen. Nach Einschätzung Schragmüllers verhielt sie sich außerdem nicht vorsichtig genug und machte es so dem französischen Geheimdienst allzu leicht, ihr auf die Schliche zu kommen. Sie sollte recht behalten.

Nach dem Krieg gingen Elsbeth Schragmüller und »Fräulein Doktor« getrennte Wege. Die Legende fand in Romanen, Filmen und reißerischen Sachbüchern Aufnahme und wurde dabei opulent ausgeschmückt – bis hin zum Ende einer morphiumsüchtigen Insassin eines schweizerischen Irrenhauses. Die echte Elsbeth Schragmüller kehrte ins zivile Leben zurück, wurde wissenschaftliche Assistentin an der Universität Freiburg und zog später nach München. An ihrem Lebensende war sie verarmt und starb wenige Monate nach Beginn des Zweiten Weltkriegs, Ende Februar 1940, in Schwabing.

Weder Walter Nicolai noch Elsbeth Schragmüller spielten in der Spionage der Nazizeit und während des Zweiten Weltkriegs eine Rolle. Anders verhält es sich mit einem zwielichtigen Mann, dessen Spionagetätigkeit schon vor dem Ersten Weltkrieg in den USA begonnen hatte: Kurt Jahnke. 1888 in Gnesen geboren, kam er Anfang des 20. Jahrhunderts nach Amerika, diente kurz bei den Marines und nahm die US-Staatsbürgerschaft an. Die spärlichen Hinweise über seine frühen amerikanischen Jahre deuten auf einen Abenteurer hin: Jahnke war in Kalifornien für diverse Privatdetekteien tätig und baute schon früh Kontakte nach China auf. In San Francisco arbeitete er für die US-Einwanderungsbehörde, machte aber vermutlich bessere Geschäfte mit Schmuggel zwischen Schanghai und Kalifornien. Selbst mit dem Transport der Leichen chinesischer Einwanderer von den USA zurück in die Heimat soll er Geld verdient haben. Über die Jahre legte er sich einen ansehnlichen Vorrat an Decknamen zu.

Wie genau Jahnke in die Dienste der deutschen Botschaft in Washington oder Mexiko-Stadt kam, die eng zusammenarbeiteten, ist unklar, aber der Gesandte in Mexiko Heinrich von Eckardt hielt große Stücke auf den Mann. In Zusammenarbeit mit einer irischen Zelle versuchte Jahnke jenseits des Atlantiks gegen die Entente zu agitieren, indem er vor allem unter irischstämmigen Arbeitern Unruhe stiftete, um die amerikanische Unterstützung Großbritanniens zu sabotieren. Als es in der Folgezeit unter den deutschen Agenten in den USA zu erbitterten Hahnenkämpfen kam, die ihrer Arbeit nicht gerade förderlich waren, konnte er sich außerdem einige aufsehenerregende Sabotageakte zugutehalten. Lange vor dem Kriegseintritt der USA 1917 waren Nord- und Mittelamerika für das Deutsche Reich von besonderem Interesse. Zu dem sich stetig verschlechternden Verhältnis zwischen Washington und Berlin und dem amerikanischen Kriegseintritt trug die deutsche Spionageaktivität, die den US-Behörden nicht verborgen blieb, zweifellos bei. Das betraf keineswegs nur die politische Ebene, auch die Bevölkerung war dem Deutschen Reich gegenüber zunehmend feindselig gesinnt. Abgesehen von Propagandamaßnahmen, um die US-amerikanische Öffentlichkeit zu gewinnen, spielten dabei Sabotageakte in Nord- und Mittelamerika eine große Rolle – zum Beispiel gegen US-Rüstungsfabriken, mexikanische Ölfelder oder kanadische Eisenbahnstrecken, um Truppentransporte Japans zu verhindern, das ebenfalls auf alliierter Seite stand. Schon Ende 1914 telegrafierte das Auswärtige Amt an die Botschaft in Washington: »Transport japanischer Truppen durch Kanada muss unter allen Umständen verhindert werden, nötigenfalls durch Sprengung kanadischer Bahn«. Auch ein Krieg der USA gegen Mexiko stand auf Berlins Wunschliste, um Washington vom europäischen Kriegsschauplatz abzulenken, so wie das Deutsche Reich die irische Freiheitsbewegung unterstützte, wovon es sich militärische Entlastung versprach. Mehrere Sabotageakte in den noch neutralen Vereinigten Staaten gehen wohl auf das deutsche Konto, etwa der Anschlag des Agenten Kurt Jahnke auf das Black Tom Terminal im New Yorker Hafen im Sommer 1916, bei dem sieben Menschen getötet und die Freiheitsstatue in Mitleidenschaft gezogen wurde, sowie auf eine Munitionsfabrik in New Jersey ein knappes halbes Jahr später.

DIE ZIMMERMANN-DEPESCHE

Auf allen Seiten trieben die kryptografischen Abteilungen enormen Aufwand bei der Entschlüsselung gegnerischer Codes. Vor allem die Briten konnten gleich zu Kriegsbeginn wichtige Fortschritte machen, als sie Code-Handbücher erbeuteten, ohne dass dies der deutschen Seite bekannt wurde. Vor allem aber leisteten britische Kryptografen Erstaunliches in der Entzifferung, und ihr wohl wichtigster, weil folgenreichster Erfolg war die Entschlüsselung der Zimmermann-Depesche.

Als der Krieg Anfang 1917 auf allen Seiten festgefahren war, sann die OHL nach einem Befreiungsschlag, um einen deutschen Sieg doch noch herbeizuführen. Die Wunderwaffe sollten die 200 deutschen U-Boote sein – damals kleine Büchsen, die am Ende häufiger zu Unterwassergräbern wurden, denn den Sieg erringen halfen. Da Washington allerdings bereits angekündigt hatte, im Falle eines von deutscher Seite aus verschärften U-Boot-Kriegs nicht tatenlos zuzusehen und eine Kriegsbeteiligung zu prüfen, wollte Außenstaatssekretär Zimmermann im Verbund mit Mexiko gegensteuern, um Washington an anderer Front zu beschäftigen. Längst erstreckten sich die Aktivitäten deutscher Agenten auch auf Mexiko, dessen Verhältnis zu den Vereinigten Staaten gespannt war. Wünschenswert aus deutschem Interesse war ein Krieg der USA mit ihrem südlichen Nachbarn – und wie der herbeizuführen war, darüber zerbrachen sich deutsche Geheimdienstler in Berlin, Washington und Mexiko-Stadt den Kopf. In jedem Fall war der mexikanische Plan eine Möglichkeit, den Kriegseintritt der USA zumindest zu verzögern, um im U-Boot-Krieg einen deutschen Sieg in wenigen Monaten herbeizuführen.

Zu diesen Überlegungen gehörte ein Telegramm des deutschen Außenstaatssekretärs Arthur Zimmermann, der in den USA eigentlich das Image eines besonnenen Mannes genoss, mit dem man trotz des angespannten Verhältnisses reden konnte. Es ging am 16. Januar 1917 aus der Berliner Wilhelmstraße verschlüsselt an die Kaiserliche Gesandtschaft in Washington, wo es drei Tage später eintraf. Inhalt war der Auftrag, mit Mexiko über ein Abkommen zu verhandeln für den Fall, dass Washington seine Neutralität aufgäbe. Aus Sicherheitsgründen sollte das U-Boot »Deutschland« die Zustellung übernehmen, war aber so kurzfristig nicht verfügbar. Also musste das Schriftstück gekabelt werden, aber wie? Deutschlands Transatlantikkabel waren zu Kriegsbeginn von den Briten gekappt worden. Weil England seine Telegrafenkabel für Deutschland gesperrt hatte, nutzte Berlin seit Längerem schwedische Kapazitäten. Das neutrale Schweden hatte deswegen Ärger mit London bekommen und versprochen, keine deutsche Post mehr nach Washington zu transportieren. Daran hielt man sich – und kabelte fortan über Buenos Aires. Als die Briten auch das herausfanden, protestierten sie nicht gegen den »schwedischen Kreisel«, sondern lasen seit Ende 1916 mit. Das Zimmermann-Telegramm aber wurde auf einem anderen Weg gesendet – und zwar pikanterweise mithilfe der Amerikaner. Präsident Wilson selbst hatte diesen Weg zur Unterstützung seiner Friedensdiplomatie zugelassen. Die Deutschen versprachen, diesen Kanal nur für harmlose Korrespondenz zu nutzen, aber dem war nicht so. Der Weg lief von der Berliner Wilhelmstraße zur US-Botschaft, die das Schreiben nach Kopenhagen schickte, und von dort über London nach Washington – aber auch diese Telegramme landeten bei »Room 40«, der kryptologischen Abteilung des britischen Marinenachrichtendienstes. (Das versuchten die Briten noch nach Kriegsende zu vertuschen, weil sie die US-Post weiterhin anzapften. Deswegen kursiert bis heute die Falschinformation, das Zimmermann-Telegramm sei auf drei Wegen versandt worden, außer den beiden genannten auch noch kabellos.)

Die Engländer entzifferten die rund eintausend drei- bis fünfstelligen Zifferngruppen der Zimmermann-Depesche zunächst nur teilweise. Zur Verschlüsselung war Code Nr. 0075 benutzt worden, der erst seit einem halben Jahr verwendet wurde und für 10 000 Wörter handliche kleine Zahlencodes bereithielt, die die Kryptoanalytiker im legendären »Room 40« des britischen Marinegeheimdienstes bisher nur teilweise geknackt hatten. Die Deutschen nannten den Code auch »Lotteriechiffre«. In ihm gingen Schreiben an Botschaften in Wien oder Bern, Bukarest und Konstantinopel, Oslo und Kopenhagen. Doch das Entschlüsselte reichte den Briten zu wissen, dass darin der unbeschränkte U-Boot-Krieg angekündigt und Mexiko ein Bündnis angeboten wurde. Das Schreiben war aber ein Doppelpack, bestehend aus den Depeschen Nr. 157 und 158. Letztere sollte an den deutschen Botschafter in Mexiko-Stadt weitergeleitet werden. Darin entfaltete das Telegramm seine ganze Brisanz: Zum einen kündigte Berlin damit den unbeschränkten U-Boot-Krieg ab 1. Februar an. Falls der Versuch scheiterte, die USA weiterhin neutral zu halten, sollte Mexiko einen Krieg gegen den Nachbarn anzetteln.

Weil weitere Schreiben in Code 0075 zwischen Washington und Berlin hin- und hergingen, wuchs der Corpus und machte es den Mitarbeitern in »Room 40« einfacher. Ohne Pause arbeiteten sie an der Entschlüsselung – aber dies war keine Sache von Stunden oder Tagen, sondern von Wochen. In der Zwischenzeit brachen die USA wegen des unbeschränkten U-Boot-Kriegs am 3. Februar die diplomatischen Beziehungen zum Deutschen Reich ab. Zwei Tage später ging eine umfassendere Version des weiterhin nicht vollständig entschlüsselten Telegramms an das Londoner Foreign Office. Der Inhalt war eine veritable Bombe und würde den unverzüglichen Kriegseintritt der USA zur Folge haben, aber die britischen Geheimdienstler waren sich bei allem Bewusstsein, damit den Krieg möglicherweise endlich zu einem Ende bringen zu können, über die Nachteile im Klaren: Die Deutschen würden erfahren, dass ihr Code geknackt war, und damit würde eine wichtige Informationsquelle versiegen; außerdem war mit diplomatischen Verwicklungen zu rechnen, weil London die neutralen Staaten Schweden und USA abhörte. Darüber hinaus bestand noch eine eher vage Möglichkeit, dass die Entschlüsselung des gesamten Textes den Inhalt noch auf den Kopf stellen könnte.

Also wartete London ab, während der Secret Service versuchte, eine weitere Version des Telegramms zu bekommen, und zwar so, wie es in Mexiko angekommen war, denn man wusste, dass die dortige Kaiserliche Botschaft Code 0075 nicht verwendete. Die britische Botschaft in Mexiko-Stadt übernahm und besorgte im dortigen Telegrafenamt am 8. Februar eine Kopie der Depesche, die am 19. Januar von der deutschen Gesandtschaft in Washington an den deutschen Botschafter in Mexiko gekabelt worden war. Über New York traf sie am 19. Februar in »Room 40« ein. Den älteren Code 13040, mit dem die Nachricht verschlüsselt war, kannten die Kryptologen schon seit Beginn des Krieges, sie konnte also noch im Verlauf des Tages dechiffriert werden. Und da US-Präsident Wilson zur großen Enttäuschung der Alliierten noch immer zögerte, in den Krieg einzutreten, handelte London und übermittelte die Depesche den Amerikanern. Am 25. Februar erfuhr Wilson von dem Telegramm – Washington wurde damit klar, dass die Deutschen nicht nur Japan auf seine Seite hinüber- und Mexiko in den Krieg hineinziehen wollten, sondern dem südlichen Nachbarn zudem in Aussicht stellten, mehr als ein halbes Jahrhundert zuvor an die USA verlorenen Besitz in Texas, New Mexico und Arizona zurückzuerhalten. Noch dazu stellten die Amerikaner nunmehr selbst fest, dass das Telegramm ursprünglich über US-Kanäle an die deutsche Botschaft in Washington gegangen war, was dem Ganzen noch eins draufsetzte. Am 1. März berichteten die Morgenzeitungen über das Telegramm, und ein Sturm der Entrüstung brach los. Die Öffentlichkeit spekulierte, wie das Schreiben bekannt geworden war: Waren Überseekabel angezapft worden? War ein deutscher Agent auf der Flucht über die mexikanische Grenze damit erwischt worden? War es in den Papieren des deutschen Gesandten gefunden worden, der Washington nach Abbruch der diplomatischen Beziehungen hatte verlassen müssen? Um vom britischen Beitrag abzulenken, war sich

der Secret Service nicht einmal zu schade, englische Presse-
berichte über einen angeblich unfähigen Geheimdienst Ihrer
Majestät zu lancieren. Letzte Zweifel in Washington, man
sitze einem Komplott der Alliierten auf, die die Vereinigten
Staaten mit aller Macht in den Krieg ziehen wollten, räumte
ausgerechnet der Autor des Schreibens aus. Arthur Zimmermann bestätigte die Echtheit des Inhalts. Und nun, da der
europäische Kriegsschauplatz mit einem Mal gleich hinter der
mexikanischen Grenze zu beginnen schien, war die Frage der
US-Beteiligung ungleich drängender. Am 6. April 1917 erklärte Washington dem Deutschen Reich den Krieg, der gut
eineinhalb Jahre später mit der verheerenden Niederlage
Deutschlands und seiner Verbündeten enden sollte. Aus dem
Bündnis mit und einer Entlastung durch Mexiko wurde nichts,
auch nicht aus einem Bündniswechsel Japans. Niemals zuvor
hatte die Dechiffrierung eines einzelnen Dokuments so große
Konsequenzen gehabt.

Im ereignisreichen Kriegsjahr 1917 kam es zu einem weiteren
historisch folgenschweren Ereignis, das der Historiker Wolfgang Krieger als »das gewiss fatalste geheimdienstliche Husa-
renstück« bezeichnete: die Rückkehr des russischen Revolutionärs Lenin aus der Schweiz in sein Heimatland, um im
deutschen Interesse eine innenpolitische Schwächung des
Zarenreiches herbeizuführen. Einen Sieg an der Ostfront sah
man als möglichen Befreiungsschlag an, um den Krieg doch
noch siegreich zu beenden. Das Auswärtige Amt, das Agenten
im Ausland unterhielt, unterstützte daher unter Zimmermanns
Nachfolger Richard von Kühlmann auch die Bolschewiken,
die gegen das zaristische System kämpften und den Krieg ablehnten. Bereits 1915 hatte der SPD-Theoretiker Alexander
Helphand, alias Alexander Parvus, dem Auswärtigen Amt konkrete Maßnahmen vorgeschlagen, um in diesem Sinne tätig
zu werden. Dazu gehörten finanzielle Zuwendungen, für deren
Übermittlung Helphands internationale Kontakte dienten –
insgesamt waren es geschätzte 50 Millionen Goldmark, die

Berlin nach und nach investierte. Das i-Tüpfelchen der Aktion aber war die deutsche Unterstützung bei Lenins Rückkehr nach Russland nach der Februarrevolution. In Zürich setzte man den Revolutionär in ein versiegeltes Sonderabteil und ließ ihn, eskortiert von zwei kaiserlichen Offizieren, über Frankfurt/Main nach Sassnitz bringen, von wo es über das neutrale Schweden ins noch russische Finnland ging. Mit deutschem Geld wirkte Lenin bei den Bolschewiki in Petrograd, wie Sankt Petersburg nunmehr hieß, auf einen Friedensschluss mit Deutschland hin, der im März 1918 auch Wirklichkeit wurde. Die deutsche Schützenhilfe hatte weitreichende historische Folgen, denn Lenin führte 1918 die Oktoberrevolution an und gründete die Sowjetunion – ein zwar unbeabsichtigtes, aber wahrhaft epochales Ergebnis der Geheimdienstaktion.

Die Entlastung im Krieg kam für Deutschland allerdings zu spät, trotz der deutschen Frühjahrsoffensive, mit der die OHL ab März 1918 das Kriegsgeschehen noch wenden sollte. Für den dafür nötigen Funkverkehr war kurz zuvor das neue Chiffrierverfahren »ADFGVX« eingeführt worden, das nach Überzeugung der deutschen Fachleute nicht zu knacken war. Allerdings hatte man die Rechnung ohne das Geschick und die fleißige Entschlossenheit eines jungen französischen Leutnants namens Georges Painvin gemacht. Der Anfang-Dreißigjährige, im Zivilleben Professor der Paläontologie, war nach Kriegsbeginn zufällig zur Kryptografie gelangt, die der britischen in nichts nachstand, und investierte nun Tag und Nacht sowie fünfzehn Pfund Körpergewicht in das Knacken des deutschen Codes. Am 1. Juni erging ein deutscher Funkspruch in diesem Code, den Painvin entschlüsselte: »Sofortige Munitionslieferung. Auch bei Tage, wenn nicht beobachtet.« Der Funkspruch stammte aus der Gegend von Compiègne, ein geruhsames Städtchen nördlich von Paris. Er deutete ziemlich unmissverständlich an, dass die Deutschen dort ihren Hauptangriff vorbereiteten – Operation Gneisenau –, um anschließend nach Paris zu marschieren – und auf das Überraschungsmoment bauten, das nunmehr hinfällig war. Nach der

Bestätigung durch Luftaufklärer verstärkten die Alliierten ihre Kräfte und schlugen die deutsche Armee in einer mehrtägigen, verlustreichen Schlacht. Es sollte die vorletzte Offensive der Deutschen gewesen sein.

5. KAPITEL

SPIONE GEGEN DIE JUNGE REPUBLIK

Auf dem Höhepunkt der deutschen Novemberrevolution verkündete der SPD-Fraktionsvorsitzende Philipp Scheidemann am 9. November 1918 vom Berliner Reichstagsgebäude aus den Zusammenbruch der Monarchie. Wenige Tage später unterzeichnete das Deutsche Reich den Waffenstillstand; der Erste Weltkrieg war zu Ende. Wieder einmal wurden Grenzen neu gezogen, die Staatenordnung neu verhandelt und die Verlierer des Krieges sowohl territorial als auch in ihrem politischen Spielraum massiv zurechtgestutzt. Belastet mit dem offiziellen Schuldspruch, den Weltkrieg verantwortet zu haben, und einer drückenden Reparationslast war die Lage in Deutschland nach innen wie nach außen angespannt bis heikel. Die Alliierten gestanden Berlin ein wenig Militär zu – gerade so viel, um im Inneren Aufstände wirksam bekämpfen zu können, damit die Weimarer Republik nicht zur »bolschewistischen Beute« wurde. Aber es war wenig genug um auszuschließen, dass Deutschland wieder zur Bedrohung seiner Nachbarn werden könnte. Der Große Generalstab wurde auf alliiertes Geheiß abgeschafft, mithin auch die Abteilung IIIb – damit verfügte das Reich vorerst über keinen Nachrichtendienst mehr. Wie gut das Instrument funktionierte, Deutschland mit drückenden Rüstungsbeschränkungen als potenziellen Aggressor auszuschalten, sollte eine Militär-Kontrollkommission der Alliierten überprüfen, deren Mitglieder nicht mehr von IIIb-Agenten bespitzelt werden konnten. Das übernahmen umso eifriger private Nachrichtendienste, die den deutschen Behörden durchaus gelegen kamen. Auf der Gegenseite wurden die Ergebnisse der Alliierten-Kommission, die aufgrund der mangelnden deutschen Kooperationsbereitschaft eine erhebliche Beeinträchtigung erfuhren, durch Geheimdienstberichte vor allem Belgiens und Frankreichs ergänzt.

Frankreich hätte sich eigentlich mit grimmiger Befriedigung zurücklehnen können, ging doch der »Erbfeind« enorm geschwächt aus Krieg und Friedensvertrag hervor. Trotzdem sah Paris im westlichen Nachbarn weiterhin den wichtigsten Gegner und brachte seine Spione entsprechend in Stellung. Während die britische und die amerikanische Regierung mit der Zeit Deutschland gegenüber milder gestimmt waren und selbst die Niederlande die Auslieferung des Kriegsverbrechers und Exkaisers Wilhelm verweigerten, verbissen sich die französischen Politiker in ihrem antideutschen Reflex. Daher stellte Frankreich – mit der Sowjetunion und Polen – den Löwenanteil der ausländischen Agenten in Deutschland.

Das Pariser Deuxième Bureau schickte seine Agenten hinaus, um überall da Informationen zu sammeln, wo Deutschland nach Auffassung der Alliierten möglicherweise den Versailler Vertrag missachtete – Militär und Polizei, Industrie und Infrastruktur. Die Informationen beschafften ein weiteres Mal Militärattachés und andere Armeevertreter im Ausland, Offiziere und Zivilisten aus den Reihen des Deuxième Bureau, die mit Deckaufträgen auf deutschem Boden ermittelten, sowie »wohlwollende Agenten«: im Ausland lebende Franzosen, die sich zur Zusammenarbeit bereiterklärt hatten, vor allem Akademiker, Journalisten und Geschäftsleute. Von besonderem Interesse waren versteckte Rüstungsmaßnahmen, wofür die »Section èconomique« der französischen Botschaft am Pariser Platz in Berlin zuständig war, die ihre Agenten in die rheinischen und sächsischen Industriegebiete schickte. Im Lauf der Jahre wurden neun regionale Residenturen des französischen Geheimdienstes in Deutschland eingerichtet. Darüber hinaus waren Deutsche und in Deutschland integrierte Ausländer als Geheimagenten tätig. Meist erhielten mehrere Informanten den gleichen Auftrag, um die Resultate vergleichen zu können. Insgesamt war man über die Vorgänge insbesondere in der deutschen Armee umfassend unterrichtet und erstellte stets mahnende Berichte an die Pariser Regierung, auch nachdem sich Frankreich und Deutschland seit 1924 einander wieder annäherten.

Das Deutsche Reich fand sich in der Tat mit den Friedensbedingungen nicht einfach ab, sondern verwendete viel Energie darauf zu verbergen, wo es die auferlegten Beschränkungen umging. Als 1920 schließlich die Abwehrabteilung im Reichswehrministerium geschaffen wurde, deren Leitung Nicolais Stellvertreter Oberstleutnant Friedrich Gempp übernahm, bestand ihre Aufgabe nicht zuletzt in der Abschirmung von Deutschlands geheimen Rüstungsunternehmungen. Insgesamt aber war Berlin damit überfordert, die massive ausländische Nachrichtendiensttätigkeit auf deutschem Boden abzuwehren, was nicht nur auf geheimdienstliche Umstrukturierungen, knappe Finanzmittel und die massive Präsenz von Agenten im Land zurückzuführen ist. Erleichtert wurde deren Arbeit durch die Gesetzgebung der Weimarer Republik, die ausländischer Spionage wenig entgegensetzte und den Begriff Wirtschaftsspionage nicht einmal kannte. Verurteilte Spione mussten selten für mehr als wenige Jahre ins Gefängnis. Hinzu kam ein Gefühl der Machtlosigkeit angesichts der Versailler Bestimmungen, das aus Erwägungen verschiedener Ministerien spricht, in denen ein zentrales Amt zur Spionageabwehr als unsinnig bezeichnet wird.

Obwohl äußerlich Frieden eingekehrt war, belagerten sich die Staaten also weiterhin. Nicht nur das deutsche Verhältnis zu Frankreich war schlecht, sondern auch zum Nachbarn im Osten. Polen, das zum ersten Mal seit Ende des 18. Jahrhunderts wieder über ein eigenes Staatsgebiet verfügen konnte, musste sich nach allen Richtungen bedroht fühlen und überraschte die Welt 1920 mit dem Sieg über die junge Sowjetunion, die die Revolution mit militärischen Mitteln weiter nach Europa tragen wollte. Aus deutscher Sicht drohte aus Polen Gefahr, zumal es von Frankreich massiv unterstützt wurde. Aus polnischer Sicht stellten sich die Dinge anders dar, schon

weil Deutschland empfindliche Gebiets- und Bevölkerungsver-
luste im Osten (Schlesien und Westpreußen) für die Restituie-
rung Polens nicht als endgültig anerkannte. Die vom Versailler
Vertrag vorgesehenen Volksabstimmungen in Oberschlesien
über den Verbleib bei Deutschland oder Polen führten zu einem erbitterten Krieg um Stimmen. Abermals kamen private
Agenten den staatlichen Stellen zu Hilfe und erledigten die
Schmutzarbeit, indem sie zu Hunderten sogenannte »Verräter« an der deutschen Sache umbrachten.

Im Inneren entbrannte der Kampf, welchen politischen Weg
Deutschland denn nun einschlagen sollte. Und mochte neben
Nicolais Geheimdienst auch die politische Polizei zunächst
aufgelöst sein, in der turbulenten Zeit bis zur politischen Kon-
solidierung mischten Spitzel und Agenten im Geschehen eifrig mit. Fast könnte man den Eindruck gewinnen, die Spionagehysterie der Vorkriegs- und Kriegszeit sei übergangslos
weitergegangen und habe zum Klima des Misstrauens nicht
wenig beigetragen. Sowieso wurde in Berlin schon bald nach
der Novemberrevolution wieder eine politische Polizei gegründet – diesmal unter republikanischen Vorzeichen, aber
ganz überwiegend mit dem alten Personal. Trauriger Höhepunkt im blutigen Wettstreit um Deutschlands politische Zukunft waren die Morde an den Führungspersönlichkeiten der
radikalen Linke, Karl Liebknecht und Rosa Luxemburg, im Januar 1919, nur zwei Wochen nach Gründung der KPD. Schon
auf deren Gründungskonvent waren aus Mitteln der Industrie
bezahlte private Spitzel vertreten, andere ermittelten die Ge-
heimadressen der Spartakistenführer, entführten sie und lieferten sie den Freikorps aus, die die Morde ausführten. Die
Entschlossenheit war groß, einen Umsturz nach russischem
Vorbild um jeden Preis zu verhindern, die Wirtschaft investierte in Agenten, um der »Bolschewistengefahr« Einhalt zu
gebieten. Überall im Land wurden linke Politiker im Auftrag
der Armee oder regionaler Stellen überwacht. Der Wahrheitsgehalt der Berichte über die kommunistische Bedrohung darf

allerdings nicht überschätzt werden, denn um die Finanziers der Industrie zu weiterer Unterstützung zu animieren, mussten sie entsprechend drastisch ausfallen. Ebenso muss man das Niveau der Spionage kritisch betrachten, denn unter ihren zahlreichen Vertretern befanden sich vor allem Ungelernte, die weder die hohe Kunst der Konspiration beherrschten noch das nötige Einfühlungsvermögen für den verhassten Gegner mitbrachten, das professionelle Spione auszeichnet. Trotzdem stützten sich offizielle Stellen, deren Sicherheitsorgane empfindlich beschnitten worden waren, auf die Dienste der privaten Anbieter. Und für die Opfer war es unerheblich, ob ihre Mörder professionelle Geheimdienstler waren oder gedungene Möchtegern-Agenten.

Der Kampf um Deutschlands politische Ausrichtung war nur ein Vorgeschmack auf das globale Leitmotiv des 20. Jahrhunderts: der mit der Oktoberrevolution einsetzende ideologische Wettstreit. Auf Jahrzehnte sollten Kämpfe der verschiedenen Weltanschauungen um die Vorherrschaft den Erdball prägen – und für die Geheimdienste ergaben sich daraus neue Herausforderungen en masse. Mit dem Krieg hatten sie sich als wichtige Institutionen behauptet, die nunmehr, in Friedenszeiten, zusätzlich politische Aufgaben übernahmen. Die ideologische Auseinandersetzung trug nicht gerade dazu bei, das frostige Nachkriegsklima der Ordnung von Versailles abzumildern, weder national noch international. Im Gegenteil: Zwar trieb in den europäischen Hauptstädten die Staatschefs die Sorge um, ob und wo ein weiterer bolschewistischer Umsturz oder gar ein kontinentaler Flächenbrand drohte. Aber angesichts der weithin vergifteten Atmosphäre in Europa war eine traute Zusammenarbeit zur Abwehr alles Umstürzlerischen wie noch einhundert Jahre zuvor nunmehr undenkbar. Andererseits setzten Lenin und dann Stalin ein Heer von Agenten auf den Westen an, um zu wissen, wann und wo der richtige Zeitpunkt für ein sowjetisches Eingreifen im Sinne der Revolutionsverbreitung war. Der erhoffte revolutionäre Flächenbrand bildete aber nur einen der Gründe für die massive sowjetische Geheimdienstarbeit in Paris, Warschau und Berlin, wo außerdem größere russische Exilgemeinden zu beobachten waren. Ein zweiter Grund war die Paranoia der Sowjetführer, die europäischen Mächte wollten dem Bolschewismus ein Ende bereiten, auch wenn deren Bemühungen eher verhalten bis unausgegoren waren. In Moskau wurde die Auswertung geheimdienstlicher Erkenntnisse nicht immer mit dem nötigen kühlen Kopf vorgenommen. Vor allem Stalin verlangte nach geheimdienstlichem Material, nahm die Auswertung aber meist selbst vor – und sah darin stets seine Verschwörungstheorien und seinen Verfolgungswahn bestätigt. Wenn sich westliche Regierungschefs trafen, witterte er ausnahmslos die Vorbereitung zum vereinten Vorgehen gegen die Sowjetunion und las aus den Geheimdienstberichten eben das heraus. Im Besonderen fürchtete er England und roch in den 1930er-Jahren zwischen jedem Politikertreffen ein bevorstehendes Zusammengehen Hitlerdeutschlands mit England gegen Moskau. Ein dritter Grund für die westeuropäische Sowjetspionage war ganz einfach, dass Tscheka und GRU, die Geheimdienste des jungen Staates, auf das zaristische Erbe der Vorgängerorganisationen Ochrana und Raswedka aufbauen konnten.

FREUND UND FEIND SOWJETUNION

Schon seit Kriegsende richtete die neu gegründete Sowjetunion ihren Blick gen Westen. In Moskau, das Sankt Petersburg als Hauptstadt ablöste, setzte die Staatsführung unter Lenin auf das desolate Deutschland als Schauplatz einer weiteren bolschewistischen Revolution. Um dem ein wenig nachzuhelfen, unterstützten Agenten die kommunistische Sache, und bereits im Dezember 1918 reisten die ersten Illegalen im Geheimauftrag nach Deutschland. Doch dort stabilisierte sich die Lage, und die Chance eines kommunistischen Umsturzes wurde umso unwahrscheinlicher, je mehr sich die Sozialdemokratie behauptete und alte Machtstrukturen übernahm – nicht zuletzt militärische.

1919 wurde in Moskau die Kommunistische Internationale (Komintern) gegründet, die mehr war als eine bloße Dachorganisation der überall zahlreicher werdenden kommunistischen Parteien. Das Alleinvertretungsrecht der kommunistischen Sache beanspruchend, versuchte sie die Sache der bolschewistischen Weltrevolution voranzutreiben, mochte deren Umsetzung auch in immer weitere Ferne rücken. Die nationalen kommunistischen Parteien hatten sich ihr unterzuordnen. In Deutschland errichtete die KPD ab 1923 einen illegalen Apparat, um im Auftrag und mit Geld Moskaus Spionage und Subversion zu betreiben, die nicht nur der Weltrevolution, sondern auch handfesten sowjetischen Wirtschaftsinteressen dienen sollte. Deutschland wurde zum wichtigsten westeuropäischen Spionage-Reservoir des Kreml. In Berlin wurde somit neben der französischen Botschaft auch die sowjetische nur wenige Hundert Meter weiter zur Spionagezentrale. Schon seit dem Frieden von Brest-Litowsk sollte der barocke Palais als »Fenster nach Europa« dienen, dabei war er vor allem anderen das Hauptquartier der gegen Deutschland und andere Staaten eingesetzten Agenten: Im Visier standen nicht nur zahlreiche andere Botschaften in Berlin, von hier aus wurde darüber hinaus ein Großteil der sowjetischen Spionage gegen den Westen abgewickelt. Bereits im Herbst 1919 schuf Moskau dafür das Westeuropäische Sekretariat, unter dem Decknamen »Genosse Thomas« von einem gewieften Konspirateur geleitet, dessen Klarname lange unbekannt blieb. Dieser Jakob Reich stammte aus dem galizischen Lemberg (heute das ukrainische Lwiw), war nach revolutionären Umtrieben in Warschau 1906 in die Schweiz geflohen und hatte dort Pädagogik studiert. Nach der Oktoberrevolution besorgte er in Bern die Pressearbeit für die Bolschewisten und wurde später Gründungsmitglied der Komintern, bevor er auf Geheiß Lenins nach Berlin entsandt wurde. Jakob Reich war nicht mehr der junge Revolutionär der Warschauer Zeit, sondern ein eher unscheinbarer, recht eleganter, mittelgroßer Mann – statt des Barts eines Revolutionärs trug er jetzt eine Goldrandbrille und hatte einen kleinen Bauch. Unübersehbar hatte er über die Jahre einen Hang zum bürgerlichen Leben entwickelt. Seine Arbeit für die Revolution war finanziell gut unterfüttert: mit Moskauer Mitteln aus den zaristischen Goldreserven. Reich verteilte das Geld an die westeuropäischen kommunistischen Parteien und ihre Unterorganisationen – zu ihrer Unterstützung, aber auch um den Moskauer Einfluss geltend zu machen. Die Summen waren riesig: Umgerechnet Hunderte Millionen Reichsmark in Form von Wertgegenständen, Bargeld und Schecks flossen für die westeuropäische Sache, die den Moskauer Genossen sehr viel mehr Geld wert war als die Bekämpfung der Hungersnot, die im eigenen Land nach dem Bürgerkrieg die Landbevölkerung massenhaft dahinraffte. Konspirativ betätigte Reich sich auch als Mittelsmann zwischen der KPD und der sowjetischen Botschaft – zu offensichtlich sollte die Abhängigkeit der deutschen Genossen allerdings nicht zutage treten, damit eine fremdgesteuert wirkende Partei ihre Wählerschaft nicht vergrätzte. Daneben publizierte er mit einem aufgekauften Hamburger Verlag und in einer angeblichen Buchhandlung in Berlin, die in Wirklichkeit die konspirative Verlagszentrale war, reichhaltiges Propagandamaterial. Dass deren Umfang den der KPD-Publikationen um ein Vielfaches übertraf, brachte die deutschen Genossen ebenso gegen Reich auf wie seine Berichte über die Parteiarbeit der KPD, die er nach Moskau schickte. Mit seiner Kritik an den deutschen »Schulmeistern«, die zu Revolutionären nicht taugten, hielt er keineswegs hinterm Berg. Die KPD-Führung fühlte sich bespitzelt und gegängelt – was sie auch war, wie sich noch häufiger herausstellen sollte. Noch dazu war »Genosse Thomas« nicht der Einzige, der Bericht nach Moskau erstattete, aber durch seine Spitzel bei der KPD mit Informationen besonders gut versorgt. Die sowjetische KP beanspruchte die Entscheidungsmacht in allen Satellitenparteien, und schreckte zur Durchsetzung auch vor drastischen Mitteln nicht zurück.

In der Weimarer Zeit gestaltete sich das deutsch-sowjetische Verhältnis ziemlich merkwürdig. Durch das Instrument KPD arbeitete Moskau auf einen Umsturz hin und betrieb eifrig Handels- und Militärspionage – dabei bestanden Bündnisverträge und ein äußerlich trautes Einvernehmen zwischen Berlin und Moskau. Offiziell steht für die deutsch-sowjetische Annäherung der Vertrag von Rapallo 1922, mit dessen Hilfe beide Länder ihre nachteilige Lage als Parias der Zwischenkriegszeit zum gemeinsamen Vorteil ummünzen konnten: Deutschland, dessen Rüstungsindustrie durch den Versailler Vertrag geschleift worden war, half mit seiner Expertise den rückständischen sowjetischen Waffenfabriken auf die Beine, und deutsche Soldaten konnten die neuen Waffen in Russland erproben. Daneben erwies sich die Zusammenarbeit insgesamt als wirtschaftlich segensreich – und übte auf die europäischen Großmächte einen gewissen politischen Druck aus, war ihnen doch das Zusammengehen der beiden Schmuddelkinder des Kontinents natürlich nicht geheuer. Doch ohne sich an den Konventionen zu stören, die in derart freundschaftlichen Beziehungen zwischen Staaten gemeinhin gelten, ließ die Sowjetunion im großen Stil Spionage zum eigenen Vorteil betreiben, wofür die deutsche Gefolgschaft skrupellos ausgenutzt wurde. Heerscharen von Genossen, Betriebsberichterstatter genannt, beantworteten detaillierte Fragebögen über ihre Betriebe und brachten in Erfahrung, was der große Bruder in Moskau zu wissen verlangte. Meist waren sie überzeugt davon, damit der kommunistischen Sache im eigenen Land mindestens ebenso zu dienen wie dem Fortschritt in der Sowjetunion, doch im Laufe der Jahre geriet Ersteres zunehmend in den Hintergrund und die Weltrevolution wurde immer weiter vertagt. Das aber hielt man vor den ideologisch motivierten, noch dazu finanziell anspruchslosen Agenten geheim. Andere Spione wurden gewonnen, indem man ihnen verlockende Posten in der Sowjetunion in Aussicht stellte – das in den 1920er-Jahren aufstrebende Bolschewikenreich erschien vielen durchaus als verlockende Alternative zur krisengeschüttelten Republik von

Weimar. So betört wurde beispielsweise ein Berliner Luftfahrt-ingenieur, der einige Jahre für Junkers in Moskau tätig gewesen war, an seinem nunmehrigen Arbeitsplatz 1927 für die Sowjetspionage gewonnen. In der Hoffnung auf eine Professur in der UdSSR schmuggelte der Mann Geheimdokumente aus der Deutschen Versuchsanstalt für Luftfahrt in Berlin-Adlershof, flog aber auf und wanderte ins Gefängnis.

Zum Zentrum der Sowjetspionage wurde Mitte der 1920er-Jahre die Russische Handelsvertretung in Berlin, von der aus europaweit operiert wurde. Sie unterhielt bald Filialen in Hamburg, Königsberg und Leipzig. Zu den großen Fischen in Deutschland, die von dort aus bespitzelt wurden, gehörten Krupp und Junkers, BMW und IG Farben. Die Handelsvertretung muss ein Tarnunternehmen wie aus einem Agententhriller gewesen sein. Das Kreuzberger Spionagebüro hatte zwei Zugänge zu verschiedenen Straßen und bot dadurch exzellente Fluchtmöglichkeiten. Der exterritoriale Status als offizielle Handelsvertretung bot zusätzlichen Schutz. Eine amüsante Episode verdeutlicht den Nutzen der Einrichtung für einen pfiffigen Sowjetagenten:

1924 wurde in Stuttgart der KPD-Mann Hans Botzenhardt verhaftet, der als Spion für die Handelsvertretung arbeitete, nachdem die Reichsbahn ihn wegen unliebsamer politischer Agitation entlassen hatte. Als er von Stuttgart nach Stargard in Pommern gebracht werden sollte, gut bewacht von zwei württembergischen Polizisten, verpassten die drei den Anschlusszug. Botzenhardt lockte die ortsunkundigen, mutmaßlich angesichts der Großstadt kleinlauten Beamten daraufhin zur russischen Handelsvertretung, indem er ein preiswertes Wirtshaus in Aussicht stellte, und machte sich durch großes Geschrei bemerkbar, sobald sie das Gebäude betreten hatten. Sogleich eilten ein paar russische Mitarbeiter herbei und hielten die Polizisten fest, während Botzenhardt durch den zweiten Ausgang in die Freiheit floh. Die Angelegenheit wuchs sich zu einer kleinen Staatsaffäre aus, weil die Berliner Polizei eine Durchsuchung des Gebäudes anordnete, aber nach zwei

Stunden zum Abbrechen gezwungen wurde: Das Außenministerium war gegen diese Verletzung diplomatischer Usancen
und des guten Verhältnisses zu Moskau eilends eingeschritten.

Solche Fälle, in denen das Ausmaß sowjetischer Spionage
auf verbündetem Boden klar zutage trat, kamen immer wieder
vor. Historiker bezeichnen die sowjetische Spionagetätigkeit
im Deutschland der 1920er-Jahre gar als die »bis dahin größte
eines Landes gegen ein anderes in Friedenszeiten«. Den deutschen Behörden war es ein ständiges Ärgernis und die Abwehrabteilung der Reichswehr warnte vor den Folgen. Das
Auswärtige Amt aber zog es meistens vor, abzuwiegeln und
Maßnahmen gegen Moskau nach Möglichkeit zu verhindern,
denn das gute Verhältnis wurde als wichtiger eingeschätzt.
Die Geheimdienstler gaben trotzdem zu bedenken, für die Revolution werde Moskau jederzeit Deutschlands Interessen in
den Wind schießen. Dazu kam es zwar nicht, aber diese Einschätzung traf zweifellos zu. Weniger konziliant war Berlin
immerhin dann, wenn es nicht um Wirtschafts- oder Rüstungs-
spionage, sondern konkrete Militärspionage der Sowjets ging.
Die Mehrheit der aus diesem Grund zu Weimarer Zeit Verur-
teilten war im Moskauer Auftrag tätig gewesen, was abermals
den Umfang sowjetischer Spionage illustriert. Gleichzeitig
gibt dies aber auch einen Hinweis auf die mangelnde Profes-
sionalität der Agenten im Dienste der sowjetischen Sache.
Wie so oft scherten sich die Moskauer Genossen wenig um
das Schicksal ihrer Gefolgsleute, die sie schlecht vorbereitet
ins Spionagegeschäft drängten.

Auch die Agenten anderer Auftraggeber gefährdeten sich
selbst durch einen fatalen Mangel an geheimdienstlicher
Expertise. Und wenn es dabei noch dazu um französische
Spionage gegen Deutschland ging, spielten selbst politische
Rücksichten eine weniger große Rolle. In einem seinerzeit in
Deutschland, Frankreich und Dänemark gleichermaßen eini-
ges Aufsehen erregenden Vorfall wurde 1928 ein dänischer
Hauptmann an der Grenze zu Deutschland verhaftet und
wegen Spionage angeklagt. Der leichtsinnige Mann, der im

Krieg als Infanterieoffizier für Frankreich gekämpft hatte und anschließend dort nachrichtendienstlich ausgebildet wurde, stand im dringenden Verdacht, für Paris als Spion gearbeitet zu haben. Allerdings hatte er sich nicht gerade durch geschicktes Verhalten hervorgetan, sondern sein Unternehmen ziemlich plump in die Wege geleitet. Zum Beispiel hatte er, um in Berlin an Informationen zu kommen, eine junge Stenotypistin verpflichtet, die ihrerseits so dilettantisch vorging, dass sie die Aufmerksamkeit deutscher Stellen erregte. Die dänischen Behörden bestritten vehement, einen Spion nach Deutschland gesandt zu haben; der Mann wurde schließlich zu fünf Jahren Zuchthaus verurteilt, die er aber in Festungshaft verbringen durfte, weil er Militärangehöriger war. Er kam vorzeitig frei, obwohl er die Verbindungen nach Frankreich nie offengelegt hatte.

DIE AGENTEN DER NAZIS

Nicht nur die KPD, auch andere Parteien unterhielten eigene Nachrichtendienste. Die Nationalsozialisten stützten sich ab 1931 auf ihren Sicherheitsdienst (SD), um sowohl über die politischen Gegner als auch über die eigenen Leute auf dem Laufenden zu sein. Seinen Namen erhielt er 1932, und nach dem Willen Himmlers und Heydrichs sollte er nichts Geringeres werden als ein Geheimdienst nach dem Vorbild des britischen oder französischen Dienstes. Später erlangte der SD, insbesondere in den besetzten Gebieten, als NS-Terrorwerkzeug und Mordinstrument des Holocaust grausame Berühmtheit. Seine Mitarbeiter zeichneten sich durch eine eiskalte »rational-wissenschaftliche« Herangehensweise an die Vernichtungspolitik aus, die Jonathan Littell in seinem Roman *Die Wohlgesinnten* in all ihrer Monstrosität fiktionalisierte. Für den SD wurden die verschiedenen Nachrichtendienste von SA, Deutscher Arbeitsfront (DAF) sowie Görings Forschungsamt unter Leitung Reinhard Heydrichs zusammengefasst. So überschaubar der SD zunächst auch war, sollte er nach den Worten eines der wenigen hauptamtlichen Mitarbeiter »in großzügiger und umfassender Weise wahrheitsgetreues und stichhaltiges Material über Ziele, Methoden und Pläne der innenpolitischen Gegner zusammentragen und auswerten, gegebenenfalls über Missstände in den eigenen Reihen berichten und die Führer und die Parteileitung und später die nationalsozialistische Staatsführung über alles Wissenswerte unterrichten«. Intern durchaus mit Misstrauen betrachtet, weil Parteiführer sich auf hinterhältige Weise bespitzelt sahen, wurde nach der nationalsozialistischen Machtübernahme 1933 seine Abschaffung gefordert. Heydrich verwies aber erfolgreich auf die besondere weltanschauliche Schulung seiner Leute und deren Befähigung, NS-Gegner aufzuspüren. Mit steigender Bedeutung der SS entwickelte sich der SD in den folgenden Jahren zum einzigen Nachrichtendienst der NSDAP. 1934 empfahl er sich mit einer Liste der SA-Mitglieder, die dann nach dem »Röhmputsch« ermordet wurden. Innerhalb der selbsterklärten NS-Elite kam dem SD eine zusätzlich enthobene Position zu, sein Personal bestand zu großen Teilen aus gut ausgebildeten und nach NS-Kriterien streng geprüften Akademikern, die der politischen Polizei als ausführendem Organ zuarbeiteten. Sie entwickelten ein besonderes Ethos und einen ausgeprägten Korpsgeist. So abwegig der Vergleich erscheinen mag: Strukturell ähnelte das der mittelalterlichen Inquisition, wo ideologisch gefestigte Kirchenmänner Ketzer jagten, um sie dann dem »weltlichen Arm« zur Strafverfolgung zu übergeben. Und wie bei der Inquisition den guten Christenmenschen kam dem »gesunden Volkskörper« eine ehrenhafte Aufgabe zu.

Denn der Dienst beauftragte Zuträger, »Vertrauensmänner« und Beobachter, die selbst keine SD-Angehörigen waren. Wie gründlich er die deutsche Bevölkerung bespitzelte, geht aus den geheimen Lageberichten hervor, deren Druckfassung der Jahre ab 1938 stattliche siebzehn Bände umfasst. Die nach eigenen Angaben rund 30 000 Zuträger berichteten über die

Stimmung im Volk, kursierende Gerüchte, alltägliche Nöte und politische Meinungsäußerungen. Im Zweiten Weltkrieg wurden die Lageberichte der NS-Führung zunehmend unangenehm, da sie der eigenen Wahrnehmung und Überzeugung immer mehr widersprachen – also stellte man die Berichterstattung kurzerhand ein.

Eine wichtige Rolle bei der Überwachung der Bevölkerung durch die Gestapo, Nachfolger der politischen Polizei Preußens und der anderen Länder, spielte die Denunziation. Der vielleicht berühmteste Fall ist der des strammen Nazis Jakob Schmid, Hörsaaldiener der Münchener Universität, der im Februar 1943 Hans und Sophie Scholl beim Verteilen ihrer Flugblätter beobachtete und eilfertig an die Gestapo verriet. Aber auch den KPD-Vorsitzenden Ernst Thälmann oder den Verschwörer des 20. Juli Carl Friedrich Goerdeler lieferten 1933 bzw. 1944 Denunzianten an die Geheime Staatspolizei (Gestapo). Regionaluntersuchungen zufolge gingen bis zu vier von fünf Strafverfahren wegen verbotener Kontakte mit »Fremdvölkischen«, wegen Hörens von Auslandssendern oder »Rassenschande« auf Denunziationen von Privatpersonen zurück. Bis kurz vor Kriegsende fanden sich immer wieder Leute, die Nachbarn, Bekannte oder gar Familienangehörige anschwärzten, obwohl gar keine Verpflichtung bestand, solche »Vergehen« anzuzeigen – nicht einmal Aufrufe. Wer in den letzten Kriegstagen Zweifel am unübersehbar verpassten Endsieg äußerte, konnte es immer noch mit Denunzianten und einem Blitzgericht zu tun bekommen. Zur Warnung wurden die Opfer an Bäumen und Laternen aufgeknüpft. Noch häufiger als politische Überzeugung oder System-Andienerei waren es vermutlich persönliche Gründe, die Menschen zur Denunziation verleitete: etwa um einen Vorteil zu erlangen oder Rache zu üben.

Selbst mit der aufmerksamsten Bevölkerung war es allerdings schwer, den Regimegegnern beizukommen, die im Untergrund professionell konspirativ arbeiteten. Dazu bedurfte es gezielt eingesetzter Spitzel. Diese V-Leute waren mal erfahrene Angehörige der politischen Polizei, die schon zu Weimarer Zeiten auf KPDler angesetzt waren, mal einstige Illegale von KPD oder SPD, die in der Haft umgedreht wurden und fortan die eigenen Leute ausspähten. Der Historiker Klaus-Michael Mallmann bezeichnete sie als »Panzerfaust gegen den Widerstand«. Auch Juden verdingten sich, um das eigene Leben oder das der Familie zu retten, und lieferten dafür andere ans Messer. Ebenso arbeiteten V-Leute in Fremdarbeiterkreisen und Kriegsgefangenenlagern und unter Exilgemeinden im Ausland. Ab 1941 wurden zudem die Kirchen erfasst. Allerdings stand den NS-Behörden kein Riesenheer an V-Leuten zur Verfügung, im Gegenteil: In den verschiedenen Städten war ihre Zahl meistens nur zweistellig. Und doch war das System ausgesprochen effizient, wenn auch nicht überall.

Ein Beispiel für den Aufwand, den die Gestapo gegen Widerständler betrieb, ist die »Sonderkommission Rote Kapelle«, die im Zweiten Weltkrieg in Deutschland, Belgien und Frankreich tätig war. Ab Mitte 1941 fing die deutsche Abwehr Funksprüche von westeuropäischen Sendern in die Sowjetunion ab und dechiffrierte sie. Weitere Ermittlungen folgten, und ab Sommer 1942 wurden die in den Funksprüchen genannten Personen überwacht und abgehört. Seit Ende August folgten über mehrere Wochen Festnahmen, Verhöre, Folter; Ende Oktober waren allein in Berlin weit über 100 Menschen in Haft. Weitere Festnahmen in Frankreich und Belgien schlossen sich an. Die Prozesse ließen nicht lange auf sich warten, die Hälfte der Berliner Gefangenen wurde bereits im folgenden Winter hingerichtet. Zu den bekanntesten Opfern gehören Arvid Harnack, Ökonom im Wirtschaftsministerium, Harro Schulze-Boysen, der im Berliner Luftfahrtministerium arbeitete, und der Schriftsteller Adam Kuckhoff. Auch nach der Verhaftungswelle ließ die Gestapo den Funkverkehr fortführen, um die sowjetischen Teilnehmer irrezuführen und noch weitere Informationen zu gewinnen. Einer der verhafteten Widerständler, der Pole Leopold Trepper, spielte ein gefährliches Spiel, indem er mit der Gestapo kollaborierte, gleichzeitig aber über die Pariser Résistance Moskau darüber in Kenntnis setzte, dass die Funkstationen längst aufgeflogen waren. Ihm gelang später die Flucht aus der Gestapohaft.

Dabei handelte es sich gar nicht um eine homogene Gruppe kommunistischer Widerständler, denn »Rote Kapelle« war eine Fremdbezeichnung der Funkabwehr, weil ein Teilnehmer des Funkverkehrs als »Pianist« bezeichnet wurde. Tatsächlich handelte es sich dabei um verschiedene Widerstandsgruppen, Netzwerke und Einzelpersonen in Deutschland und der Schweiz, in Frankreich, Belgien und den Niederlanden sowie in Warschau, die nur punktuell untereinander, aber allesamt mit der Sowjetunion in Verbindung standen. Aber nicht alle von ihnen waren Agenten Moskaus und nicht einmal waren ausschließlich Kommunisten darunter. Die Spionagetätigkeit war bei den meisten ohnehin nur ein Teil der Aktivitäten, andere bestanden in der Hilfe für Regimegegner und innerdeutsche Propaganda, um die Bevölkerung aufzurütteln. Diese Mischform aus Widerstand und Spionage erleichterte allerdings den NS-Fahndern die Enttarnung. Die griffige Fremdbezeichnung »Rote Kapelle« eignete sich zudem bestens, um die angebliche Gefahr eines »bolschewistischen Spionagenetzwerkes« propagandistisch auszuschlachten – zumal seit dem Überfall der Sowjetunion die Kommunistenangst nach Kräften geschürt wurde. Unter umgekehrten Vorzeichen wurde die Geschichte der »Roten Kapelle« später von der Stasi zurechtgeschnitzt, wohingegen BND-Chef Reinhard Gehlen noch in den 1950er-Jahren überzeugt war, die kommunistische Gruppe sei weiterhin dabei, die Bundesrepublik zu unterwandern. Generell galt dem Westen im Kalten Krieg kommunistischer Widerstand als Vaterlandsverrat, während der Osten den nichtkommunistischen Widerstand als Randerscheinung darstellte und den Glanz allein den heroischen Genossen zuerkannte. Neueren Forschungen zufolge war die Funktätigkeit aus den verschiedenen Orten nach Moskau viel weniger umfangreich als vielfach angenommen und mit Sicherheit nicht kriegsentscheidend, wie gerne kolportiert wurde. Und doch waren unter den Funksprüchen für die Sowjets kurz nach dem Überfall Deutschlands 1941 wichtige Informationen. Aus Belgien berichtete der sowjetische Agent Anatoli Gurewitsch über Treibstoffmangel und deutsche Pläne, die sowjetischen Erdölvorkommen im Nordkaukasus zu erobern, über Verluste von Truppen und Flugzeugen oder deutsche Rüstungsanstrengungen. Die Berliner Widerstandsgruppe um Harnack und Schulze-Boysen warnte Moskau seit Ende 1940 vor einem bevorstehenden deutschen Angriff.

STALIN MISSTRAUT SEINEN AGENTEN

Solche Warnungen vor der »Operation Barbarossa«, wie die militärische Deckbezeichnung für den Überfall der Sowjetunion 1941 lautete, erreichten in großer Zahl und von vielerlei Seiten den sowjetischen Diktator Stalin, der ihnen dennoch keinen Glauben schenken wollte. Auch der Deutsche Richard Sorge, der in Japan als sowjetischer Geheimdienstagent tätig war, berichtete im Mai 1941 nach Moskau recht präzise von 150 Divisionen, die Hitler gen Osten zu werfen gedenke, und lag im Datum nur zwei Tage daneben. Der Journalist und Asienkenner Sorge besaß gute Kontakte zum deutschen Botschafter, noch wichtiger aber waren die zu einem japanischen Agentenring – doch Stalin hielt ihn für einen Trotzkisten und daher für nicht verlässlich. Aber war die Beweislast nicht erdrückend? Rund drei Millionen Soldaten wurden seit Hochsommer 1940 Richtung Osten geschickt, Aufklärungsflüge erkundeten den sowjetischen Grenzbereich, Diplomaten wurden mitsamt Familien rückbeordert. Doch die vielen Hinweise, die im Rückblick zwingend erscheinen, waren aus damaliger Sicht keineswegs ausschließlich so zu verstehen, dass Hitler die Sowjetunion angreifen würde. Stalin konnte sich nicht vorstellen, dass Deutschland ohne Not das unabsehbare Risiko eines Zweifrontenkriegs eingehen würde. Ihm erschien außerdem unwahrscheinlich, dass Hitler ihn ohne jede Vorwarnung oder Forderung angreifen würde. Entsprechend bewertete er die vielen Geheimdienstberichte. Ein Weiteres tat die gezielte deutsche Desinformation, die mal darauf hindeutete, Hitler gehe es allein um die Ukraine und er werde entsprechende Forderungen an Stalin richten, mal den Aufmarsch taktisch gegen London gerichtet erklärte. Andere Desinformationen besagten, zwar sei ein Krieg gegen Moskau geplant, aber erst nach einem Sieg über England. Hinzu kam Stalins antibritische Paranoia, nach deren Logik London ihn absichtlich desinformierte. Und in der Tat nährten die Briten, vor allem seit dem rätselhaften Englandflug des Hitlerstellvertreters Rudolf Heß, bewusst Unfrieden zwischen Moskau und Berlin – und waren unglaubwürdig geworden, als sie schließlich Stalin vor Hitlers bevorstehendem Angriff ganz aufrichtig warnten. Zu Buche schlug zudem Stalins Misstrauen gegenüber den eigenen Nachrichtendienstlern, worin sein Außenminister Molotow ihn bestätigte. Ganz abgesehen von der Frage, wie viele der Geheimdienstberichte Stalin eigentlich las.

Des Diktators Einschätzung der Lage sollte sich für ungezählte Sowjetbürger und Rotarmisten als fatal erweisen – wie die militärische Führungsschwäche, weil Stalin in seinem Verfolgungswahn die Offizierselite zu großen Teilen den Säuberungen der 1930er-Jahre geopfert hatte. Vollends unverantwortlich handelte er aber nicht, denn er traf durchaus Vorbereitungen für den Fall, den er eigentlich für unwahrscheinlich hielt: Er ließ Reservisten einberufen und verschob Truppen nach Westen. Aber da er seinerseits Hitler auf keinen Fall provozieren wollte, erwiesen sich diese Maßnahmen als unzureichend. Und die Einschätzung Moskaus, im Falle eines Angriffs würde durchaus noch genügend Zeit für die Mobilmachung bleiben, entpuppte sich angesichts des Tempos, das die Wehrmacht vorlegte, als verfehlt.

Doch Stalin war keineswegs der Einzige, der Geheimdienstinformationen falsch beurteilte oder einfach infrage stellte. Schon die Vorgeschichte des Zweiten Weltkriegs ist reich an Beispielen für Fehleinschätzungen der militärischen

Stärke Nazideutschlands oder der Absichten Hitlers – bis hin zur Überzeugung der Westmächte noch kurz vor dem Deutsch-Sowjetischen Nichtangriffspakt 1939, ein solches Bündnis zwischen Hitler und Stalin sei auszuschließen. Im Debakel der westeuropäischen Appeasementpolitik gegenüber Hitler unterstützte beispielsweise das französische Deuxième Bureau die Unentschlossenheit der Politik – mal durch schlechte Geheimdienstarbeit, mal wider die eigenen Erkenntnisse. Während Europa 1914 in der Erwartung, der Krieg würde so oder so kommen, verantwortungslos oder gelähmt immer weiter darauf zugetrieben war, spielte 1938/39 die noch frische Erinnerung an den »großen Krieg« durchaus eine Rolle. Ein neues 1914 wollten weder Paris noch London, also machte man Zugeständnisse zu dessen Verhinderung. Den Gründen, warum Hitler einen Krieg scheuen musste, schenkte man in den europäischen Hauptstädten mehr Aufmerksamkeit als seiner längst entfesselten Expansionswut. Selbst als der bereits die kleineren Länder zum Opfer fielen, gaben Paris und London sie leichtfertig verloren und setzten weiterhin auf ihre doch längst gescheiterte Eindämmungspolitik.

In Paris ging man, darin einig mit den Briten, davon aus, die Deutschen würden einen Angriff auf Frankreich einstweilen gar nicht wagen. Die Einschätzung, die Wehrmacht sei unzureichend gerüstet, teilten immerhin die deutschen Militärs selbst. Hitler hatte den Alliierten trotzdem einiges voraus: Wer als zu allem entschlossener Hasardeur vorgeht, dem lässt sich mit analytischer Aufklärung über Rüstungsstand und Bündnisverpflichtungen schwer beikommen – das sollte sich im Kriegsverlauf noch mehrmals zeigen, insbesondere beim Überfall der Sowjetunion. Der Reichskanzler besaß außerdem den Vorteil diktatorischer Vollmachten, sodass nicht nur internationale Rücksichten unerheblich waren, sondern auch Bedenken im eigenen Lager für ihn kaum ins Gewicht fielen. Nicht zu unterschätzen ist außerdem, militärisch wie geheimdienstlich, der Vorteil des Aggressors, der zumindest für einige Zeit die Initiative behauptet, während die Gegner zunächst nur reagieren können. In der ersten Kriegsphase konnte Hitler von diesen Aspekten profitieren, während es dem Gegner schwerfiel, geheimdienstliche Erkenntnisse korrekt einzuordnen. Insgesamt aber verlief der Krieg immer mehr zum Vorteil der Anti-Hitler-Koalition, wozu der Erfolg der alliierten Spionage einiges beitrug.

Welche Rolle spielten die Geheimdienste der kriegführenden Staaten für Verlauf und Ergebnis des Zweiten Weltkriegs? Der Aufwand war immens: Allein die sowjetischen Geheimdienstchefs bilanzierten Ende 1944 fast 42 000 Dokumente, die ihre knapp 2000 Illegalen, Agenten und Informanten im Ausland zusammengetragen hatten. Hinzu kamen dechiffrierte Diplomatenpost und Funksprüche sowie die oft unterschätzte Feldaufklärung. Die Erfolge der anderen Länder können sich ebenfalls sehen lassen – doch im überaus komplexen Geschehen eines Weltkrieges im 20. Jahrhundert, wo verschiedene Fronten, Bündnisse und Einzelinteressen, wo Wirtschaftliches und Psychologisches wechselnd zum Tragen kamen, sind die Geheimdienste doch nur ein Faktor unter anderen. Spionage ist mal mehr, mal weniger wichtig, aber nicht allein entscheidend. Und sie liefert in keinem Fall die Kristallkugel, die das Kommende gestochen scharf abbildet. Zum Blick in die Geschichte gehört, die damalige Gegenwart so zu rekonstruieren, als wüsste man nichts von der Entwicklung seither. Sonst fällt es allzu leicht, Geheimdienstler oder ihre Auftraggeber zu verurteilen, weil sie es angeblich besser hätten wissen müssen.

Bereits der fingierte Überfall auf den oberschlesischen Sender Gleiwitz, der 1939 mit weiteren angeblichen polnischen »Provokationen« als Vorwand für den Überfall des Nachbarlandes diente, war eine verdeckte Aktion unter Federführung von Heydrichs Sicherheitsdienst. Aber es war vor allem der schnelle Sieg über Frankreich im Jahr darauf, den eine vorzügliche geheimdienstliche Vorarbeit ermöglichte, denn militärisch waren Franzosen und Engländer den Deutschen eindeutig überlegen. Hitlers Generäle hielten die Aktion für halsbrecherisch, weil die Wehrmacht ihren Nachteil durch das Versailler Rüstungsverbot noch lange nicht aufgeholt hatte. Gegen den Führerwillen konnten sie aber wenig ausrichten und versuchten daher durch Verzögerung wenigstens eine bestmögliche Vorbereitung.

Während der deutsche Plan aufging, kam für die Alliierten zum Unglück des überraschenden Angriffs noch das Pech hinzu: Die Schwäche der eigenen Aufklärung führte dazu, dass dem Gegner die eigenen Hauptkräfte an der falschen Stelle entgegengestellt wurden. Ein Zusammenspiel von Fehlern der Engländer und Franzosen, der deutschen »Flucht nach vorn« zur Vermeidung eines Stellungskriegs und insbesondere der deutschen Geheimdienstarbeit vorab ermöglichte, was Hitler hernach euphorisch als »ausgesprochenes Wunder« feierte. Das Mirakel verdankte er dem Nachrichtendienst des Heeres unter Generalmajor von Tippelskirch, der alte und neue Erkenntnisse akribisch ausgewertet, die Schwächen im Konzept der Alliierten ausgemacht und sich dabei die mehrmalige Verschiebung des Feldzugs zunutze gemacht hatte. Daraus ergab sich, dass den Franzosen mit Schnelligkeit und Überraschung am besten beizukommen war, da die französische Heeresleitung Sicherheit und Geschlossenheit über alles stellte und die Kriegführung dementsprechend schwerfällig war. Am grünen Tisch der Kriegsplaner spielte das Oberkommando der Wehrmacht verschiedene Möglichkeiten durch und entschied, dass ein Hauptvorstoß durch die Ardennen zur französischen Maas einen Angriff mit geringerer Schlagkraft über die neutralen Niederlande und Belgien zwischen Aachen und Nordseeküste am wirkungsvollsten ergänzen würde.

Hitler hätte sich aber auch beim Deuxième Bureau bedanken können, das zwar bestens gerüstet war, allerdings zu dieser Zeit höchst unzulänglich geführt wurde. Die deutsche Planung war ihm komplett entgangen, auch weil die diversen eingehenden Berichte nicht kompetent abgeglichen und ausgewertet wurden. Daneben fehlte es an geeigneten Kommunikationsstrukturen zwischen Nachrichtendienst, Militär und

Politik. Vermutlich wäre aber auch eine bessere Zuarbeit vom französischen Generalstab nicht genügend gewürdigt worden, denn der schätzte seine Geheimdienstler nicht sonderlich und mochte das eigene Urteil und die Militärplanung nicht angezweifelt sehen. Auch das nachhängende Trauma der Dreyfus-Affäre mag da eine Rolle gespielt haben.

Wie so oft in der Geschichte des Zusammenspiels von Politik und Spionage ist umstritten, ob die Geheimdienstler den tauben Ohren der Entscheidungsträger predigten oder ob die Politiker daraus Schlüsse zogen, die im Rückblick eindeutiger falsch waren, als sich das damals darstellte. Dass nach der Blamage Geheimdienste und Militärs einander den Schwarzen Peter zuschoben, liegt auf der Hand, macht aber die Gewichtung nicht einfacher.

Nachdem die Vereinigten Staaten Ende 1941 in die Anti-Hitler-Koalition eingetreten waren, verstärkten sie ihre Spionageaktivitäten und gründeten 1942 als zentralen Geheimdienst das Office for Strategic Services (OSS). Aus Berlin arbeitete den USA ein Einzelkämpfer zu, der aus Überzeugung an der Niederlage des Nazireiches mitwirken wollte, dafür sein Leben aufs Spiel setzte und jede Bezahlung strikt ablehnte. Fritz Kolbe arbeitete im Auswärtigen Amt – unauffällig, aber an einer Schnittstelle, die ihm umfangreiche Einblicke verschaffte. Sein Chef Karl Ritter war der Verbindungsmann zwischen dem Oberkommando der Wehrmacht und dem Auswärtigen Amt, weswegen unter anderem die Korrespondenz mit den deutschen Botschaften in aller Welt durch seine Hände ging, darunter zahlreiche Geheimdokumente. Der Berliner Kolbe, Sohn eines einfachen Sattlers, hatte seit Mitte der 1920er-Jahre in verschiedenen deutschen Botschaften gearbeitet und nach der Regierungsübernahme der Nazis stets vermieden, NSDAP-Mitglied zu werden. Nun beschloss er, seine Position zu nutzen, um durch Spionage für die Kriegsgegner Deutschlands zum Sturz des verhassten Regimes beizutragen. 1943 arrangierte er, als Kurier zur deutschen Botschaft in der Schweiz geschickt zu werden – die erste von insgesamt fünf Reisen bis Kriegsende. In Bern versuchte er zunächst die konspirative Kontaktaufnahme mit den Briten, die aber kein Interesse zeigten. Doch dann stieß er in der US-Botschaft auf einen hellhörigen Mann: Allen Dulles, der Leiter der Berner Niederlassung des OSS und jüngere Bruder des späteren US-Außenministers John Foster Dulles. Der künftige CIA-Chef wollte nicht noch einmal einen Unbekannten abweisen wie 1917 – damals hatte kein Geringerer als Lenin um ein Gespräch gebeten. Der erfahrene US-Geheimdienstler war für konspirative Arbeit gut gerüstet. In seiner Berner Erdgeschosswohnung konnte er unbemerkt nächtliche Besucher empfangen; die Glühbirne der Straßenlaterne vor dem Eingang schraubte er kurzerhand heraus. Zu Recht wähnte er sich im Spionagenest Bern überwacht, sein Koch entpuppte sich später als Nazi-Spion und auch die Schweizer Behörden hielten sich gegenseitig über die Geheimdienstaktivitäten ausländischer Diplomaten auf dem Laufenden. In einem langen Gespräch mit Kolbe gewann Dulles die Überzeugung, es mit einem ehrenhaften Mann zu tun zu haben, außerdem verfügten die Amerikaner bisher über keine deutsche Quelle. Kolbe hatte zum Nachweis seiner Befähigung aus Berlin und als Diplomatenpost getarnt 16 Kopien von Geheimdepeschen mitgebracht und wies sich auch sonst als überaus kenntnisreich aus. Den Amerikanern völlig neu war beispielsweise die Existenz eines Führerhauptquartiers in Ostpreußen, die »Wolfsschanze«, deren genauen Lageplan Kolbe aus dem Kopf aufzeichnen konnte. Dulles bezeichnete ihn als »etwas naiven und romantischen Idealisten« und »nicht sehr intelligent oder schlau«. »Er war klein, stämmig und kahlköpfig. Man hätte ihn eher für einen ehemaligen Boxer als einen Diplomaten gehalten.«

Nach seiner Rückkehr aus Bern trat Fritz Kolbe seinen Zweitjob als US-Agent »George Wood« an: Tagsüber ging er seiner Arbeit im Auswärtigen Amt nach, nachts schrieb er Berichte und fotografierte, was er bei Feierabend mitgenommen hatte. Seine Lieferungen nach Bern bezeichnete Dulles alsbald als »Ostereier«. Kolbe nahm seine Agententätigkeit sehr ernst und forderte sich alles ab, der Druck, entdeckt zu werden, und der Kriegsalltag mit immer häufigerem Luftalarm waren weitere Belastungen. Aber Kolbe hielt durch und hatte bei Kriegsende den OSS mit über 1600 Ostereiern versorgt, von U-Boot-Angriffen, Rüstungsfortschritten (darunter zur V2-Rakete) und deutschen Spionen bei den Alliierten berichtet, von Details des Massenmords an den europäischen Juden, Kriegsverbrechen in besetzten Ländern oder der Stimmungslage an der Heimatfront im Bombenkrieg. Japanische Pazifikpläne hatte er ebenso weitergeleitet wie Erfolge deutscher Kryptologen – und an welchem Ort die Deutschen den D-Day erwarteten, die Invasion der Alliierten in Nordfrankreich. Erstaunlicherweise wurde er nie entdeckt – wohl kam ihm zugute, Einzelkämpfer zu sein, vielleicht auch, dass er wegen seiner einfachen Herkunft im hochnäsigen Auswärtigen Amt eher links liegen gelassen wurde.

Kolbe gilt den US-Geheimdienstlern bis heute als wichtigste Informationsquelle der Alliierten im Zweiten Weltkrieg, und doch war er zweifach das Opfer seiner vorzüglichen Arbeit: Sein Material war so hochkarätig, dass es eben deswegen in Washington immer wieder Misstrauen erregte, außerdem erreichte es nicht immer die richtigen Stellen. Dadurch vergaben sich die Amerikaner manche Chance. In Bern verzweifelte Dulles mitunter, wenn wieder einmal genau das passiert war, wovor sein Kontaktmann vergeblich gewarnt hatte. Insgesamt bewirkten Kolbes Informationen also sehr viel weniger, als noch immer behauptet wird. Kaum weniger tragisch war, dass Kolbe nach dem Krieg in seinem Heimatland keinen Fuß mehr auf den Boden bekam. Wie so viele, die für ein besseres Deutschland gekämpft hatten, wurde er plötzlich als Vaterlandsverräter beschimpft – dabei hatte er als glühender Patriot gehandelt. Mit einiger Mühe gelang ihm, unterstützt von Dulles, 1948 in die USA auszuwandern, wo er allerdings wirtschaftlich scheiterte. Sobald die Bundesrepublik 1951 wieder ein diplomatisches Korps aufbaute, bewarb sich der Ex-Diplomat – bekam aber nicht einmal eine Absage. Im Personalreferat befand man, Kolbe dürfe »unter keinen Umständen« eingestellt werden. Als die USA deswegen Druck machten, sah man sich in Bonn zusätzlich bestätigt, denn man fürchtete die Gefahr eines amerikanischen Infiltrationsversuchs. Sowieso: Ehe man Widerstandskämpfer, gar Spione der Alliierten einstellte, griff man lieber auf bewährtes Nazipersonal zurück – und schönte die NS-Vergangenheit des Außenministeriums ebenso unverdrossen wie unzutreffend mit dem Etikett »unpolitisch«. Kolbe verbrachte den Rest seines Lebens in der Schweiz, wo er sich mehr schlecht als recht durchschlug und einmal konstatierte, der Bundesrepublik gelte als der ehrenhafteste Widerständler ein toter. Erst als das Auswärtige Amt sehr spät begann, seine Vergangenheit aufzuarbeiten, erhielt Kolbe die verdiente Würdigung. Das war 2004, 33 Jahre nach seinem Tod. Heute trägt ein Saal im Berliner Auswärtigen Amt am Werderschen Markt seinen Namen.

DAS RÄTSEL DER ENIGMA

Als überaus erfolgreiche und folgenreiche Aktion des französischen Geheimdienstes erwies sich schon früh die Anwerbung eines deutschen Fernmeldeaufklärers und Chiffrierfachmanns, denn damit begann bereits 1931 die konzertierte Kraftanstrengung alliierter Kryptologen zur Entzauberung der Enigma. Diese berühmteste Chiffriermaschine aller Zeiten hat als ältesten bekannten Vorläufer eine Chiffrierscheibe aus dem 15. Jahrhundert, entwickelt vom »Vater der westlichen Kryptografie« Leon Battista Alberti. Er löste sich von den bisherigen Chiffriermethoden mittels Tabellen und gravierte auf die Ränder zweier Kupferplatten unterschiedlichen Durchmessers alle Buchstaben des Alphabets und legte sie konzentrisch aufeinander. Natürlich kann man den Ausgangsbuchstaben auch Ziffern oder Zeichen zuordnen. Bleibt man aber bei den Buchstaben, ordnet man dem A eine Chiffre zu, dreht also den Buchstaben so, dass neben dem A beispielsweise das X erscheint. Durch Drehen der beiden Scheiben gegeneinander erhält man für jeden Buchstaben eine Chiffre und kann damit Buchstabe für Buchstabe eines Textes codieren: per (mono)alphabetischer Verschlüsselung. Um dem Gegner die Dechiffrierung besonders schwer zu machen, kann dasselbe Gerät auch zur polyalphabetischen Codierung verwendet werden: Man wählt ein Codewort und dreht die Scheibe nach jedem Buchstaben des zu verschlüsselnden Textes, sodass neben dem A nacheinander die Buchstaben des Codeworts stehen. Jeder Buchstabe wird also fortlaufend mit einem anderen Buchstaben des Codeworts chiffriert. Nach dieser Methode verschlüsselte Texte sind (ohne Computer) nicht nur schwer zu knacken, die Scheiben lassen sich zudem immer wieder neu einstellen.

Fast fünfhundert Jahre lang war diese Art der Chiffrierung das Mittel der Wahl – bis zur Enigma-Chiffriermaschine, die der Erfinder Arthur Scherbius nach dem Ersten Weltkrieg entwickelte. Bei diesem elektrischen Gerät kann ein Text wie im Computer über eine Tastatur eingegeben werden, wird dann per elektrischem Signal von einer Schlüsselwalze codiert und auf einem Display als Textcode angezeigt. Nach jedem eingegebenen Buchstaben dreht sich die Walze ein Stück, sodass ein mehrmals auftauchender Buchstabe immer wieder eine andere Code-Zuordnung erhält. Außerdem lässt sich die Schlüsselwalze umprogrammieren, indem man sie neu verdrahtet. Scherbius konstruierte die Walze so, dass sie sechs verschiedene Positionen durchlief. Um die Codierung noch sicherer zu machen, fügte er weitere Walzen hinzu und erhöhte so die Variationen der Verschlüsselung. Scherbius' Enigma mit drei Walzen ermöglichte 17576 Einstellungen. Weitere Konstruktionsdetails erhöhten die Zahl der Einstellungen weiter, bis Scherbius auf beachtliche 10 Billiarden mögliche Codes kam. Die erste Enigma war nicht größer als eine Reiseschreibmaschine, wog aber zwölf Kilo.

Scherbius konnte mit seiner Erfindung zunächst nicht landen. Zum einen war sie sehr teuer, zumal in Friedenszeiten, zum anderen waren dem deutschen Militär die gegnerischen Erfolge der Dechiffrierung im eben beendeten Krieg noch gar nicht bewusst. Tüftler in anderen Ländern mit ähnlichen Ideen standen vor denselben Problemen. Als aber ans Licht kam, welchen Vorteil die Briten im Ersten Weltkrieg durch ihre erfolgreiche Dechiffrierung deutscher Codes erlangt hatten, kam es bei den deutschen Generälen zu einem Sinneswandel, und Scherbius konnte 1925 mit der Enigma in Serie gehen. Seither war das deutsche militärische Funknetz das sicherste weltweit, denn weder Briten noch Franzosen und Amerikanern gelang es, die Enigma zu knacken.

Doch dann kamen die große Politik eines Landes und die privaten Nöte eines Mannes ins Spiel. Das Land war Polen, das nach dem Ersten Weltkrieg zwar endlich seine Staatlichkeit wiedergewonnen hatte, sich aber in prekärer Lage zwischen Nachbarn befand, die diesen Zustand lieber heute als morgen beendet gesehen hätten: vor allem das Deutsche Reich und die Sowjetunion. Der Mann war Hans-Thilo Schmidt, ein glückloser Unternehmer und Exmilitär, der durch seinen älteren Bruder in der Chiffrierstelle des Reichswehrministeriums untergekommen war. Mag sein, dass die Rivalität des glücklosen jüngeren gegenüber dem erfolgreichen älteren Bruder einen Hang zur Agententätigkeit für den Gegner beförderte und dass, wie beim Agenten Schluga, zur privaten die berufliche Enttäuschung kam, nämlich über die staatlicherseits verwehrte militärische Karriere. Auf jeden Fall erforderte Schmidts umfängliches Liebesleben großen Geldbedarf, zumal seine Bezahlung schlecht war. Bis in den Krieg hinein arbeitete er dem Deuxième Bureau zu und wurde zum wichtigsten französischen Auslandsagenten.

1931 reiste Schmidt nach Belgien, wo er den französischen Geheimdienstler Rudolphe Lemoine alias »Rex« traf. Den ließ er für beachtliche 10000 Reichsmark Honorar Unterlagen über die Enigma fotografieren. Damit ließ sich die Maschine zwar nachbauen, angesichts der vielen möglichen Codes aber wenig damit anfangen. Die Franzosen bauten die Enigma aber nicht einmal nach, sondern reichten ihre Ergebnisse nach Polen weiter. Das polnische Chiffrierbüro studierte die Unterlagen sehr viel interessierter und genauer. Immerhin erfuhren sie daraus, dass die Deutschen allmonatlich Schlüsselbücher vergaben, in denen für jeden Tag ein neuer Code vorgesehen war. Mit diesem wurde aber nicht etwa der gesamte Funkverkehr eines Tages verschlüsselt, sondern lediglich die Übermittlung einer Anzahl von Spruchschlüsseln, die immer nur für einen einzigen Funkspruch verwendet wurden. Dadurch wurde immer nur eine kleine Menge Buchstaben mit einem bestimmten Code versendet, was für die gegnerischen Dechiffrierbüros die Arbeit aussichtslos machen sollte. Und doch fanden die polnischen Kryptologen einen Weg, der Enigma auf die Schliche zu kommen. Den jungen Mathematiker Marian Rejewski, der in Poznań (Posen) studiert hatte und Deutsch sprach, kümmerte nicht, dass die Enigma angeblich nicht zu knacken war. Er nahm die Herausforderung an und suchte nach Mustern, die als Ansatz zur Dechiffrierung dienen konnten. Die fand er in den Spruchschlüsseln, die aus drei Buchstaben bestanden und zweimal hintereinander gefunkt wurden. Wegen der sich drehenden Walzen machte die Enigma daraus nicht zwei identische Dreierfolgen, sondern sechs verschiedene Buchstaben. Eben da setzte Rejewski an: Er wertete abgefangene Funksprüche aus, setzte die Erkenntnisse aus dem Spruchschlüsselversand in Bezug auf die Funktionsweise der Enigma und konnte allmählich die Variationsmöglichkeiten von 10 Billiarden auf gut 100 000 reduzieren. Diese prüften nun die polnischen Kryptologen auf Enigma-Nachbauten und anhand der weiter eingehenden Funksprüche, bis das Geheimnis der Enigma nach einem Jahr gelüftet war. Seither ließ sich mit einer Maschine Rejewskis, die »Bombe« getauft wurde, binnen zwei Stunden der jeweilige Tagesschlüssel knacken. Noch vor Kriegsbeginn aber führten die deutschen eine neue Version der Enigma ein, die nunmehr fünf statt drei Walzen besaß – Rejewskis Triumph war dahin. Immerhin konnte der polnische

Geheimdienst die gewonnenen Erkenntnisse noch zwei Wochen vor dem deutschen Überfall auf sein Land an London und Paris weitergeben.

Die Briten führten das polnische Erbe fort. »Room 40«, der im Ersten Weltkrieg so wichtige Erfolge erzielt hatte, zog von London nach Bletchley Park, wo die Government Code and Cypher School jetzt fürs Dechiffrieren zuständig war. Die Zahl der Mitarbeiter wuchs von anfänglichen 200 auf 7000 bei Kriegsende. Die Kapazitäten von Bletchley Park erlaubten, auf Grundlage der polnischen Vorarbeit das Problem der fünf Walzen (bei der Marine waren es gar acht) in den Griff zu bekommen – allerdings musste wegen der täglich wechselnden deutschen Codes jeden Morgen von Neuem begonnen werden. Und weil die Deutschen ihre Chiffriermaschine während des Kriegsverlaufs immer wieder veränderten, war von den Briten hoher Einsatz gefordert. In Bletchley Park arbeiteten die besten Köpfe verschiedenster Disziplinen, die sich gegenseitig anspornten und gemeinsam Lösungen erarbeiteten. Zugute kam ihnen die deutsche Gründlichkeit, weil bestimmte Kategorien von Funksprüchen stets zur gleichen Zeit gesendet wurden, oder wiederkehrende Inhalte. Ebenso wurden bestimmte Funksprüche von ihnen provoziert, etwa durch Seeminen, deren Koordinaten deutsche Schiffe verschlüsselt weitergaben und so den britischen Kryptologen als Anhaltspunkte zur Entschlüsselung dienten. Auf lange Sicht und weil die Enigmas der deutschen Marine kaum zu knacken waren – der entscheidende Atlantikkrieg aber einstweilen weiter zum deutschen Vorteil verlief –, versuchte man alles, um an Schlüsselbücher zu gelangen. Beispielsweise kaperte man deutsche Schiffe und versenkte sie dann, um zu vertuschen, dass die Codebücher entnommen worden waren. Und doch gab es trotz aller möglichen Vorsichtsmaßnahmen, um die Deutschen nicht wissen zu lassen, dass die Briten Enigma-Funksprüche decodieren konnten, Verdachtsmomente – aber die Heeresführung verließ sich darauf, dass die Wundermaschine schlichtweg nicht zu knacken war.

Der wichtigste und berühmteste der Experten von Bletchley Park war Alan Turing, dem seine Verdienste nach dem Krieg allerdings wenig nutzten. In den prüden Fünfzigern wurde er wegen seiner Homosexualität verurteilt und kastriert und beging mit nur 42 Jahren Selbstmord. Trotz posthumer Entschuldigung des Staates vor einigen Jahren ist er noch immer nicht vollständig rehabilitiert. Während des Krieges aber entwickelte er die polnische »Bombe« zum Knacken der Enigma virtuos weiter und beeinflusste damit den Kriegsverlauf. Denn das Ergebnis lohnte den immensen Aufwand: Beispielsweise konnten bei bevorstehenden deutschen Luftangriffen rechtzeitig Vorkehrungen getroffen werden oder es ließ sich durch Marinefunkentschlüsselung dem deutschen U-Boot-Krieg in die Parade fahren und so die transatlantischen Nachschublinien absichern. Im Falle der alliierten Landung in der Normandie schließlich, im Juni 1944, verfügten die Briten über exakte Informationen zur deutschen Truppenpräsenz an der Atlantikküste. Weil die französische Résistance außerdem zuarbeitete und das Telefonnetz zerstörte, konnte die gesamte deutsche Kommunikation über Funk abgehört werden. Ein Übriges taten Täuschungsmanöver, weshalb die Deutschen die alliierte Landung später und viel weiter östlich erwarteten.

Auch wenn die Kryptografen vom polnischen Chiffrierbüro und in Bletchley Park mit ihrer Arbeit den Krieg nicht allein entschieden, haben sie ihn doch verkürzt – vermutlich um mehrere Jahre – und damit viele Menschenleben gerettet. Ihre Leistung ist die bedeutendste in der Geheimdienstgeschichte des Zweiten Weltkriegs. Der britische Premierminister Winston Churchill wusste, was er an den Männern und Frauen von Bletchley Park hatte, unterstützte sie, wo er konnte – und nannte sie »Gänse, die goldene Eier legen und niemals schnattern«. Sie durften es auch nach dem Krieg nicht – bis 1973 fielen die Verdienste der Kryptoanalytiker in Bletchley Park unter absolute Geheimhaltung.

6. KAPITEL

BERLIN, DIE SPIONAGEHAUPTSTADT
IM KALTEN KRIEG

Bei diesem Film macht selbst eine nüchterne Inhaltsangabe schmunzeln: Ehrgeiziger Coca-Cola-Manager aus den USA will im geteilten Berlin mit den Russen ins Geschäft kommen. Zu seinem Verdruss funkt die besuchende Tochter seines Chefs dazwischen, die sich in einen hübschen Ostberliner Kommunisten verliebt. Um den loszuwerden, lässt der Manager den jungen Mann im Osten als westlichen Agenten erscheinen, was prompt zu seiner Inhaftierung durch die Volkspolizei führt. Allerdings entpuppt sich die junge Amerikanerin als schwanger, also muss er ihn kurz darauf zurück in den Westen entführen und in Windeseile zu einem strammen Kapitalisten umpolen – schließlich soll der Jungkommunist einen passenden Schwiegersohn abgeben.

James Cagney als ungebremster US-Manager, Horst Buchholz als strammer Klassenkämpfer und Lilo Pulver als verführerische Sekretärin, die den Sowjetgenossen mühelos den Kopf verdreht, brillieren in der temporeichen Komödie. *Eins, zwei, drei.* Der Regisseur des Films, der gebürtige Berliner Billy Wilder, macht sich ohne Hemmungen lustig über die Verhältnisse der geteilten Stadt vor dem Mauerbau und nimmt die Absurditäten des Viermächte-Alltags und des Kalten Krieges ungeniert auf die Schippe. In der Tat glich das Leben in der »Frontstadt des Kalten Krieges«, wie Berlin auch bezeichnet wurde, in mancherlei Hinsicht einer irren Veranstaltung. Etwa wenn Westberliner antikommunistische Agitatoren im Osten Briefmarken unters Volk brachten, auf denen das Konterfei des SED-Vorsitzenden Walter Ulbricht um einen Strick um den Hals ergänzt wurde. Wenn Schilder in den S-Bahnen Passagiere aufforderten, vor der Grenze zwischen Westberlin und der »Ostzone« unbedingt schlafende Mitreisende aufzuwecken, damit sie nicht vielleicht bei der Grenzkontrolle in Schwierigkeiten kamen. Wenn ein Agent in eine hochnotpeinliche Situation geriet, weil ein Sack mit russischen Flugblättern mitten auf dem Trottoir des Kurfürstendamms platzte. Oder wenn der Slogan zum Ostberliner Weltjugendtreffen 1950 lautete »Die Freie Deutsche Jugend stürmt Berlin« und im Westen die Angst umging, das könnte womöglich wörtlich gemeint sein.

Was uns heute abstrus bis lachhaft vorkommt, reizte damals in Berlin kaum zum Lachen, denn es war nur oberflächlich witzig. Dem ideologischen Kampf der Systeme konnte man sich nicht einfach achselzuckend entziehen. Mit der U-Bahn waren es nur ein paar Minuten vom einen politischen System ins andere, und für Meinungsäußerungen, die im Ostteil zu massiven Schwierigkeiten führten, erntete man im Westen Anerkennung. In Schöneberg verwaiste das Gebäude des Alliierten Kontrollrats, eigentlich oberstes Gremium der vereinbarten gemeinsamen Verwaltung der Stadt, den die Sowjets 1948 verließen, weil die Differenzen zwischen den einstigen Waffenbrüdern unüberbrückbar geworden waren. Zwar gab es trotz zweier politischer Ordnungen mit entgegengesetzter Propaganda, trotz doppelter Behörden und verschiedener Währungen in einer Stadt durchaus noch so etwas wie einen Gesamtberliner Alltag. Aber wie unter einem Brennglas zeichnete sich der Ost-West-Konflikt bis in den letzten Hinterhof der Stadt messerscharf ab, ging der Systemriss mitten durch Familien und zerstörte Lebensplanungen. Das Leben war nicht nur beschwerlich, sondern mitunter höchst gefährlich, denn leicht geriet man zwischen die Fronten des Kalten Krieges. Für die Geheimdienstler hingegen waren dies paradiesische Verhältnisse.

Als sich im Sommer 1945 die vier Siegermächte in Berlin ein-
richteten, waren ihre jeweiligen Geheimdienste dabei. Kurz
nach Kriegsende kam Allen Dulles, der von Bern aus den
Agenten Fritz Kolbe betreut hatte, um hier für kurze Zeit das
OSS-Büro zu leiten, bevor der Nachrichtendienst Ende September aufgelöst wurde, weil man ihn nicht mehr zu brauchen
glaubte. Berlin war damals die umfänglichste Ruinenlandschaft
im kriegszerstörten Deutschland und auch sonst ein jämmer-
licher Ort: Schutthaufen und Hausruinen überall, kaum Lebensmittel für die Bevölkerung, die Infrastruktur noch nicht
wiederhergestellt und die Stadt überschwemmt von Flüchtlingen aus dem deutschen Osten jenseits von Oder und Neiße.
Dulles nahm vermutlich gleich nach seiner Ankunft auf dem
Zentralflughafen in Tempelhof, den die Amerikaner bald darauf von den Sowjets übernahmen, die ehemalige Reichs-
hauptstadt in Augenschein: den berühmten Potsdamer Platz,
der als Trümmerwüste seine einstige Pracht kaum noch erahnen ließ. Die düster-imposante Hitler'sche Reichskanzlei, der
zerschossene Reichstag, der mäandernde Schwarzmarkt im
Tiergarten. Das ramponierte Brandenburger Tor und die einstige Prachtstraße Unter den Linden, deren Ruinen wie hohle,
kariöse Zähne wirkten. Berlin machte einen verheerenden
Eindruck, und auf den ersten Blick schien nicht viel mit der
Stadt anzufangen zu sein. Aber dieser Eindruck trog, denn bei
allem Elend ging das Leben in den Trümmern weiter, und die
Spionage sowieso. Während die USA und Großbritannien
ihre geheimdienstliche Zusammenarbeit aus dem Zweiten
Weltkrieg fortsetzten und ausbauten, nutzten die Franzosen
die Möglichkeiten, die ihre Präsenz in Berlin ihnen bot, eigen-
ständiger und in geringerem Umfang. Für alle aber galt, dass
recht bald die Geheimdienstarbeit viel weniger gegen Deutschland zielte als auf den neuen Gegner Sowjetunion. Als Dulles
in Berlin eintraf, war sein sowjetischer Geheimdienstkollege
längst da: Generaloberst Iwan Serow, ein Stalin-Intimus. Serow hatte gerade die ersten Internierungslager eingerichtet,
in die keineswegs nur Naziverbrecher eingesperrt wurden,

sondern auch Gegner einer politischen Ordnung nach sowjetischem Vorbild. Aus einem dieser Lager, Nr. 3 in Hohenschönhausen, wurde später das Untersuchungsgefängnis der DDR-Staatssicherheit, heute Gedenkstätte. Im sowjetischen Spionagestützpunkt Berlin-Karlshorst wuchs die Zahl der Mitarbeiter von zunächst sechs auf fast 100 – Karlshorst sollte die größte KGB-Vertretung außerhalb der Sowjetunion werden, mit rund 2200 Mitarbeitern 1953. Die Zahl der »freien Mitarbeiter« war auf allen Seiten schon bald unüberschaubar.

Denn die Stadt strotzte nur so vor Spionen. Laut Maxwell D. Taylor, US-Stadtkommandant der Jahre 1949 bis 1951, kannte zwar niemand die genaue Zahl der in Berlin operierenden Spionageringe, zweifellos aber gab es nirgendwo auf der Welt mehr Agenten pro Hektar als in der Viersektorenstadt. In nicht nur wegen ihrer ruinösen Unterbringung zweifelhaften Etablissements buhlten Amerikaner und Russen, Briten und Franzosen, Polen mit Ostdeutschen um Agenten, die sie verpflichten konnten. Darunter waren neben Deutschen und alliierten Militärangehörigen die »displaced persons«, kriegsbedingt versprengte und dann in Berlin gestrandete Staatenlose. Auf der Suche nach Verdienstmöglichkeiten und oft aus persönlicher Überzeugung oder privaten Gründen dienten sich viele den Siegermächten als Agenten an. Aber nicht jeder war sich bewusst, wie erbittert der Spionagekrieg geführt wurde, und viele bezahlten Mut, Überzeugung oder bloße Abenteuerlust mit dem Leben. Auf dem rauen Berliner Nachkriegspflaster war der Verschleiß an Personal erheblich, denn in einer zerbombten Stadt unter Besatzungsrecht, wo man in Ruinen noch auf Kriegsleichen stoßen konnte, galt ein Menschenleben nicht allzu viel – schon gar nicht das eines Spitzels. Spionageaktionen und Propagandascharmützel, Morde und Entführungen waren an der Tagesordnung – und insgesamt ging es deutlich weniger spaßig zu als in Billy Wilders Film.

Für Berlin hatten die Siegermächte eine gemeinsame Verwaltung vereinbart. Allerdings lag die Stadt mitten in der sowjetischen Besatzungszone und wurde so zu einem Sonderfall – umso schwieriger, je mehr sich die Waffenbrüder von eben entfremdeten. Denn mit dem herzlichen Einvernehmen der drei Hauptmächte der Anti-Hitler-Koalition hatte es schon bald nach dem Krieg ein Ende. Das gegenseitige Misstrauen war ohnehin nie ganz verschwunden, und sobald der gemeinsame Gegner besiegt war, trat es wieder in den Vordergrund. Da ein Krieg außer einer Vorgeschichte eine Kriegserklärung als eigentlichen Beginn hat, kann die Truman-Doktrin, die der US-Präsident am 12. März 1947 in einer Rede vor dem Kongress verkündete, als offizieller Start des Kalten Krieges gelten. Truman kündigte Unterstützung für alle Staaten gegen kommunistische Machtübernahmen an. Schon davor, aber erst recht danach wurden Stalin und sein Außenminister Molotow ideologisch-martialisch, sprachen vom unvermeidbaren Kampf gegen den kapitalistischen Westen und erklärten alles »Kosmopolitische« für suspekt und verwerflich. Die unmittelbare Antwort auf Truman war die Moskauer Theorie der zwei Lager, derzufolge der undemokratische und imperialistische Westen dem demokratischen und antiimperialistischen Osten gegenüberstand. Damit wurde die Grenze zwischen den Einflusssphären von USA und UdSSR zur Systemgrenze, die mitten durch Deutschland verlief und auf deren jeweiliger Seite die Besatzungsmächte auf eine politische Entwicklung in ihrem Sinn drängten. Berlin wurde zur »Frontstadt des Kalten Krieges« und zum alliierten Zankapfel. Einerseits war der Westteil ein Stachel im Fleisch Moskaus, das immer wieder versuchte, die Westalliierten von diesem Vorposten zu vertreiben. Andererseits konnten die Sowjets hier, wie Chruschtschow einmal in seiner derben Wortwahl äußerte, die Westmächte »an den Eiern packen«. Die Stadt verblieb bis 1990 unter Viermächtestatus, bis der verspätete Friedensvertrag für Deutschland, der 2+4-Vertrag zur deutschen Einheit, 1990 diesen Zustand beendete.

Was bedeutete der beginnende Kalte Krieg für die Geheimdienste? Zwar blieb er auf europäischem Boden ohne militärischen Schlagabtausch – aber dafür entbrannte ein Krieg der Spione. Gewissermaßen setzte Moskau seine massive Spionagetätigkeit aus der Zeit der Weimarer Republik im Westen fort, abermals mit einer Mischung aus revolutionärem Missionseifer, der Angst vor westlicher Aggression und Subversion sowie wirtschaftlichem Kalkül. Allerdings besaß die Sowjetunion nach 1945 einen entscheidenden Vorteil: Als nunmehrige Groß- und Siegermacht konnte sie mit dem Segen der Westmächte ihren Einflussbereich weit nach Westen ausdehnen und damit ihren Agenten die Arbeit erheblich erleichtern. Gleichzeitig setzte sie geheimdienstliche Methoden ein, um in ihrer Einflusssphäre abhängige Regime eigener Bauart zu installieren, und schuf in ihren Satellitenstaaten Geheimdienste nach eigenem Vorbild.

Während also die sowjetischen Spione ihren Auftrag längst hatten, mussten die westlichen Nachrichtendienste erst begreifen, was der Kalte Krieg bedeutete und in welcher Situation sie sich in Berlin befanden. Die USA hatten Spionage zu Friedenszeiten nicht einmal geplant, sondern sogar ihre Strukturen aufgelöst. Erst 1947, mit der Gründung der CIA, nahm Washington die neue Herausforderung an und der neue US-Geheimdienst entwickelte größtes Interesse an Berlin. Das lag nicht allein an der dort herrschenden besonderen politischen Situation, sondern ebenso an der Lage der Stadt und der Möglichkeit, von hier aus besonders effektiv Aufklärung über den Osten betreiben zu können.

Im Rückblick scheint auf der Hand zu liegen, dass im Kalten Krieg der Westen die Oberhand gewinnen musste, weil Demokratie und Kapitalismus attraktiver sind als Politbüro-Herrschaft und Planwirtschaft. Aber kurz nach 1945 war das noch nicht absehbar – mit Demokratie verbanden viele nichts Gutes und der wirtschaftliche Triumph des Westens war keineswegs eine ausgemachte Sache. Dagegen trat nur allmählich zutage, wie unerbittlich Moskau die Politik Mittel- und

Osteuropas bestimmen, wie rabiat man dort mit der Bevölkerung umgehen würde und dass der Wiederaufbau im sowjetisch kontrollierten Teil Europas noch beschwerlicher sein und länger dauern würde als weiter westlich. Selbst für die politische Führungsschicht in Ost und West galt, dass man ausgesprochen wenig voneinander wusste – das schuf Raum für Missverständnisse, die umso gefährlicher werden konnten, je heikler sich der Kalte Krieg entwickelte.

Da Misstrauen die Oberhand gewann und mangelndes Wissen der anderen Seite zum Problem wurde, kam den Geheimdiensten eine Schlüsselrolle zu. Das Zeitalter des Kalten Krieges wurde zum Zeitalter der Spione und Agenten, und nicht zufällig avancierte das Thema zum Lieblingssujet von Schriftstellern und Filmemachern – mit Berlin als bevorzugtem Schauplatz. Politiker wie Normalbürger trieb gleichermaßen die Angst um, vor ihrer Haustür könnte es jederzeit wieder losgehen. Die Gefahr eines Atomkrieges war keineswegs aus der Luft gegriffen, zumal seit die Sowjetunion ebenfalls Nuklearwaffen besaß. Bis zur Kubakrise Anfang der 1960er-Jahre war diese Gefahr immer wieder sehr konkret und auch danach nicht gebannt. Um dem Informationsdefizit über den sowjetischen Machtbereich abzuhelfen und einen atomaren Schlagabtausch zu verhindern, setzte Washington Spione auf die Sowjetunion an, die sich und ihre osteuropäischen Partner aber nach Kräften abschottete. Wenn heute über die wahren Verhältnisse in Nordkorea gerätselt wird, dann entspricht das durchaus der damaligen Not des Westens, sich ein Bild vom Ostblock zu machen. Die Unsicherheit der Amerikaner, welche Politik gegenüber den Sowjets angesichts deren unklarer Absichten richtig war, wich alsbald der Entschlossenheit, mit den Waffen von Spionage und Propaganda dagegenzuhalten. Nach dem Willen Moskaus sollte Berlin in Gänze Teil der DDR werden, wenn schon ein deutscher Gesamtstaat nach sowjetischen Vorstellungen Wunschbild blieb. Im Kreml war man also besonders daran interessiert, das Verhältnis der Westmächte in Bezug auf Berlin zu kennen, denn nach Überzeugung Stalins mussten sich die USA und Großbritannien früher oder später entzweien, weil das in der Natur imperialistischer Staatenbeziehungen lag. Dass London und Washington aber nicht nennenswert über der Berlin-Frage auseinanderdrifteten, zeigte eindrucksvoll die Luftbrücke, mit der die Westmächte 1948 auf die Blockade Westberlins durch die sowjetische Besatzungsmacht reagierten. Fast ein Jahr lang demonstrierten sie ihren Willen, Berlin nicht aufzugeben, versorgten in einer bis dahin beispiellosen Unternehmung über zwei Millionen Menschen aus Flugzeugen, die zu Spitzenzeiten im 90-Sekunden-Takt in den Westsektoren landeten. Dieser Kraftakt bedeutete zudem einen ungeheuren Imagegewinn der Westalliierten, die von den Westberlinern nun nicht mehr Besatzungs-, sondern Schutzmächte genannt wurden. Die erste Schlacht um die Herzen hatten damit die Briten und Amerikaner für sich entschieden. Die Sowjets dagegen hatten neben dem immensen Imageschaden in Ost und West einen massiven Fehlschlag ihrer Geheimdienstarbeit zu verbuchen. Generell wiesen ihre Einschätzungen der Pläne und Vorgänge auf der Gegenseite weiterhin Mängel auf, da die Berichte überwiegend mit ideologisch verstelltem Blick verfasst wurden, etwa wenn es um die Beziehungen der Westmächte untereinander oder wirtschaftliche Aspekte ging. Im Fall der Luftbrücke hatten die sowjetischen Geheimdienstler weder die Entschlossenheit insbesondere der Amerikaner richtig eingeschätzt noch deren Kapazitäten. Überdies nutzten die Amerikaner die Versorgung über die drei Luftkorridore für Aufklärungsflüge, bei denen das überflogene ostdeutsche Gebiet genauestens dokumentiert wurde – bis 1989 immer wieder auf den neuesten Stand gebracht.

Berlin-Blockade und Luftbrücke waren das Ergebnis der ersten größeren Konfrontation des Kalten Krieges. Die zweite folgte bald darauf weit weg von Europa und blieb nicht ohne Blutvergießen: Der Koreakrieg 1950 bis 1953 stellte dem Westen die Frage, ob die mit Stalin vereinbarte Nachkriegsordnung nunmehr zur Disposition stand – ob nun ein sowjetischer Angriff auf Westdeutschland in den Bereich des Möglichen rückte.

MASSENHAFTER MENSCHENRAUB

Als Reaktion verstärkten die USA ihre Geheimdienstpräsenz in Berlin. Bereits 1948 hatte die CIA eine Abteilung für politische Koordination gegründet, die für Propaganda, Unterstützung von Widerständlern, Wirtschaftskrieg und verdeckte Aktionen im Osten zuständig sein sollte. Ihre Berliner Dienststelle befand sich zunächst im Flughafen Tempelhof, getarnt als für die amerikanische Luftwaffe tätiges Zivilunternehmen. Sie unterstützte alle möglichen Gruppen, die im Osten antikommunistische Aktionen durchführten, seien es der Druck von Propagandaschriften, Flugblattabwürfe von Ballons aus oder die Fälschung von offiziellen Drucksachen. Auch Sabotage gehörte dazu. Unter den Gruppen, die der KGB und die DDR-Staatssicherheit beobachteten oder gleich unterwanderten, war auch eine Vereinigung sowjetischer Emigranten, die dem KGB ein besonderer Dorn im Auge war. Ihren Berliner Vorsitzenden entführten russische Agenten 1954, der Operationschef sollte gar ermordet werden, wurde aber rechtzeitig von einem Überläufer gewarnt.

Entführungen wurden zur brutalen Waffe im Berliner Propaganda- und Spionagekrieg – aber wie viele Fälle es wirklich gab, ist bis heute unklar, Schätzungen zufolge waren es mehrere Tausend. Allein die DDR-Staatssicherheit entführte rund 600 Menschen aus Westberlin, die häufig unter Drogen gesetzt und unbemerkt über die Sektorengrenze geschafft wurden. Andere wurden in den Osten gelockt oder kehrten von Besuchen bei Verwandten oder Freunden nicht mehr zurück. Was als vom Besatzungsrecht gedeckte und von den Westalliierten akzeptierte Jagd auf Nazis begonnen hatte, wurde bald zum Instrument der Politik der UdSSR, aber auch der gerade gegründeten DDR. Mal ging es um konkrete Tätigkeit für die

Westalliierten, mal um Abschreckung vor »Kollaboration mit den Imperialisten«, seltener um die Verfolgung von Naziverbrechern. Selbst Richter und Polizeifunktionäre waren vor solchen Aktionen nicht sicher. Ende 1947 wurde der Westberliner Journalist Dieter Friede unter einem Vorwand nach Ostberlin gelockt und dort unter Spionageverdacht verhaftet. Der Fall führte zu erheblicher Verstimmung zwischen Sowjets und Amerikanern, was neben zahlreichen weiteren Vorkommnissen den Weg zum endgültigen Zerwürfnis bildete. Was genau Friede widerfahren war, blieb ungeklärt, bis der Journalist 1955 mit den letzten deutschen Kriegsgefangenen aus einem russischen Straflager entlassen wurde und in den Westen zurückkehrte.

Der vielfache Menschenraub wirkte umso abschreckender, als die Westberliner Polizei und die Behörden der Schutzmächte dem wenig entgegenzusetzen hatten. Der alliierte Status verlangte Vorsicht, aber in vielen Fällen war das Interesse ohnehin gering, die Fälle publik werden zu lassen. Wenn es um westliche Spionage ging, wurden die Entführten rasch zu Bauernopfern, die ausbaden mussten, dass die Westmächte die Angelegenheit nicht an die große Glocke hängen wollten. Die Bevölkerung war aber auch so sensibilisiert, denn Geschichten von Entführungen waren stets Stadtgespräch und die US-Behörden warnten immerhin eindringlich davor. Wer sich damals in Westberlin im Visier des Ostens befand, musste um seine Gefährdung wissen und sich entsprechend vorsichtig verhalten.

Ziemlich perfide verhielt sich ein ehemaliger Mitarbeiter der deutschen Abwehr, der nach Kriegsende von den Sowjets festgenommen, aber schon Monate später wieder freigelassen wurde. Hans Kemritz hatte sich zur Zusammenarbeit bereit erklärt und eröffnete bald darauf eine Rechtsanwaltskanzlei im sowjetischen Sektor, nur einen kurzen Fußweg vom Brandenburger Tor entfernt, das damals noch Grenzübergang war. Für seine Auftraggeber nahm er zu früheren Abwehrkollegen Kontakt auf und lockte sie mit der Aussicht auf Arbeit in seine

Kanzlei, wo schon der KGB wartete. Die meisten der Entführten kehrten nie mehr zurück, viele kamen im späteren Stasi-Gefängnis Hohenschönhausen um. Manchmal erhielten die Angehörigen später eine Mitteilung, der Betreffende sei in der Haft verstorben. Wie viele Entführungen auf Kemritz' Konto gehen, wurde nie geklärt. An einem Abend im Herbst 1946 verließ der Lockvogel seine Kanzlei wie sonst und fuhr in seine Westberliner Villa, kehrte aber nicht mehr in den Ostteil der Stadt zurück. Längst war er einen Deal mit den Amerikanern eingegangen, die ihn jetzt nach Westdeutschland ausflogen, weil Kemritz von den Sowjets verhaftet zu werden drohte. Dort konnte sich der Menschenschlepper, zunächst weitgehend unbehelligt, eine respektable Existenz als Rechtsanwalt aufbauen, bis er über seine Vergangenheit stolperte. Die Witwe eines Entführten war auf seine Spur bekommen und hatte Anzeige erstattet. Aber auch dann hielt die CIA weiter zu Kemritz, behinderte die Arbeit der bundesdeutschen Justiz und ließ ihren Schützling 1952 in die USA ausreisen, was Bundeskanzler Adenauer aufs Äußerste erboste – schon weil die Amerikaner damit die Souveränität der Bundesrepublik offen infrage stellten. Washington war die Sache den Ärger mit dem Verbündeten wert – warum genau, ist allerdings unklar. In jedem Fall fürchtete man, was in einem Prozess ans Tageslicht kommen könnte – möglicherweise hatte Kemritz mit der US-Spionage in Sachen sowjetischer Atomrüstung zu tun. In jedem Fall verhängten die USA strengste Geheimhaltung und riskierten mitten im Prozess der westdeutschen Wiederbewaffnung das gute Verhältnis zu Bonn. Die Öffentlichkeit war entrüstet – was waren die freiheitlichen Grundsätze des Verbündeten denn wert, wenn ein solcher Skandal möglich war?

Zu besonderer Popularität gelangte ein Entführungsfall aus dem Jahr 1952, der ebenso gut aus einem zweitklassigen Agentenfilm stammen könnte, aber aus den Akten des Ministeriums für Staatssicherheit (MfS) rekonstruiert werden konnte. Zielperson war der Jurist Walter Linse, Mitarbeiter des stramm antikommunistischen »Untersuchungsausschuss freiheitlicher Juristen« (UfJ). Der lieferte juristische Unterstützung für in Bedrängnis geratene Ostdeutsche und eiferte publizistisch gegen die DDR, wo er entsprechend verhasst war – dort prangerte man den UfJ als US-gesteuertes Agentennetzwerk an, das Zersetzungsarbeit gegen den Osten betreibe. Das traf durchaus zu, denn der UfJ war zwar eine Menschenrechtsorganisation, positionierte sich aber im Kalten Krieg klar gegen den Kommunismus und wurde von der CIA massiv unterstützt. Unter den damaligen Bedingungen konnte er seine Arbeit nur mit weitgehend konspirativen Mitteln tun.

Trotz aller Gefährdung aufgrund seiner Tätigkeit war Walter Linse offenbar nicht misstrauisch genug: Am frühen Morgen des 8. Juli auf dem Weg von seiner Wohnung im gutbürgerlichen Lichterfelde zum S-Bahnhof baten ihn zwei Männer um Feuer. Als er in seiner Tasche kramte, wurden die beiden sofort brutal und zwangen ihn in einen Opel Kapitän, der mit laufendem Motor bereitstand. Mehrere Passanten begriffen die Situation sofort und versuchten einzugreifen, und in einer dramatischen Aktion bemühte sich der Fahrer eines VW-Busses, den Opel zu rammen – vergebens. Die insgesamt vier Entführer verschafften sich durch Schüsse Distanz und konnten mitsamt ihrem Opfer fliehen. Um Linse ruhigzustellen, der sich auf dem Rücksitz des Wagens heftig wehrte, schoss ihm einer der Männer in die Wade, während der Wagen mit hoher Geschwindigkeit zum nächstgelegenen Grenzübergang fuhr. Von dort wurde Linse ins Stasi-Gefängnis Hohenschönhausen gebracht und Anfang Dezember den Sowjets übergeben. Im Westen erhielt der Fall größte Aufmerksamkeit; nicht nur die Berichterstattung in den Medien war umfassend, auch die öffentliche Entrüstung. Zu einer Kundgebung vor dem Schöneberger Rathaus zwei Tage nach der Entführung kamen Zehntausende. Die DDR und die sowjetische Militärverwaltung zeigten sich davon gänzlich unbeeindruckt und leugneten jede Beteiligung. Linse wurde später nach Moskau überstellt, zu einem umfangreichen Geständnis gezwungen, dann zum

Tode verurteilt und am 15. Dezember 1953 erschossen. Seine Familie erhielt erst 1960 die Mitteilung seines Todes.

Die Alltagsgewohnheiten der Zielperson Linse hatte eine UfJ-Sekretärin, Agentin im Dienst des Ministeriums für Staatssicherheit, nach Ostberlin gemeldet. Für das Tatauto hatte man die Nummernschilder eines Westberliner Taxis organisiert: Ein Stasi-Mann hatte sich vom Bahnhof Zoo in den Osten fahren lassen, wo der Wagen unter dem Verdacht des Schmuggels durchsucht wurde. Der arglose und völlig unbeteiligte Fahrer wurde der Volkspolizei übergeben und bis nach der Entführung festgehalten, um die Nummernschilder seines Taxis für das Tatfahrzeug verwenden zu können. Die Entführer waren von der Ostberliner Staatssicherheit eigens für diesen Auftrag verpflichtet worden und hatten eine kriminelle Vergangenheit. Das war in solchen Fällen übliche Praxis und sollte bei Komplikationen vom eigentlichen Auftraggeber ablenken. Die Männer waren ein Seemann, ein verkrachter Soldat sowie ein Hobby- und ein Berufsboxer, allesamt mit langem Vorstrafenregister. Nach der Operation brachte man sie mitsamt Familien auf die Ostseeinsel Usedom, außer Geld erhielten sie eine neue Existenz, machten aber den Geheimdienstlern noch einige Scherereien.

SPRICHWÖRTLICHE WÜHLARBEIT DER CIA

Der Koreakrieg hatte den Westen eiskalt erwischt und die Defizite im Wissen um die gegnerischen Absichten unhaltbar werden lassen. Zu dieser Geheimdienstblamage gesellte sich die über die sowjetische Atomrüstung, denn Moskau verfügte viel früher über die Bombe, als erwartet worden war. Es lag auf der Hand: In dieser Zeit vor den U2-Aufklärungsflügen über Osteuropa und vor der Satellitenfotografie wusste der Westen viel zu wenig über den Gegner, um die Gefahr aus dem Osten einschätzen zu können. Dieser Wissensmangel konnte in Europa durchaus einen Krieg heraufbeschwören, und nur Geheimdienstarbeit konnte wirklich zur Verringerung dieses Risikos beitragen. Der meistversprechende Weg, aus Puzzleteilen ein belastbares Bild über die Vorgänge hinter dem Eisernen Vorhang herzustellen, war ein groß angelegter Lauschangriff auf Kommunikationsstrukturen der anderen Seite.

Allerdings waren die Sowjets in Ostdeutschland schon 1948 von Funk- auf landgestützte Kommunikation umgestiegen und schirmten ihre Überlandleitungen gut ab. Blieben die Erdkabel. Um diese Möglichkeit auszubeuten, wurde Berlin Mitte der Fünfziger Schauplatz einer der spektakulärsten Geheimdienstaktionen. Unter dem Namen »Operation Gold« wurde die CIA-Aktion »PB Jointly« im Verband mit dem britischen Secret Intelligence Service (SIS) berühmt, ein interner Spitzname lautete »Harvey's Hole«. William Harvey kam 1952 nach Berlin, um nach dem Vorbild ähnlicher Operationen in der zweiten Viersektorenstadt Wien einen Abhörtunnel graben zu lassen. Wie aufwendig derartige Operationen in jeder Hinsicht sind, lässt sich am Berliner Spionagetunnel anschaulich nachvollziehen – nicht nur wegen der Kosten von mindestens sechs Millionen Dollar und dem Einsatz von rund 600 Geheimdienstlern allein für die Auswertung, sondern auch wegen des enormen Vorlaufs von mehreren Jahren.

Zunächst musste lokalisiert werden, ob und wo es überhaupt möglich war, ergiebige Ostberliner Leitungen anzuzapfen, und dafür wurde ein umfängliches Agentennetz aufgebaut. Über ihre Westberliner Kollegen wurden Mitarbeiter der Post in Ostberlin angeworben und sollten Informationen zu den Kabelsträngen liefern, die sensible sowjetische Kommunikation übermittelten. Später kamen Mitarbeiter des DDR-Ministeriums für Post- und Fernmeldewesen sowie von diversen Fernmeldeämtern hinzu. Zwei Orte boten sich an, weil dort solche Kabel nahe der Sektorengrenze verliefen: nicht weit vom Potsdamer Platz im Zentrum sowie im Südosten zwischen Rudow im amerikanischen Sektor und dem Ostberliner Altglienicke. Harvey und sein Team entschieden sich für den Außenbezirk, auch weil eine Testaufzeichnung der dortigen Leitungen durch einen Ostberliner Agenten im Januar 1953 ergeben hatte, dass der Aufwand lohnte.

Sodann folgten eingehende Planung sowie im Herbst 1953 organisatorische und logistische Absprachen mit den Briten. Während die USA die Operation finanzierten, sollte der englische Geheimdienst sein technisches Abhör-Know-how einbringen. Auch die Auswertung wurde aufgeteilt: Für Telefonate sollte England, für Fernschreiben die USA zuständig sein. Von Anfang an galt für das Projekt strengste Geheimhaltung, nur ein kleiner Kreis in den beiden Nachrichtendiensten wurde eingeweiht.

Im darauffolgenden Frühjahr pachtete die CIA von einem Westberliner Privatmann ein Grundstück, das an die Grenze zwischen amerikanischem und sowjetischem Sektor grenzte. Darauf wurden drei Gebäude errichtet, deren größtes einen riesigen Keller erhielt – was den Westberliner Bauarbeitern doch recht komisch vorkam. Dort setzten im Herbst 1954 US-Soldaten, die zuvor in New Mexico an einer Attrappe geübt hatten, ihre Spaten an und gruben los: zunächst einen Zugangsschacht und dann, in gut fünf Metern Tiefe, einen Tunnel von knapp zwei Metern Durchmesser. In Berlin fast unvermeidlich, kam den Arbeitern jedoch das hochstehende Grundwasser in die Quere, sodass der Tunnel schließlich weniger tief gegraben wurde. Pro Tag ging es fünf Meter voran. Die einen halben Kilometer lange Röhre reichte schließlich zu zwei Dritteln unter Ostberliner Gebiet entlang einer Friedhofsmauer bis zur Schönefelder Chaussee, einer Ostberliner Ausfallstraße. Dort verliefen in 70 Zentimeter Tiefe die Fernkabel. Ende Februar 1955 waren 300 Tonnen Erde ausgehoben und der Tunnel fertiggestellt, Ende März die technischen Einrichtungen komplett, nur der vertikale Schacht zum Kabel fehlte noch. Da die Vorkriegsleitungen nicht im besten Zustand waren, war dies ein heikler Punkt, ganz abgesehen von der wachsenden Gefahr, entdeckt zu werden, je näher man der Oberfläche kam. Weil die Briten, die diesen Teil der Aktion übernahmen, kein Risiko eingehen wollten, hatten sie in England und, wegen des örtlichen Untergrundes, in Westberlin Probeschächte gegraben. Die Vorsicht gebot außerdem, langsam vorzugehen, weshalb dieser Teil der Arbeit noch einmal drei Wochen in Anspruch nahm. Am Ende durfte man sich gratulieren: Zwischen Mitte Mai und Anfang August konnten drei Fernkabel erfolgreich angezapft werden, im Ganzen fast 200 Telefon- und 90 Telegrafenleitungen umfassend, die sowohl öffentliche als auch Gespräche und Fernschreiben der sowjetischen Einrichtungen übermittelten. Im Vorverstärkerraum vor dem Endschacht, wo die Signale der Leitungen verstärkt wurden, standen 200 Tonbandgeräte zur Aufzeichnung bereit.

Der Berliner Spionagetunnel arbeitete zwar nur ein knappes Jahr, bis die Sowjets dem großen Lauschangriff ein Ende bereiteten, aber sein Ertrag war trotzdem beachtlich und die Auswertung dauerte ein Vielfaches länger. Insgesamt zeichneten die Tonbänder fast eine halbe Million Gespräche auf, der Löwenanteil in russischer Sprache, hinzu kamen pro Tag 300 Meter Fernschreiben. Die Fülle der Informationen verbesserte die Kenntnis der Westmächte enorm: über Rüstungsfortschritte des Warschauer Paktes sowie den inneren Aufbau der Truppen und die Lage militärischer Stützpunkte, über Details zum sowjetischen Atomprogramm, Moskaus Überlegungen und Absichten im Umgang mit dem Westen, aber auch zum Verhältnis der DDR zum großen Bruder Sowjetunion inklusive der Differenzen über den Umgang mit Westberlin sowie über innerrussische Konflikte als Nachwehen von Stalins Tod 1953. Wie ein Puzzle ergab die richtige Zusammenschau der Ergebnisse ein vielfältiges Bild der anderen Seite, das die Westmächte so dringend brauchten. Hinzu kamen Informationen über die sowjetischen Bemühungen, durch Agenten westlich des Eisernen Vorhangs gegnerische Spione in der eigenen Einflusssphäre enttarnen zu können – und auch die Information über ein angezapftes Telefonkabel der Amerikaner, das daraufhin außer Dienst gestellt wurde.

Aber wie kamen die Sowjets der Geheimdienstaktion auf

die Schliche? Die Amerikaner verwendeten natürlich eine Menge Aufwand darauf, die östlichen Kollegen nicht misstrauisch werden zu lassen – zumal die Operation nahe der Sektorengrenze und damit unter den Augen des Gegners ablief. Das Objekt wurde als Radarstation zur Überwachung des nahen Flughafens Schönefeld ausgegeben. Um kein Misstrauen zu erwecken, wenn die Tunnelgräber in erdverschmierter Kleidung das Gelände verließen, wusch und trocknete man ihre Sachen vor Ort. Der Tunnel selbst wurde mit Plastiksprengstoff vermint, um ihn im Notfall von oben unbemerkt zerstören zu können. Doch auf die Spur des Tunnelbaus kam der KGB nicht durch Vor-Ort-Aufklärung, sondern in London, wo auf dem Oberdeck eines Omnibusses bereits Mitte Januar 1954 eine Protokollmitschrift der Absprachen zwischen CIA und SIS den Besitzer wechselte: Der hochrangige SIS-Mitarbeiter und KGB-Agent George Blake übergab es seinem sowjetischen Führungsoffizier Sergej Kondraschow. Blake war einer der wenigen, die in das Projekt eingeweiht worden waren. Der KGB wusste also von der CIA-Operation, noch bevor der erste Spatenstich ausgeführt worden war – nicht einmal das Gelände in Grenznähe stand dem CIA damals bereits zur Verfügung. Blake war einer der wichtigsten KGB-Spione und hatte sich Moskau angedient, nachdem er im Koreakrieg in Gefangenschaft geraten war. Der gebürtige Niederländer sephardischer Abstammung sympathisierte mit dem Kommunismus. Als besonders wertvoll für den KGB – nach eigenen Angaben enttarnte er 400 Westagenten in Osteuropa – war sein Schutz von erheblicher Bedeutung, zumal er bald darauf für den SIS nach Berlin wechselte. Weil der Kreis der Eingeweihten so klein war, bestand große Gefahr, Blake könne enttarnt werden, wenn die Sowjets den Tunnel auffliegen ließen. Schon wegen des großen Aufwands und der zweifelhaften Erfolgsaussichten verzichtete man außerdem darauf, die Abhöraktion der Westalliierten gezielt zur Desinformation zu nutzen. Allerdings prüfte man eingehend, welche Art Informationen Briten und Amerikaner auf diesem Weg eigentlich erlangen konnten, und verschärfte die Sicherheitsbestimmungen. Aber erst als sich die Gelegenheit bot, wie zufällig auf das Anzapfen Ostberliner Telefonkabel zu stoßen, machten die Sowjets der Sache ein Ende.

Im Frühjahr 1956 erhielten die Sowjets einen Grund, die Abhörinstallationen auffliegen zu lassen, denn starker Regen hatte zu Ausfällen in den Leitungen geführt. Für die Amerikaner sah daher alles nach einer Zufallsentdeckung aus, als sie von Westberliner Seite per Fernglas an der trist-grauen Straßenkreuzung einen sowjetischen Fernmeldetrupp bei der Arbeit beobachteten. Damit war es zwar vorbei mit der Abhöraktion, aber sie nahmen an, die Sowjets würden die Abhörkabel ohne großes Aufheben kappen, um sich nicht zu blamieren. Doch was folgte, war ein propagandistischer Schachzug der Russen. Chruschtschow höchstpersönlich hatte entschieden, die Angelegenheit publik zu machen, um die Amerikaner bloßzustellen – der englische Beitrag sollte hingegen nicht thematisiert werden, weil der Staatschef der UdSSR gerade auf Staatsbesuch in London weilte. Am 24. April 1956 hielten die Sowjets in ihrem Berliner Hauptquartier eine Pressekonferenz ab und fuhren die internationalen Medienvertreter anschließend mit Bussen nach Altglienicke. Wie die *Berliner Zeitung* vermerkte, zeigten sie sich »außerordentlich beeindruckt vom verbrecherischen Raffinement dieser Anlage«. Die DDR-Zeitungen berichteten wie die internationalen Medien in den kommenden Tagen ausführlich darüber und konnten sich auf eine umfassende Öffentlichkeitsarbeit der sowjetischen Behörden stützen. In seltener Offenheit des Ostens wurde bis zum Herbst der Tunnel sogar für Besucher zugänglich gemacht, damit sie sich von der perfiden Wühltätigkeit der amerikanischen Imperialisten selbst ein Bild machen konnten. Zehntausende kamen der Aufforderung nach und waren vermutlich mal ehrlich entrüstet, mal still befriedigt über die Operation der CIA. Die Amerikaner dagegen äußerten sich gar nicht zu dem Vorfall, waren intern aber durchaus zufrieden, weil die Westmedien der spektakulären Aktion große Anerkennung zollten. Der Tunnel geriet später in Vergessenheit, bis er Ende der 1990er-Jahre ausgegraben wurde. Seither kann er im Berliner Alliiertenmuseum inspiziert werden.

AGENTENRESERVOIR FLÜCHTLINGSSTROM

Bei den Vorarbeiten für den Spionagetunnel wurde auf eine Gruppe zurückgegriffen, die zu dieser Zeit in großer Zahl nach Westberlin kam: Flüchtlinge aus dem Ostteil der Stadt. Seit 1953 wurden sie nach ihrer Ankunft im Westen zunächst im Notaufnahmelager Marienfelde untergebracht und nun umfassend von Geheimdienstmitarbeitern der drei Westmächte befragt, ob sie für das Projekt relevantes Wissen besaßen oder nützliche Kontakte etwa zu Mitarbeitern der DDR-Post oder Fernmeldeämter. Alle Geheimdienste profitierten vom erzwungenen Migrationsdruck, den der Zweite Weltkrieg und seine Nachwehen in Mittel- und Osteuropa ausgelöst hatten; ob deutsche Kriegsgefangene in sowjetischen Lagern oder Flüchtlinge, die in Westdeutschland Aufnahme fanden, sie alle ließen sich vortrefflich zur Informationsgewinnung nutzen.

Bis zum Mauerbau kamen nach Westberlin rund 2,7 Millionen Flüchtlinge aus SBZ und DDR, die nicht nur eingehend befragt wurden, um mehr über die dortigen Lebensverhältnisse, das Verhalten der Besatzungsbehörden und das Verhältnis der Bevölkerung zu ihnen, aber auch militärische Aspekte zu erfahren. Von besonders großem Interesse für die Westmächte waren Informationen über die Rote Armee. Wer dazu bereit war, wurde als Agent zurückgeschickt, um im konkreten Auftrag tätig zu werden. Andere halfen bei der Kontaktaufnahme zu Verwandten oder Bekannten im Osten, die die westlichen Geheimdienste dann anzuwerben versuchten. Üblicherweise wurden mögliche Kandidaten zu einem vorgeblich privaten Treffen mit dem Geflohenen nach Westberlin eingeladen. Der Einladungsbrief wurde allerdings von Kurieren im Osten eingeworfen, um die DDR-Behörden nicht auf eine Spur zu setzen. Umgekehrt war es angesichts der anhaltenden Flüchtlingswelle für die östlichen Geheimdienste ein Leichtes, Agenten im Westen einzuschleusen – wie in ganz Berlin trafen Spionage und Gegenspionage im Aufnahmelager unmittelbar aufeinander. Außer umfassender Befragungen von sowjetischen Deserteuren, die sich häufig als KGB-Agenten entpuppten, wurden auch ostdeutsche Frauen gezielt auf Rotarmisten angesetzt, die im Osten stationiert waren und nach Westberlin gelockt werden sollten. Die Abwehr solcher Versuche ist einer der Gründe, warum die viel beschworene »Deutsch-Sowjetische Freundschaft«, nach der so viele Straßen benannt wurden, sich tatsächlich auf rituelle und kontrollierte Treffen beschränkte. Davon abgesehen schärfte man den sowjetischen Soldaten ein, sich von Deutschen fernzuhalten.

Das Aufnahmelager war daher ein Objekt ersten Ranges für das MfS, das dort einen Agenten platzierte: den Juristen Götz Schlicht, Deckname Dr. Lutter. Schlicht war in Potsdam für den »Untersuchungsausschuss freiheitlicher Juristen« (UfJ) tätig gewesen, bis 1952 die ostdeutschen Behörden auf ihn aufmerksam wurden. Er wurde zu zehn Jahren Zuchthaus verurteilt, aber noch in der Haft als Mitarbeiter der Stasi angeworben und 1957 vorzeitig entlassen. Sogleich siedelte er mit seiner Familie nach Westberlin über und beriet seither unter anderem Flüchtlinge in Marienfelde. An die Stasi gab er allerlei Interessantes weiter: was die westlichen Geheimdienste von den Flüchtlingen hatten wissen wollen, ob sie von Fluchtwilligen im Osten wussten und anderes mehr. Auf seine Berichte hin landeten viele, die ihre Flucht planten, auf lange Jahre im Gefängnis. Seine Spitzeltätigkeit führte Schlicht buchstäblich bis zur letzten Sekunde fort: Noch einen Tag vor dem Mauerfall 1989 gab »Dr. Lutter« seine Erkenntnisse weiter und flog auch nach Ende der DDR noch lange Zeit nicht auf. Daher konnte er sich – wenn auch nicht öffentlich – nebeneinander Ost- und Westorden anheften, darunter den

DDR-»Kampforden für Verdienste um Volk und Vaterland« in Gold 1988 und das Bundesverdienstkreuz Erster Klasse 1991.

Für die leitenden Genossen vermischten sich Spionagehysterie und ideologische Überzeugungen vom aggressiven Westen mit der Nutzbarkeit der Spionage für propagandistische Zwecke. Hinzu kam in den frühen 1950er-Jahren der Eindruck der stalinistischen Schauprozesse, die in vielen Ostblockländern abgehalten wurden. Ostberlin schoss sich ein auf die Sabotage und »Wühlarbeit« von antikommunistischen Vereinigungen im Westen, allen voran der UfJ und der »Kampfgruppe gegen Unmenschlichkeit«, die 1948 gegründet wurde und sich seit 1950 spürbar radikalisierte. Es blieb nun nicht mehr bei Flugblattaktionen per Luftballon oder der Sammlung von Informationen durch Agenten im Osten. Nun richteten sich Sabotageakte gegen die ostdeutsche Wirtschaft und Infrastruktur, aber auch gegen Einrichtungen der SED. Während der Bundesregierung die radikalen Methoden nicht geheuer waren, unterstützte die CIA diese Gruppen weiterhin unter der Hand.

Als im Juni 1953 in Ostberlin und bald der ganzen DDR das Volk auf spontanen Demonstrationen gegen die SED-Regierung aufbegehrte, wurde der Aufstand von sowjetischen Panzern gewaltsam beendet, noch bevor eine landesweite Revolution daraus werden konnte. Die Interpretationslinien in Ost und West waren absehbar: Während die Bundesrepublik und die Westmächte den Aufstand bejubelten und propagandistisch nutzten, witterte die DDR-Regierung hinter »Konterrevolution« und »faschistischem Putschversuch« den Westen als Drahtzieher. Das SED-Zentralorgan *Neues Deutschland* titelte am 18. Juni: »Zusammenbruch des Abenteuers ausländischer Agenten in Berlin« und sprach von den »Verbrechen westberliner Provokateure«.

Es waren aber nunmehr weniger die radikalen Antikommunisten, die sich wüsten Beschimpfungen ausgesetzt sahen, als vergleichsweise gemäßigte Exponenten im Berliner Ost-West-Kampf: das Ostbüro der West-SPD, die nach der Zwangsverschmelzung von Ost-SPD und KPD zur SED weiter Flagge zeigen wollte, sowie der Radiosender RIAS (Rundfunk im Amerikanischen Sektor). Das SPD-Ostbüro war zwar in der Tat überaus aktiv und arbeitete zu weiten Teilen konspirativ an der Beschaffung von Informationen aus dem Osten und der Verbreitung von Flugblättern dort; trotzdem erfolgte der Aufstand des 17. Juni für die Genossen aus heiterem Himmel. Ebenso wenig steckte der RIAS hinter den Unruhen, die allein in der grassierenden Unzufriedenheit der Menschen mit sich verschlechternden Lebensbedingungen und ihrem Mut, Veränderungen einzufordern, gründeten. Allerdings versuchten sowohl die SPD als auch der RIAS, die Ereignisse, nachdem der Zorn losgebrochen war, unterstützend zu begleiten. Aus Sicht der SED aber war die Berichterstattung des RIAS über die um sich greifende Unzufriedenheit in den Ostbetrieben Beweis genug für dessen tragende Rolle, auch wenn der Sender zu keinem Zeitpunkt Streikaufrufe ausstrahlte. Ein spontaner Aufstand, noch dazu ausgehend ausgerechnet von Berliner Arbeitern, wollte in die ideologische Sichtweise der Partei so gar nicht passen.

Der RIAS wurde als Sender der US-Besatzungsmacht bereits 1946 gegründet und mauserte sich rasch zu einem der beliebtesten Radiosender im Osten – den man allerdings lange Zeit nur heimlich hörte. Mochte er auch nicht verboten sein, war er doch verfemt und wurde auf Propagandaplakaten als »Rundfunk Im Ami-Sold« bezeichnet. Zur alltäglichen Konspiration gehörte etwa, den Sender nicht in Anwesenheit kleiner Kinder anzuschalten, damit die in Schule oder Kindergarten nichts unabsichtlich ausplaudern konnten. Pathetisch verkündete er zu jeder vollen Stunde: »Hier ist RIAS Berlin – eine freie Stimme in einer freien Welt« und setzte ansonsten auf Information und westliche Unterhaltung, was im Osten sehr gut ankam. Für die Menschen auf der anderen Seite des Eisernen Vorhangs bot der RIAS wie andere Westmedien die Möglichkeit, dem Westen ein wenig näher zu rücken, von seiner Lebensart wenigstens passiv zu zehren und ein Gegengewicht zur einseitigen Berichterstattung der DDR-Medien zu haben. Den RIAS als Staatsfeind anzusehen und mit Störsendern zu plagen, war also nicht grundlos – zumal der US-finanzierte, deutschsprachige Sender in der Tat mit den amerikanischen Geheimdiensten zusammenarbeitete, insgeheim Botschaften an Westagenten im Osten sendete und nach dem Mauerbau von Lautsprecherwagen aus die DDR-Grenztruppen beschallte.

Revolutionen neigen dazu, Geheimdienste zu überraschen, und so war es auch im Fall des Aufstands vom 17. Juni. Die Spione der DDR-Staatssicherheit hatten Warnhinweise einfach nicht wahrgenommen. Über diese Blamage musste Geheimdienstchef Wilhelm Zaisser Selbstkritik üben und seinen Hut nehmen. Das Politbüro befand: »Die Juni-Ereignisse in der DDR deckten große Mängel in der Arbeit der Organe der Staatssicherheit auf. Trotz der vorhandenen großen Anzahl operativer Mitarbeiter erwiesen sich die Organe des MfS der DDR nicht fähig, die Vorbereitung des faschistischen Putsches in Berlin und anderen Städten und Industriezentren der DDR aufzudecken, sie gaben nicht ein einziges Signal über die Vorbereitung der Provokationen.« Die neue Führung der Staatssicherheit wurde aufgefordert, die Hintermänner dingfest zu machen, was ihr trotz aller Bemühungen nicht gelang, weil es diese Hintermänner gar nicht gab. Der unerhörte Vorfall, der die DDR ohne Eingreifen des sowjetischen Bruders die Existenz hätte kosten können, spukte durch die Gedankenwelt ihrer Oberen bis zu ihrem Ende 1989 – noch da fragte der greise MfS-Chef Erich Mielke angstvoll, ob angesichts der Demonstrationen etwa »ein neuer 17. Juni« bevorstehe. Wie festgelegt auch die DDR-Geheimdienste auf die ideologische Sicht der Dinge blieben, zeigt ein Stasi-Lehrbuchauszug aus dem Jahr 1980: »Der Putsch war von langer Hand durch den imperialistischen Machtapparat vorbereitet, durch die imperialistischen Geheimdienste und ihre Agenturen organisiert, von außen gelenkt und mit eindeutig faschistischen Methoden und konterrevolutionären Zielen durchgeführt worden.«

Mit dem vorzeitigen Aus für den spektakulären Spionage-tunnel beendeten Amerikaner und Briten ihre Abhörtätigkeit keineswegs. Noch heute kann man in Berlin die Reste einer US-Abhöranlage in Augenschein nehmen: auf einem Berliner Trümmerberg, der über der Bauruine der Wehrtechnischen Hochschule der Nazis zusammengekarrt wurde. Das Interesse am Objekt lag auf der Hand, denn der Teufelsberg war mit 115 Metern die höchste Erhebung Westberlins. Die Einrich-tungen auf ihm nutzten außer dem US-Geheimdienst NSA auch die Briten sowie die bundesdeutsche Luftwaffe – für den Fall eines Angriffs des Warschauer Pakts auf Westberlin war geplant, die sensiblen Gerätschaften in Windeseile zu ver-nichten, damit sie nicht dem Gegner in die Hände fielen. We-gen seiner markanten Silhouette mit den fünf großen weißen Radarkuppeln war der Teufelsberg die bekannteste Abhör-station. Im vornehmlich flachen Berlin wurden für ähnliche Zwecke auch andere Erhebungen genutzt, von den Berlinern unverdrossen als Berge bezeichnet, außerdem der Flughafen Tempelhof. Ausgewertet wurden die Informationen, deren Gehalt weiterhin der Geheimhaltung unterliegt, von der NSA-Zentrale Fort Meade in Maryland.

Auf dem Teufelsberg arbeiteten einst 1500 Menschen rund um die Uhr und hörten die Telefonleitungen der Staats- und Parteispitze ab, außerdem Funksprüche und Telefongespräche der Staatssicherheit und der DDR-Luftwaffe sowie über Radar die sowjetischen Streitkräfte oder die polnische Volksarmee. Von hier aus hätte die NATO im Kriegsfall die Waffensysteme des Warschauer Paktes manipuliert – was allerdings 1986 ein Spion an den Osten ausplauderte. Natürlich versuchten die östlichen Nachrichtendienste, eigene Agenten dort zu plat-zieren.

So mancher Mitarbeiter der Westalliierten bot sich dafür freiwillig an: 1968 hinterließ Geoffrey Prime, Abhörexperte der britischen Luftwaffe, an einem sowjetischen Kontrollpos-ten einfach einen Zettel mit der Bitte um Kontaktaufnahme. Prime arbeitete damals für die Royal Air Force in Berlin und konnte auch einiges über die Abhörstation auf dem Teufelsberg berichten. Die Antwort war eine Einladung zum Gespräch in Ostberlin, mit einem kleinen Magneten an Primes Auto befestigt. Er wurde beim KGB in Berlin-Karlshorst ausgebildet und bewarb sich später, in Absprache mit seinem sowjetischen Führungsoffizier, beim britischen Geheimdienst GCHQ. Fast neun Jahre lang arbeitete er für die Sowjets und wurde einer ihrer wichtigsten Agenten der 1970er-Jahre, bis er – nachdem er den Spionagedienst quittiert hatte – 1982 wegen Pädophilie angeklagt, von seiner Frau als Spion enttarnt und zu einer langen Haftstrafe verurteilt wurde.

Während Prime in London vor Gericht stand, bot sich in Berlin ein 25-jähriger US-Amerikaner den Russen an – der Soldat James Hall warf seine Bewerbung einfach beim sowjetischen Konsulat in den Briefkasten. Für den KGB war er interessant, weil er auf dem Teufelsberg arbeitete. Er fotografierte und kopierte Unterlagen in großen Mengen und deponierte sie in einem parkenden Auto, das als toter Briefkasten diente. Hall ging es nicht um Ideologie oder Weltfrieden, sondern ums Geld, weswegen er außer für die Russen auch für die DDR-Stasi arbeitete und daher alle Dokumente zweimal kopierte. Diesen Kontakt hatte ein türkischstämmiger Autoschlosser hergestellt, der mit brisanten Dokumenten makelte. Hall arbeitete später im US-Hauptquartier in Frankfurt/Main und lieferte im Ganzen über 10 000 Dokumente, darunter die Unterlagen zu den NATO-Planungen für den Fall eines Krieges mit dem Warschauer Pakt. Auch Hall wurde später enttarnt – aber wie Prime eher zufällig als aus sorgfältiger Spionageabwehr seitens der Westalliierten. Denn die ließ stark zu wünschen übrig: Beispielsweise hatten alliierte Militärangehörige, die auf dem Teufelsberg tätig waren, ohne Kontrollen freien Zugang. Und im Falle Halls blieben die US-Behörden selbst dann noch vertrauensselig, als sich Verdachtsmomente ergaben. Erst nach seiner Enttarnung 1988 wurden Tests mit Lügendetektoren eingeführt.

EINE MAUER GEGEN AGENTEN

Als am 13. August 1961 kurz nach Mitternacht die DDR die Westsektoren abzuriegeln und mit der Errichtung der Mauer begann, endete für die westlichen Geheimdienste sprichwörtlich über Nacht ein paradiesischer, für die östlichen ein unhaltbarer Zustand. Denn ein gutes Argument für eine Abschottung gegen den Westen waren die massiven Spionageaktivitäten der Westmächte, allen voran der USA. Der angebliche »antiimperialistische« oder »antifaschistische Schutzwall« diente also auch als eine Art Firewall gegen Spionage. Hauptgrund für den Mauerbau war die nicht abreißende Flüchtlingswelle von Ost nach West, die für den ostdeutschen Staat längst existenzgefährdend geworden war. Er bedeutete den Höhepunkt der zweiten Berlin-Krise, die der neue Regierungschef der UdSSR Chruschtschow 1958 mit seinem Ultimatum auslöste. Er wollte einen Friedensvertrag der Alliierten mit beiden deutschen Staaten, Berlin als Ganzes in eine »selbstständige politische Einheit« umwandeln und den Abzug alliierter Truppen aus der »freien Stadt«. Würden die Westmächte dem nicht zustimmen, drohte er mit einem einseitigen Friedensvertrag der UdSSR mit der DDR und der Übergabe der Zugangskontrolle nach Westberlin an Ostberlin, was die alliierte Präsenz dort infrage stellte. Chruschtschow hatte ein anderes Verhältnis zu seinen Geheimdienstlern als sein Vorgänger: Während Stalin aus unausgewerteten geheimdienstlichen Kompilationen seine eigenen Schlüsse gezogen hatte, wurden die Quellen nunmehr sorgfältig ausgewertet, Analysen erstellt und dem Parteichef vorgelegt. In der Krise gab es im KGB eine eigene Arbeitsgruppe für Berlinfragen, die von Ostberlin aus die Überlegungen der Westmächte in Erfahrung brachte. Dadurch war Moskau über den jeweiligen Stand der Dinge bestens informiert – die beschafften Dokumente reichten von Sitzungsprotokollen der Bundesregierung über Material des Bundesnachrichtendienst und Unterlagen aus den Außenministerien Großbritanniens und Frankreichs bis hin zu Planungen für eine erneute Luftbrücke, sollte die Stadt abermals isoliert werden. Hinzu kamen Informationen aus dem Lauschangriff auf die US-Botschaft in Moskau. Auch der militärische Geheimdienst GRU war in der Berlinkrise aktiv, dokumentierte die enormen Rüstungsfortschritte der Bundeswehr und warnte immer wieder vor der Stärke der USA bei Raketenwaffen und der massiven Aufrüstung unter Präsident Kennedy. Der impulsive und mitunter unberechenbare Chruschtschow musste widerwillig konstatieren, dass die konventionelle Überlegenheit der Roten Armee nicht mehr viel nutzte – wegen Berlin eine militärische Konfrontation anzuzetteln, war also entschieden riskant. Der KGB warnte, der Westen könnte womöglich gegebenenfalls Atomwaffen einsetzen, auch wenn daran keine Seite interessiert sei. Aber die Gefahr einer militärischen Eskalation war somit nicht mehr von der Hand zu weisen und auch nicht, dass dann der Einsatz von Atomwaffen folgen könnte. Diese Einschätzung bestätigten sowohl die Geheimdiplomatie des US-Präsidenten über seinen Bruder Robert mit dem sowjetischen Botschafter in Washington als auch ein Moskauer Spion im Pentagon, William Whalen: Kennedy sei fest entschlossen, notfalls bis zum Äußersten zu gehen. Also beschloss Moskau, die Berlinkrise zu begrenzen und dem Flüchtlingsproblem durch die Abriegelung Westberlins abzuhelfen. Wie später in der Kubakrise hatten die Geheimdienste also erheblichen Anteil daran, dass der Konflikt nicht eskalierte. Chruschtschow gab dem Drängen von DDR-Staatschef Ulbricht nach, der die Maßnahme gegen die Westsektoren schon seit einem Jahrzehnt gefordert, aber dafür nie Gehör gefunden hatte. Ende Juli 1961 begannen die Planungen, und eine Woche vor Tag X legte Chruschtschow das Datum des Mauerbaus fest: der 13. August. Moskau lag daran, die Lage in den Wochen danach stabil zu halten – und weil man der DDR-Regierung offenbar nicht traute, wurden eigens zwei Dutzend KGB-Männer nach Ostberlin entsandt, um Ulbricht und seine Leute gegebenenfalls von gefährlichen Provokationen abzuhalten.

Über die Rolle der westlichen Geheimdienste im Zusammenhang mit dem Mauerbau wurde viel Widersprüchliches geschrieben – im stets beliebten Agenten-Bashing wurde ihnen angekreidet, sie hätten komplett versagt. Angesichts der Entrüstung überall im Westen seit dem Morgengrauen des 13. August, in Berlin und Bonn ebenso wie in New York oder London, schien auf der Hand zu liegen, dass die dortigen Regierungen eiskalt erwischt worden waren. Andernfalls hätten sie es doch zu verhindert versucht, wollten die Menschen glauben, allen voran die nunmehr eingeschlossenen Westberliner. Im Zentrum stand dabei die Frage, wer wann wie viel wusste von dem, was da kommen würde, und ob womöglich West und Ost einen Deal eingegangen waren, um jeweils ihr Gesicht wahren zu können. Die Entrüstung in den westlichen Hauptstädten war ehrlich und geheuchelt zugleich. Man empörte sich über den menschenverachtenden Akt, der die Hilflosigkeit des Ostens, seine Bevölkerung bei der Stange zu halten, so krass illustrierte. Aber John F. Kennedy äußerte sogleich im Kreise seiner Mitarbeiter, eine Mauer sei zwar abscheulich, aber »verdammt noch mal besser als ein Krieg«. So zynisch das klang angesichts einer strangulierten Stadt – er hatte recht, denn mit der Stabilisierung der DDR nach dem Ende der Fluchtwelle stabilisierte sich auch der Ost-West-Konflikt an seinem gefährlichsten Brennpunkt. Und die US-Regierung hatte Moskau gewissermaßen den Weg gewiesen. Nach den Worten seines Beraters John McCloy sagte Kennedy Ende Juli: »Chruschtschow ist dabei, Ostdeutschland zu verlieren. Das kann er nicht zulassen, denn wenn er Ostdeutschland verliert, wird er Polen und ganz Osteuropa verlieren. Er muss etwas tun, um den Flüchtlingsstrom zu stoppen – vielleicht eine Mauer bauen. Und wir werden das nicht verhindern können. Ich kann das Bündnis zusammenhalten, um Westberlin, aber nicht, um den Zugang nach Ostberlin offenzuhalten.« Eine gute Woche vor dem Mauerbau machte der Präsident in seiner berühmten Berlin-Rede, die im Zuge einer beispiellosen Informationskampagne weltweit verbreitet wurde, deutlich, worauf die USA bestanden: Präsenz in und freien Zugang nach Westberlin für die Westalliierten sowie Freiheit für seine Einwohner. Angesichts der eindrucksvollen Entschiedenheit Kennedys konnte man fast übersehen, dass er sich dabei mit keinem Wort auf Ostberlin bezog. Wenige Tage später forderte Senator J. William Fulbright Ostberlin indirekt dazu auf, die Grenze doch einfach zu schließen. Eine solche Aussage aus dem Mund eines hochrangigen amerikanischen Politikers hieß für Chruschtschow, dass die Westmächte grenzsichernde Maßnahmen so lange tolerieren würden, wie die drei genannten Essentials davon nicht beeinträchtigt wurden. Und dass der Osten eine Maßnahme zur Grenzsicherung, in welcher Form auch immer, treffen würde, war den Geheimdiensten und ihren Regierungen längst klar. Vor allem die CIA, aber auch BND oder SIS hatten längst Vorsorge getroffen, um die Kommunikation mit ihren Agenten in der DDR auch bei geschlossenen Grenzen fortführen zu können: Man stattete sie mit Funkstationen aus, richtete tote Briefkästen ein und unterwies sie in Kryptografie. Die US-Agenten versuchten ihre Netze im Osten personell zu stärken, so lange, wie das noch vergleichsweise einfach war. Der BND hatte bereits nach dem Chruschtschow-Ultimatum viele seiner Mitarbeiter in die Bundesrepublik zurückbeordert, für den Fall des Abzugs der Westalliierten aus Berlin. Das alles wusste allerdings auch die ostdeutsche Stasi, die den BND auf den Mauerbau für am besten vorbereitet hielt, während die CIA sich in der besten Position sah. Die CIA zweifelte allerdings, dass sich die Westsektoren komplett abriegeln ließen, und rechnete eher mit einer dauerhaften Blockade. Hinweise auf eine bevorstehende Maßnahme hatte auch das Ostbüro der SPD, die die Information sogleich an den BND weitergab. Für den BND bestätigte das eigene Erkenntnisse. Eine wirkliche Überraschung waren allerdings der Zeitpunkt und die Abriegelung durch eine Mauer. Erwartet hatte man den östlichen Befreiungsschlag später, weil Chruschtschow beim Wiener Gipfel mit Kennedy im Juni einen Separat-Friedensvertrag mit der

DDR für den Herbst angekündigt hatte. Bis zur großen Überraschung im August verbrachten die führenden Politiker der Westmächte denn auch die Zeit mit Überlegungen für den Herbst. Mit dem Westen derart fixiert auf den Showdown zu einem späteren Zeitpunkt, hatte der Osten leichtes Spiel, einen Überraschungscoup zu landen. Aber dass die konkreten Vorbereitungen für den Mauerbau, mit denen DDR-Staatschef Ulbricht Erich Honecker beauftragt hatte, den westlichen Geheimdiensten weitgehend verborgen blieben, muss man den Agenten ohnehin nicht anlasten. Denn der Kreis der Eingeweihten war enorm klein und die logistischen Vorbereitungen kaum wahrnehmbar. Die Grenzschließung in den ersten Stunden des 13. August bestand ja noch nicht im Aufbau von Betonmauer, Wachtürmen und Todesstreifen, sondern im Sichern der Sektorengrenze mit Stacheldraht und Soldaten.

KLEINER BAHNHOF FÜR SPIONE

In der Spionagehochburg Berlin war damit nichts mehr wie zuvor. In der Westberliner CIA-Niederlassung wurde die Zahl der Mitarbeiter von mehr als 200 auf 60 im Jahr 1965 reduziert. Auch nachdem die USA 1973 ihre Botschaft in Ostberlin eröffneten, waren dort nie mehr als zwei Geheimdienstler vertreten – die Überwachung der DDR-Staatssicherheit war gar zu effektiv. Der BND verlor in den nächsten Jahren einen Großteil seiner Agenten in der DDR, für die Stasi waren sie jetzt erheblich leichter zu enttarnen. Kurzfristig konnte die DDR durchatmen, der Staat konsolidierte sich, und aus Sicht der Spionage ging der Sieg klar an den Osten, der den westlichen Geheimdiensten ihre ertragreichste Spielwiese genommen hatte. Der Imageschaden für die DDR und den Kommunismus im Ganzen aber war unübersehbar und immens; die Reisebeschränkungen sollten einer der Sargnägel der DDR werden. Nunmehr versuchte der Westen die Anwerbung derjenigen DDR-Bürger, die reisen durften – nur waren diese Auslandskader mit der Lizenz zum Reisen ins »nichtsozialistische Ausland« überwiegend handverlesen und gefestigte Klassenkämpfer, die in aller Regel das MfS sogleich über den Anwerbeversuch informierten. Nach den Informationen eines amerikanischen Überläufers konnte der KGB 1986 davon ausgehen, dass die CIA in der DDR allenfalls über sechs oder sieben wertvolle Agenten verfügte. Umgekehrt konnte der ostdeutsche Auslandsnachrichtendienst keinen einzigen Spion in der CIA Deutschland platzieren. Informanten waren aus ideologischen Gründen im Westen nicht leicht zu gewinnen, so manchem musste vorgegaukelt werden, er arbeite für einen ganz anderen Geheimdienst.

Für die Berliner teilte der Mauerbau die Zeit in ein Davor und Seither – Freunde und Familie waren plötzlich unerreichbar, für viele der Arbeitsplatz. Das freie Westberlin glich mit einem Mal einem Gefängnis, auch wenn man es verlassen konnte – was Zehntausende Westberliner auch taten, die in die Bundesrepublik abwanderten. Die veränderte Situation führte zu neuen Absurditäten: leere, heruntergekommene Geisterbahnhöfe in Ostberlin etwa, durch die ohne Halt langsam rumpelnde Züge der West-U-Bahn fuhren und dabei von DDR-Grenzern misstrauisch beäugt wurden. Oder das Sowjetische Ehrenmal im Tiergarten, an dem Rotarmisten für die toten Kameraden Ehrenwache hielten und dabei unter dem Schutz sowohl von britischer Militärpolizei als auch von Westberliner Polizisten standen, damit kein wütender Westberliner, den die Mauer von seiner Familie trennte, mit Steinwürfen auf die Vertreter der östlichen Besatzungsmacht einen Krieg auslösen konnte. Vor allem aber der nunmehr dreigeteilte Bahnhof Friedrichstraße, ganz auf Ostgebiet gelegen, aber für Fern- und innerstädtischen Verkehr über die Grenze hinweg, dessen Inneres zu einem Labyrinth verbarrikadiert wurde. Ost-, West- und Transitbereich wurden gegeneinander abgeschirmt, was Spionen aus dem Osten den Grenzübertritt nach Westen leicht machte, da auf Westseite keine Passkontrollen durchgeführt wurden – die Mauer war nur aus einer Richtung Staatsgrenze. Die Grenzübergangsstelle diente als Agentenschleuse, als konspirativer Treffpunkt von Spionen mit ihren Führungsoffizieren und zum Austausch von Unterlagen aller Art – und die verschiedenen Geheimdienste aus Ost und West taten ihr Bestes, um das Geschehen so umfassend wie möglich zu beobachten. Das Paradies der Agenten namens Berlin war zusammengeschrumpft auf diesen Bahnhof mit drei Bahnsteigen in der Halle sowie zwei unterirdischen für S- und U-Bahn in Richtung Westen. Wenig paradiesisch waren schon der Geruch nach scharfem DDR-Putzmittel, die endlosen Gänge und Treppen und die labyrinthischen Verhältnisse, die jeden Reisenden verunsicherten.

Den Heimvorteil besaß sowieso das MfS, das Einschleusungen ungehindert vornehmen konnte. 1971 rühmte der Chef der DDR-Auslandsaufklärung Markus Wolf die Grenzübergangsstelle als »unseren Ho-Chi-Minh-Pfad« in Anlehnung an die Nachschubwege der Kommunisten im Vietnamkrieg, verwies aber auf den Mangel an Konspiration angesichts der Tatsache, dass der Bahnhof in Grenznähe den gegnerischen Diensten gute Überwachungsmöglichkeiten bot. Interne Berichte beklagen daneben ein wenig professionelles Verhalten, das zum Image der Stasi nicht recht passen mag. Unauffälligkeit aber war umso wichtiger, als die Bevölkerung von der Bedeutung der Agentenschleuse wusste und entsprechend aufmerksam war. Es kam also darauf an, dass die Agenten äußerlich unauffällig waren und die Einschleusung selbst unbemerkt ablief: über die übliche Abfertigung, wobei die Papiere der Agenten unauffällig gekennzeichnet wurden. Mitarbeiter der Stasi zeigten Dienstausweis und Sonderberechtigungskarte vor und konnten dann Agenten mitnehmen, ohne dass die kontrolliert wurden. Als operatives Objekt erster Kategorie war der Bahnhof natürlich für den Westen enorm interessant. Das Labyrinth des Grenzübergangs wurde entschlüsselt, um Westagenten mit dem Terrain vertraut zu machen. Hier überschritten ja nicht nur MfS-Mitarbeiter von Osten die Grenze, hier trafen außerdem Westagenten, oft genug keine professionellen Spione, ihre Verbindungsoffiziere. Als die *Bild-Zeitung* 1977 wieder einmal genüsslich das Treiben am Bahnhof Friedrichstraße beschrieb, analysierte die Stasi daraufhin die eigenen Abläufe und strebte nach Optimierung. Damals kam es pro Jahr zu rund 10 000 konspirativen Vorgängen, da konnte der eine oder andere schon mal von Unbeteiligten bemerkt werden. Rund zwei Drittel davon waren Gepäckschleusungen, die über die Gepäckaufbewahrung so abgewickelt wurden, dass sich Westagent und Ostauftraggeber nicht treffen mussten. Als tote Briefkästen dienten Schließfächer. Immer wieder wurden die Schleusen, durch die Agenten unbemerkt in den laufenden Publikumsverkehr gelangen sollten, verlegt oder verändert und am Ablauf gebastelt.

Eine weitere Legende der Spionage im Kalten Krieg wurde die Glienicker Brücke an der Stadtgrenze zwischen Berlin und Potsdam, die zu DDR-Zeiten den einigermaßen unpassenden Namen »Brücke der Einheit« erhielt. Noch heute spüren Touristen hier dem Kalten Krieg nach, obwohl der Ausblick viel eher an Preußisch-Arkadien erinnert. Nach einem Wendehammer für den Linienbus an ihrer Westseite, oberhalb einer Dampferanlegestelle für den Westberliner Ausflugsverkehr, endete die Freiheit – die Brücke war kein regulärer Grenzübergang, sondern reserviert für besondere Gruppen, darunter Diplomaten oder Mitarbeiter der alliierten Militärmissionen. Die waren zumal seit dem Bau der Mauer ein wichtiges Spionageinstrument der Westalliierten in der DDR, die deshalb deren Bewegungsspielraum immer wieder einzuschränken versuchte. Das geschah mitunter massiv, und einige »Spione in Uniform« kamen dabei zu Tode.

Im Fokus der Weltöffentlichkeit stand die Brücke vor 1989 dem Image zum Trotz nur dreimal: 1962, 1985 und 1986, eben weil sie eigentlich am Rande des Weltgeschehens lag und die Supermächte einigermaßen unbemerkt auf ihr einen Deal abwickeln konnten. Am 10. Februar 1962 war es der US-Amerikaner Francis Gary Powers, der die Brücke im Morgengrauen von Ost nach West passierte. Fast zwei Jahre zuvor war er in einem U2-Aufklärungsflugzeug über dem russischen Swerdlowsk abgeschossen worden, was die Ost-West-Krise merklich verschärft hatte. Mit ihm durfte, allerdings am Checkpoint Charlie, der Student Frederic Pryor die DDR verlassen – er war ein halbes Jahr zuvor, kurz nach dem Mauerbau, in Ostberlin unter Spionagevorwurf festgenommen worden. Die beiden wurden ausgetauscht gegen den hochrangigen Sowjetspion Rudolf Abel, der in den USA neun Jahre lang ein Agentennetz geführt hatte, bevor ein Überläufer ihn 1957 verriet und ins Gefängnis brachte. Für den KGB war der Austausch eine größere Sache, auf beiden Seiten der Brücke brachte man versteckt bewaffnete (Ostseite) und unbewaffnete (Westseite) KGB-ler zur Absicherung in Position.

Danach wurde die Glienicker Brücke erst am 12. Juni 1985 wieder zur großen Bühne – diesmal gar für 27 Spione beider Seiten. Während über die 23 West-Agenten nichts bekannt wurde, waren unter ihren vier Ostkollegen zwei DDR-Bürger, ein Pole und ein Bulgare, die in den 1980er-Jahren in den USA verhaftet worden waren. Der dritte Austausch fand im folgenden Winter statt, am 11. Februar 1986, bei denkbar ungemütlichem Schmuddelwetter und erheblich größerem Medieninteresse, weil das im damaligen Entspannungsklima von Ost und West gleichermaßen im Interesse aller Seiten lag. Vor dem Vollzug wurde die vom Schneematsch verdeckte Demarkationslinie freigelegt, über die sodann fünf Spione des Warschauer Paktes, die in der Bundesrepublik wegen Spionage verurteilt worden waren, über die Brücke nach Potsdam gefahren wurden, von wo sich daraufhin drei Westagenten sowie der russische Bürgerrechtler Schtscharanski in Bewegung setzten.

1985 hatte sich die Situation in Berlin längst beruhigt, das Mit- und Gegeneinander von Ost und West war eingespielt. In diesem Jahr kam auch Billy Wilders *Eins, Zwei, Drei* ein zweites Mal in die deutschen Kinos, nachdem der Film wegen des

Mauerbaus, der wenige Monate vor der Premiere stattgefunden hatte, gefloppt war. Nun konnten die Zuschauer lachen, auch wenn vom Fall der Mauer vier Jahre später noch nicht einmal zu träumen war.

7. KAPITEL

RIVALITÄTEN UNTER BRÜDERN

Wenn der Kalte Krieg die Folge einer zerrütteten Kriegsehe zwischen den USA und der Sowjetunion war, dann muss man die beiden deutschen Staaten als die ungleichen Söhne dieser Beziehung ansehen. Jeweils unter den Fittichen eines der Elternteile buhlten sie um dessen Liebe. Der etwas ältere Bruder im Westen war größer und besser genährt und erhielt mehr Fürsorge von der amerikanischen Mutter, während der jüngere, schwachbrüstigere Bruder im Osten vom russischen Vater, der ihm zeitweise sogar die Butter vom Brot wegaß, mit mehr Strenge als Zuneigung großgezogen wurde. Kein Wunder, dass die ungleichen Brüder einander unversöhnlich gegenüberstanden. Gleichzeitig war die Bindung stark, man konnte zwar nicht miteinander, aber auch nicht recht alleine. Das schwierige Verhältnis schien schon deshalb unauflösbar, weil die Eltern ihre Konflikte gern auf dem Rücken der Söhne ausfochten.

USA und UdSSR drückten den jungen deutschen Staaten ihre Stempel auf, nicht zuletzt in Sachen West- beziehungsweise Ost-Geheimdienst. Deren Anfänge nach 1945 sind eng mit den Besatzungsmächten verwoben. Bei aller Abscheu gegen die Nazis stellten die Amerikaner ihre Bedenken bald hintan, wenn sie ihre Dienste brauchten oder gebrauchen konnten – das galt für Atom- und Raketenwissenschaftler ebenso wie für Spione. Als Washington dann im beginnenden Kalten Krieg eine starke und wehrhafte Bundesrepublik brauchte, ging man mit der Vergangenheit noch großzügiger um – wer immer Erkenntnisse über die Sowjetunion liefern konnte, war willkommen. Der Bundesnachrichtendienst übernahm daher alte Belastungen, womit er bis heute zu kämpfen hat – erst seit einigen Jahren ist eine Historikerkommission im Auftrag des BND dabei, das Dunkel zu durchleuchten. Die Geheimdienstgeschichte der DDR ist dagegen erheblich besser erforscht.

In der kurzen Zeit zwischen dem Ende des Zweiten Weltkrieges und dem Beginn des Kalten Krieges, als nicht einmal die pragmatischen Amerikaner recht wussten, welchen Weg Europa einschlagen würde, und der Meinung waren, keinen Auslandsnachrichtendienst mehr zu brauchen, gab es einen Deutschen, der wusste, was die Stunde verlangte: Reinhard Gehlen, der spätere Gründungschef des BND, damals Anfang vierzig. So jedenfalls wollte er seine Rolle in die Geschichte eingehen sehen. In der Weimarer Republik war er zur Reichswehr gekommen, zum Offizier aufgestiegen und in der NS-Zeit Mitglied des Generalstabs geworden. 1942 wurde er, ganz ohne Geheimdiensterfahrung, Chef der Fremde Heere Ost und Generalmajor. Auf diesem Posten traf Gehlen vor Kriegsende Vorbereitungen für die Zeit danach und sicherte das Archiv seiner Dienststelle. Er wollte sich für die Sieger so interessant machen, dass man ihn wegen seiner hochrangigen Nazivergangenheit nicht weiter behelligen würde. Von den Sowjets wusste er genug, um ihnen aus dem Weg zu gehen, stattdessen diente er sich schon Monate vor der deutschen Niederlage den Briten an, deren Geheimdienst er bewunderte. Allerdings zeigten die keinerlei Interesse an ihm.

Gleichwohl unverdrossen ließ Gehlen fünfzig Metallkisten, randvoll mit Geheimdienstunterlagen, bis zum Untergang des Dritten Reiches in den bayrischen Alpen zwischenlagern. Dorthin setzte er sich mit einigen Mitarbeitern kurz vor Kriegsende ab und begab sich Ende Mai 1945 in die Hände der Amerikaner, die anfangs jedoch kaum mehr interessiert schienen als die Briten. Aber Gehlen und seine Leute hatten Glück, dass es in der Kriegsliaison Moskau-Washington kriselte. Sobald den Amerikanern bewusst wurde, wie schlecht sie für einen Konflikt mit den Sowjets gerüstet waren und wie wenig sie über deren Absichten, Heereskraft und Rüstungsstärke wussten, wurde Gehlen als ehemaliger Chef der Ost-Aufklärung interessant. Im Lebenslauf seiner CIA-Akte heißt es: »General Gehlen wurde angetrieben von der Überzeugung, dass eine Sowjetarmee, die so tief in Europa stehe, eine echte Bedrohung für die westliche Zivilisation darstelle.« Er bot an, mit seinen Leuten die Aufklärungsarbeit gegen Moskau fortzusetzen und sich mitsamt Agentennetz in Osteuropa in den Dienst des Westens zu stellen. Noch im August 1945 wurde er mit einer Handvoll seiner Leute und besagten Kisten in die USA ausgeflogen und verbrachte ein Dreivierteljahr in Fort Hunt in Virginia, als Kriegsgefangener mit Vorzugsbehandlung. 1946 kehrte er zurück und gründete, mit Unterstützung und unter dem Schutz der US-Army sowie bei größter Geheimhaltung, die »Organisation Gehlen«, die zuerst in Oberursel bei Frankfurt, ab Ende Dezember in Pullach bei München logierte, ausgerechnet in der Rudolf-Heß-Siedlung aus der Nazizeit. Gehlen vermochte zu überzeugen, aber auch zu polarisieren – während er es in seiner Autobiografie so klingen lässt, als habe seine Zusammenarbeit mit den Amerikanern von Anfang an wie am Schnürchen funktioniert, gab es in Wahrheit immer wieder Reibungen und Zweifel an dem Mann und seiner Nazivergangenheit. Er war zudem nicht der Einzige der Ex-Geheimdienstler, die abgeschöpft wurden – aber seine spätere Karriere und die Selbststilisierung mit mysteriöser Aura machten ihn zu einer singulären Person. Den Besatzungsbehörden war die Sache nicht geheuer, immerhin wurden da gewissermaßen geheimdienstliche Nazistrukturen weitergeführt. Andererseits mochte die »Organisation Gehlen«, die bei den Amerikanern als »Operation RUSTY« geführt wurde, einmal als Keimzelle für einen deutschen Geheimdienst nach der Besatzungszeit dienen. Die 1947 gegründete CIA übernahm die Organisation unter dem Codenamen »ZIPPER«, und mit der Zeit wurden die Berührungsängste mit den kompromittierten Nazifunktionären schwächer. Die gaben sich auch alle Mühe, etwaige Zweifel an ihrer Loyalität gegenüber den neuen Herrn zu zerstreuen – und sich bei erster Gelegenheit unentbehrlich zu machen. Als das schlechte Verhältnis Washingtons zu Moskau in Konfrontation umschlug, war die Organisation zur Stelle: Während der Berlin-Blockade 1948/49 half sie die Luftbrücke absichern, indem ihre Agenten in der Sowjetischen Zone aufmerksam das Verhalten des Militärs beobachteten – war mit Angriffen auf die »Rosinenbomber« zu rechnen? Doch Gehlens Leute lieferten beruhigende Nachrichten. Auch zur Atomrüstung der Sowjets konnten seine Kundschafter Informationen beschaffen – etwa zum erzgebirgischen Bergbauunternehmen Wismut, das Uran für die Moskauer Bombe förderte. Gehlen verstand es außerdem, seine Organisation trotz einiger Widerstände von Bundeskanzler Adenauer in der frisch gegründeten Bundesrepublik als einzigen Auslandsgeheimdienst zu etablieren und zielgenau die Konkurrenz anderer Dienste auszuschalten. So wurde aus der Organisation Gehlen schließlich, im zehnten Jahr ihres Bestehens und nunmehr aus US-Zuständigkeit entlassen, der Bundesnachrichtendienst (BND) und Reinhard Gehlen dessen erster Präsident – unter dem Tarnnamen »Dr. Schneider«. Statt in die Bundeswehr integriert oder dem Außenministerium zugeordnet zu werden, wurde der BND Dienststelle des Bundeskanzleramts – der ebenfalls 1956 gegründete Militärische Abschirmdienst muss sich seither auf Abwehr von Spionage, Sabotage, Terrorismus und Extremismus beschränken. Damit hatte Gehlen sein Ziel erreicht. Wie die BND-Gründung genau vonstatten ging, wer auf Zuordnungen, Strukturen und Verantwortlichkeiten Einfluss nahm und warum, ist bis heute unklar, weil die Akten unter Verschluss gehalten wurden. Man darf vermuten, dass außer Gehlen und Adenauer auch die Alliierten an den Strippen zogen. Der Bundeskanzler pflegte zu seinem BND-Chef ein kühles bis schwieriges Verhältnis, aber »Dr. Schneider« hatte gute Beziehungen zum Kanzleramtsleiter und engen Adenauer-Vertrauten Hans Globke, wie er mit einiger NS-Vergangenheit. Daneben hielt er engen Kontakt zur SPD-Opposition und führte Akten über wichtige Figuren im Bonner Politikbetrieb – schon zur eigenen Absicherung. Sein CIA-Aufseher James Critchfield bezeichnete ihn als »vollendeten politischen Ränkeschmied«.

Vorausschauende Akteure gab es auf der anderen Seite ebenfalls: Wie in den anderen Staaten, die Stalin eng an Moskau binden wollte, wurden in die Sowjetische Besatzungszone zuverlässige Genossen eingeflogen, noch bevor die Rote Fahne auf dem Berliner Reichstagsgebäude wehte – am 27. April landete die »Gruppe Ulbricht« östlich von Berlin. Jüngster Passagier war Markus Wolf, später Chef der DDR-Auslandsspionage. Das Sagen hatte die Sowjetunion, die Kommunisten aus dem Moskauer Exil assistierten und besetzten Schlüsselpositionen: unter der sowjetischen Besatzungsmacht und dann in der Deutschen Wirtschaftskommission, aus der 1949 die erste DDR-Regierung hervorgehen sollte. Berühmt wurde Walter Ulbrichts Aussage, es müsse zwar demokratisch aussehen, ausschlaggebend sei jedoch, alles zu kontrollieren – der Weg in einen Staat nach sowjetischen Vorgaben war längst festgelegt, auch wenn man sich unabhängig gab und anderen politischen Kräften scheinbar die Teilnahme am Gestaltungsprozess zugestand. Ulbricht und seine Leute waren fest entschlossen, sich die Durchsetzung eines sozialistischen deutschen Staates und die Behauptung der Macht unter gar keinen Umständen nehmen zu lassen. Dass man dabei alles andere als zimperlich sein durfte, hatten die Erfahrungen der zurückliegenden Jahrzehnte ebenso bewiesen, wie es die Sowjetunion vorexerziert hatte: Machterhalt um jeden Preis, notfalls durch Terror, strengste Disziplinierung in Partei und Gesellschaft, Repression durch einen umfänglichen Sicherheitsapparat in allen Bereichen, größtes Misstrauen gegen die nichtsozialistische Welt.

Das sowjetische Erbe war prägend. Von ihren Moskauer Lehrern in Spionagetechniken und Überwachungsmethoden ausgebildet, militärisch trainiert, ideologisch geschult, wurden die MfS-ler auf die inneren und äußeren Feinde angesetzt, die es schonungslos zu bekämpfen galt. Und der Feind war überall, jeder Nichtkommunist stand unter dem dringenden Verdacht, ein Spion des Westens zu sein. Das galt für die Staatssicherheit in anderen sozialistischen Ländern gleichermaßen, aber die Bedingungen im geteilten Deutschland mit der besonderen Situation in Berlin waren geeignet, sich stets und ständig an der Frontlinie zu fühlen, wo gegen westliche Infiltration und Destabilisierungsversuche anzukämpfen war. Unbedingter Gehorsam gegenüber der Sowjetunion und der Mutterpartei KPdSU standen über allem, und die Erfahrung von Illegalität und Kampf gegen innere und äußere Gegner gleichermaßen wirkte stilbildend. Die Überzeugung, auf der richtigen Seite der Wahrheit zu stehen, Sieger der Geschichte zu sein und den richtigen Weg unter allen Umständen durchzusetzen, war ebenso grundlegend wie die Erfahrung von Gewalt und Misstrauen. Die ersten Listen zu verhaftender Personen waren längst vorbereitet. Die Sache war wichtiger als der einzelne Mensch, und dieses Prinzip führte zu ungezählten Opfern. Kontakte zu Ausländern, Reisen in den Westen sowie private oder familiäre Kontakte waren grundsätzlich suspekt und rechtfertigten Überwachung und nötigenfalls Disziplinierung. Gewaltanwendung war ebenfalls legitim, vom brutalen Verhör bis zu Lagerhaft und Hinrichtung. Es traf Bauern und Fabrikbesitzer, Kirchenleute und aufrechte Widerstandskämpfer gegen das Hitler-Regime, blutjunge Burschen und greise Frauen. Der Terror ließ sich anfangs mit den Bedingungen der Besatzung rechtfertigen und richtete sich angeblich gegen Nazis und Kriegsverbrecher, die rücksichtslos zur Verantwortung gezogen werden sollten. Unter diesem Vorwand ließ sich mühelos gegen alle vorgehen, die der neuen Ordnung im Weg standen, bis das Etikett »faschistisch« tatsächlich auf alles geklebt wurde, was sich gegen Sozialismus nach sowjetischem Vorbild richtete. Im Verbund mit der Verschleierungstaktik leutseliger Zusammenarbeit mit Nichtkommunisten, die Stalin den Genossen aufgetragen hatte, wurde nicht gleich ersichtlich, welchen Kurs die moskautreue

Gruppe Ulbricht eigentlich verfolgte. Unter sowjetischer Besatzung wurde ein großer Teil der verhafteten Deutschen der Spionage beschuldigt, was in den meisten Fällen die Todesstrafe nach sich zog. Wer mit dem Leben davonkam, wurde unter unmenschlichen Bedingungen inhaftiert oder gleich nach Sibirien verbracht – die Sterbequote war in beiden Fällen hoch. Die innere Gefahr geriet immer wieder zur Paranoia, ob angesichts von Richtungskontroversen in der internationalen kommunistischen Bewegung oder Reformbestrebungen und Widerstandsbewegungen im eigenen Land. Innerparteiliche Säuberungen und ideologische Disziplinierungen ergänzten Überwachung und Repression der Bevölkerung.

Die Polizei erhielt rasch Kommissariate für politische Kriminalität, die 1947, streng nach sowjetischem Vorbild, als K 5 und unter Leitung Erich Mielkes zur politischen Polizei wurden. Deren rund 1500 Mitarbeiter konnten einstweilen neben dem Gesetz operieren und wurden im Westen sogleich als »rote Gestapo« tituliert. Anfang 1950 wurde das Ministerium für Staatssicherheit gegründet – auch dies in Analogie zur UdSSR. Unter den Moskauer Satellitenstaaten verfügte die DDR als einziger über ein eigenes Staatssicherheitsministerium, während die anderen Ostblockstaaten die Geheimpolizei dem Innenministerium unterstellten. Die Polizei K 5 wurde ins neue MfS eingegliedert, aber nur 10 Prozent des Personalbestands übernommen. Leiter der Staatssicherheit wurde der altgediente Funktionär Wilhelm Zaisser, der seit den 1920er-Jahren überwiegend in der Sowjetunion gearbeitet hatte, Mielke sein Staatssekretär und Stellvertreter, aber von Anfang an bestimmende Kraft. Wie die restliche MfS-Gründergeneration verfügte er über eine untadelige Kaderakte und enge Beziehungen in die Sowjetunion – viele Mitarbeiter hatten zuvor schon jahrelang für die sowjetischen Geheimdienste gearbeitet.

Nach dem Willen der DDR-Regierung sollte das MfS »die volkseigenen Betriebe und Werke, das Verkehrswesen und die volkseigenen Güter vor Anschlägen verbrecherischer Elemente sowie gegen alle Angriffe« schützen und »einen entschiedenen Kampf gegen die Tätigkeit feindlicher Agenturen, Diversanten, Saboteure und Spione« führen. Mehr noch als seine Brüderinstitutionen in Polen oder Ungarn wurde die Stasi eine Art verkleinertes Ebenbild des sowjetischen NKWD, ob in seinen Arbeitsweisen oder seiner Behördenstruktur. Jede Diensteinheit erhielt einen für sie zuständigen sowjetischen Instrukteur.

Bis zum Ende der DDR nannten sich die handverlesenen Mitarbeiter nach der ersten sowjetischen Geheimpolizei stolz Tschekisten, bestückten ihre Bürowände mit Porträts des Tscheka-Gründers Feliks Dzierzyński und wählten als Symbole in Anlehnung an den KGB Schwert und Schild. Ab der ersten Generation setzte man auf junge, formbare Parteimitglieder. Schon früh begann das Ministerium außerdem, seine Leute in eigenen Wohngebieten unterzubringen, was zur Heranbildung einer eigenen Kaste ebenso beitrug wie die Überzeugung, Teil der kommunistischen Elite zu sein. Die Mitarbeiter genossen zahlreiche Privilegien, etwa die Nutzung der vielen MfS-eigenen Institutionen, von Läden und Kindergärten bis Ferienheimen und Krankenhäusern und sogar einer eigenen Bank. In einer Mangelwirtschaft bot dies erhebliche Vorteile, die von der Restbevölkerung neidvoll bis verächtlich registriert wurden. Zusätzlich zu den umfänglichen Besitztümern eines DDR-Großbetriebes wie Eigenfirmen oder Ferienheime leistete sich die Staatssicherheit im 1. FC Dynamo Berlin sogar einen eigenen Fußballverein. Überhaupt war die Identifikation der Stasi-Mitarbeiter mit der »Firma« groß. Der enge Zusammenhalt diente zugleich der gegenseitigen Kontrolle – paradoxerweise wurden die Stasi-Mitarbeiter, die das Land flächendeckend überwachen sollten, ganz besonders scharf kontrolliert und ausgespäht. Das galt nicht nur für die Stasi-Leute selbst, sondern für ihre gesamte Familie, bis hin zu den Freundschaften, die ihre halbwüchsigen Kinder pflegten und gegebenenfalls unterbunden wurden.

SED-Zugehörigkeit blieb beim Personalbestand die Regel,

es waren über die Jahrzehnte zwischen 75 und 90 Prozent, häufig waren außerdem regelrechte »MfS-Familien«. Das anfangs niedrige Bildungsniveau wurde nach und nach angehoben, Offiziere an der MfS-Hochschule in Potsdam-Eiche und an der Sektion Kriminalistik der Ostberliner Humboldt-Universität ausgebildet. Die anfangs rund 1100 Mitarbeiter erhielten rasch Zuwachs: 1955 waren es bereits knapp 15000 hauptamtliche Mitarbeiter, hinzu kamen bis zu 30000 inoffizielle Mitarbeiter (IM). Bis 1989 sollte die Zahl der Hauptamtlichen auf über 90000 ansteigen. Der stetig wachsende Mitarbeiterstamm und die zunehmende Bürokratie wirkten aber auch hemmend, wie sich vor allem in den 1980er-Jahren zeigen sollte. Die Informationsflut war enorm, mit der Auswertung haperte es allerdings, wie intern immer wieder beklagt wurde – insofern hatte die Stasi dasselbe Problem wie die Geheimdienste des 21. Jahrhunderts, die in großem Stil das Internet abschöpfen, wenn auch mit besseren technischen Hilfsmitteln. Und dann bremste eine immer größer und schwerfälliger werdende Bürokratie schnelle gezielte Schläge gegen den Gegner aus.

Mochte »die Firma« überwiegend junge Mitarbeiter haben – die MfS-Führung alterte. Noch 1989 waren 90 Prozent der Leitungsebene vor 1945 geboren, hatten also biografische Bezüge zur Zeit des Kampfes und der Illegalität oder wenigstens zur Aufbauzeit. Die ideellen Grundlagen der frühen Stasi-Leute blieben daher maßgeblich, weswegen die Geheimdienstler sich wandelnde Verhältnisse und Bedingungen leicht ignorierten oder übersahen. Das wurde den Inlandsspionen auch klar – allerdings erst, als es zu spät war.

»AGENTEN DES WESTENS«
ALS SÜNDENBÖCKE DES OSTENS

Der Sozialismus hatte angekündigt, er werde den Kapitalismus in kürzester Zeit überrunden. Als sich jedoch Desillusionierung breitmachte, weil der versprochene Siegeszug ausblieb und stattdessen die wirtschaftlichen Probleme unübersehbar wuchsen, leiteten die osteuropäischen Satellitenstaaten Verfolgungen ein und führten Schauprozesse stalinistischer Machart durch, wie sie in den 1930er-Jahren in der UdSSR inszeniert worden waren. Der unfehlbare Sozialismus konnte an den Problemen unmöglich schuld sein, also gingen sie auf das Konto von Spionen, Verrätern und Saboteuren, die den »kleinen Stalins« die Bilanz verhagelten. Angeleitet von Moskau ließen sich so Misserfolge kaschieren, mögliche Parteirivalen loswerden und die Öffentlichkeit disziplinieren. Mit großem Aufwand fabrizierte Moskau gar einen Verschwörungs-Überbau wie aus dem Drehbuch, mit dem kommunistischen US-Diplomaten und ehemaligen Sowjetagenten Noel Field, nunmehr als amerikanischer Spion verteufelt, als allgegenwärtigen Strippenzieher. Überall in Mittel- und Osteuropa wurden ranghohe Parteimitglieder der Spionage für den Westen beschuldigt. Wer während der NS-Zeit und des Krieges anderswo als in der Sowjetunion gelebt hatte, galt als grundsätzlich verdächtig – schließlich hatte es dort reichlich Gelegenheit gegeben, sich vom Feind anwerben zu lassen. Unerschütterliche Parteitreue und Verdienste um die kommunistische Sache halfen wenig, wenn ein grausames Exempel statuiert werden sollte. Verdächtig waren ebenso Parteimitglieder mit Westkontakten oder -verwandtschaft und in einer antisemitischen Welle schließlich auch Juden, die als »Agenten des Zionismus« angeblich dem Westen zuarbeiteten. In der DDR, wo wachsende Versorgungsprobleme zu Streiks und spontanen Protesten führten, setzten die Säuberungen später ein, weil Ostberlin zu sehr im Fokus der internationalen Öffentlichkeit stand. Der III. Parteitag der SED propagierte den

Kampf gegen »von den imperialistischen Geheimdiensten und Agenturen (…) entsandten oder hier angeworbenen Spione, Saboteure und Agenten«, die den friedlichen Aufbau des Sozialismus torpedierten. Diese Agenten machte man in bürgerlichen Parteien, Bauernverbänden, Kirchen und Kulturorganisationen aus, aber ebenso unter Spitzenfunktionären der SED. Im Dezember 1952 wurde als willkommener Sündenbock für die Versorgungsprobleme Handelsminister Karl Hamann verhaftet und »als Agent imperialistischer Geheimdienste« der wirtschaftlichen Sabotage gegen die DDR beschuldigt. Der Bannstrahl traf nicht nur Hamann selbst, sondern seine gesamte Familie. Der geschasste Minister kam ins Stasi-Untersuchungsgefängnis Berlin-Hohenschönhausen, wurde unzähligen Verhören unterworfen, von denen sich manche über 24 Stunden und mehr erstreckten, wurde körperlich und psychisch gefoltert, beschimpft und bedroht. Nach langer zermürbender Untersuchungshaft wurde er 1954 zu lebenslänglich, später zum Tode und schließlich zu zehn Jahren Haft verurteilt. Das SED-Zentralorgan *Neues Deutschland* berichtete nur knapp vom Urteilsspruch gegen Hamann, der »verbrecherische Beziehungen zu imperialistischen Agenten« unterhalten habe. Er habe »die planmäßige Belieferung der Bevölkerung mit Nahrungsgütern sabotiert, erforderliche Mengen Lebensmittel nicht bereitgestellt und erhebliche Mengen Lebensmittel bei der Aufteilung auf die Bezirke fehlgeleitet, so daß Störungen in der Versorgung der Bevölkerung mit Lebensmitteln auftraten«. Nachdem Hamann im Zuge der Entstalinisierung 1956 freikam, durfte er nicht in den Westen ausreisen, sondern wurde unter ständige Bewachung gestellt. Trotzdem konnte er 1957 in die Bundesrepublik fliehen.

In mehrere der Verdachtskategorien für parteischädigendes Verhalten fiel das Politbüromitglied Paul Merker – er war Westemigrant gewesen, kannte Noel Field und engagierte sich für die jüdische Sache. Im August 1950 warf man ihm vor, »kein Vertrauen zur Sowjetführung« gehabt und im Exil »Befehle der amerikanischen Imperialisten« ausgeführt zu haben.

Im Unterschied zu anderen angeblichen Spionen mit Verbindungen zu Field aber wurde Merker, geschützt von DDR-Präsident Wilhelm Pieck, zunächst nicht verhaftet und verurteilt, sondern lediglich aus dem Politbüro ausgeschlossen, aller Parteiämter enthoben und aus Berlin ins beschauliche Luckenwalde verbannt. Dort sollte er die von der DDR-Handelsorganisation betriebene Gaststätte »Turmklause« leiten, wogegen sich aber die örtlichen Werktätigen, zweifellos auf oberste Anweisung, auf das Schärfste verwahrten, weil sie das verdiente Feierabendbier nicht von einem imperialistischen Agenten ausgeschenkt bekommen wollten. Als 1952 im Prager Schauprozess gegen den Generalsekretär der tschechischen KP Slánský von Merker als deutschem Trotzkisten und Mitarbeiter Noel Fields die Rede war, ließ auch Pieck den Parteigenossen fallen, Merker galt nunmehr als »feindlicher Agent«. Seine Verhaftung Ende November 1952 in Luckenwalde war eine groß angelegte Aktion des MfS mit wochenlanger vorangegangener Überwachung, die offenbar weniger unauffällig als verunsichernd sein sollte, und tagelangem Vorlauf nebst eigens inszenierter Zugverspätung. Merker sollte im Zentrum eines deutschen Schauprozesses stehen, zu dem es aber wegen des Moskauer Machtwechsels nach Stalins Tod nicht mehr kam. 1955 trotzdem in einem nichtöffentlichen Prozess zu acht Jahren Zuchthaus verurteilt, wurde er bereits im Folgejahr freigelassen, weil das Zentralkomitee der SED nunmehr befand, »dass die ihm zur Last gelegten Anschuldigungen in der Hauptsache politischer Natur sind, die eine strafrechtliche Verfolgung nicht rechtfertigen«.

Ein ganz anderer, unzweifelhaft unschuldiger, aber im ideologischen Befund millionenfach zur Sabotage eingesetzter US-Agent war der Kartoffelkäfer, der seit 1950 zur Plage wurde und in der Spionagepropaganda instrumentalisiert wurde. Wie schon die Nazis sah nunmehr die DDR-Regierung hinter der Invasion des »Amikäfers« eine »Waffe des US-Imperialismus gegen die friedliebende Arbeiterklasse« und suchte durch dieses Propagandamanöver davon abzulenken, dass man der Plage nicht Herr wurde. Als schlagender Beweis dafür diente die Tatsache, dass der US-Bundesstaat Colorado die Heimat des Kartoffelkäfers ist – selbst das trockene Parteiorgan *Neues Deutschland* war sich im Frühjahr 1950 für diesbezügliche Berichterstattung nicht zu schade: »Das Amt für Information teilt mit: Die Behörden der Republik sind einem ungeheuerlichen verbrecherischen Anschlag auf die Spur gekommen. In der vergangenen Nacht wurden von amerikanischen Flugzeugen, die sich außerhalb der üblichen Flugzone bewegten, in Zwickau, Werdau und Lichtentanne, in Eibenstock und Bernsdorf Kartoffelkäfer in großen Mengen abgeworfen. In Werdau, Zwickau, Eibenstock und Bernsdorf wurden nach dem Überfliegen durch ein amerikanisches Flugzeug im Stadtgebiet Kartoffelkäfer in Mengen bis zu 100 Stück gefunden. Beim Überfliegen des Talsperrengebiets Sosa konnte festgestellt werden, daß das Attentat durch ein zweimotoriges Flugzeug durchgeführt wurde, das sich in Richtung auf die amerikanische Zone entfernte (…) Unter der Bevölkerung herrscht helle Empörung über den verbrecherischen Anschlag.«

Der Kalte Krieg der Supermächte bestimmte das Verhältnis der beiden deutschen Staaten und führte zu weiteren absurden Verwicklungen. In der deutsch-deutschen Spionagemaschinerie verfing sich in den 1950er-Jahren der ranghohe SED-Funktionär Kurt Vieweg, damals auf dem Höhepunkt seiner Karriere. Der Landwirtschaftsexperte hatte schon allerhand hinter sich, sein Leben war von den deutschen Zeitläuften ebenso bestimmt wie von den Machenschaften der Geheimdienste, für die er mal Agent, mal Zielperson, mal Opfer war. In jungen Jahren war er vom Wandervogel zur Hitlerjugend geraten und schließlich Kommunist geworden. Bereits damals lernte er konspiratives Verhalten, denn im Auftrag der KPD blieb er zunächst als U-Boot in der Hitlerjugend. Die NS-Zeit verbrachte er im dänischen und schwedischen Exil, wo er weiter für die Partei spionierte, ging 1946 in die spätere DDR und stieg dort rasch auf. Als Generalsekretär der »Vereinigung der gegenseitigen Bauernhilfe« und engagiert in der Deutschlandpolitik – ein gesamtdeutscher Staat schien damals noch eine Option – war er auch im Westen aktiv und spionierte dort außerdem für den DDR-Auslandsnachrichtendienst APN, der als Vorläufer der Hauptverwaltung A (HVA) der Stasi die westdeutschen Parteien und Massenorganisationen ausspähte. Als infolge der vom Westen abgelehnten Vorschläge Stalins zur Wiedervereinigung in der DDR die Deutschlandpolitik mit einem Mal abgeschrieben war, weckten Viewegs Westkontakte Misstrauen bei seiner eigenen Partei, die eine Untersuchung gegen ihn einleitete. Seine Arbeitskontakte zu Landwirtschaftsverbänden im Westen, sein westeuropäisches Exil, aber ebenso die Westexilanten und ehemaligen Kriegsgefangene der Westalliierten, die in seinem DDR-Verband hohe Positionen besetzten, obwohl sie als potenzielle Spione galten – das alles sprach gegen Vieweg, denn es bedeutete in den Augen der SED-Parteikontrollkommission nichts weniger, als dass auch Vieweg Agent des Westens war und weitere feindliche Agenten in höchste Positionen einschleuste. Rasch fanden sich Denunzianten, die über die dänische Exilzeit Viewegs unüberprüfbare Anschuldigungen erhoben, andere unterstellten ihm unlauteren Umgang mit Parteigeldern. Der Aufstand vom 17. Juni 1953 und seine Weiterungen verschafften Vieweg eine Atempause, er wurde einstweilen nur auf einen wissenschaftlichen Posten abgeschoben. Doch als er eigenwillige agrarpolitische Forderungen erhob, leitete das MfS einen Vorgang ein und sammelte weiteres belastendes Material. Der unerschrockene, selbstsichere und gut vernetzte Vordenker ließ sich nicht beirren, womit er ungewollt die Front seiner Gegner stärkte. Als 1957 SED-Chef Ulbricht seine Ideen offiziell als »konterrevolutionär« und als »Restauration des Kapitalismus in der Landwirtschaft« sowie Vieweg selbst inoffiziell als »nicht richtig im Kopf« bezeichnete, wurde es brenzlig. Ein Parteiverfahren wurde eingeleitet und Vieweg verlor seine diversen Posten. Im März floh er über Berlin in die Bundesrepublik und wollte weiter nach Jugoslawien, das aus dem Moskauer Gleichschritt ausgeschert war. Agenten des britischen und des US-Geheimdienstes traten an ihn heran; gleichzeitig bemühte sich das MfS um den verlorenen Sohn und Markus Wolf versprach, ihm bei einer Rückkehr keine Schwierigkeiten zu machen. Als sich die Hoffnungen auf Jugoslawien zerschlugen, kehrte Vieweg im Herbst freiwillig zurück in die DDR – und wurde entgegen der Zusicherung in Stasi-Schutzhaft genommen. Inzwischen hatte eine gesamtdeutsche Politik für die SED vollends ausgedient, mochte das Ideal auch Gegenstand der Propaganda bleiben, Erich Mielke war neuer MfS-Chef und Viewegs wenige verbliebene Fürsprecher konnten ihm nicht mehr helfen. Das Urteil erging auf zwölf Jahre Zuchthaus, von denen er bis zu seiner Begnadigung 1964 fünf absaß.

Aus welchen Gründen auch immer – Vieweg arbeitete nach seiner Entlassung weiter engagiert für das MfS, erstellte wissenschaftliche Gutachten, nutzte seine vielfältigen Kontakte nach Skandinavien und wurde schließlich als IM auf einen westdeutschen Diplomaten angesetzt, der mit Viewegs zweiter Frau verwandt war. Interessant für das MfS war dabei die Reaktivierung eines alten Kontaktes zu Herbert Wehner, den Vieweg aus dem skandinavischen Exil kannte und nach seiner Flucht aus der DDR aufgesucht hatte. Als ehemaliger Kommunist und SPD-Spitzenpolitiker in der Bundesrepublik stand Wehner stets im Visier von SED und MfS. Obwohl weiterhin in der Parteisicht verfemt, hatte sich Vieweg schließlich wieder emporgearbeitet – bis zum außerordentlichen Professor in Greifswald und der Stasi-Erlaubnis, den im Osten eigentlich verbotenen *Spiegel* zu abonnieren. Im Auftrag der HVA-Abteilung X, zuständig für Desinformation, verfasste er eine umfängliche Rezension der Memoiren von BND-Chef Reinhard Gehlen und schrieb über die Aktivitäten der Nazi-Agenten in Nordeuropa während des Zweiten Weltkriegs.

WESTDEUTSCHLANDS
ERSTE GEHEIMDIENSTSKANDALE

Als in der Bundesrepublik 1956 BND und MAD gegründet wurden, war mit dem Bundesamt für Verfassungsschutz auch der Inlandsnachrichtendienst schon einige Jahre tätig. 1950 gegründet, wurde auf Betreiben der Briten und gegen erbitterten Widerstand Otto John sein erster Präsident – und sorgte 1954 für den ersten großen Geheimdienstskandal der westdeutschen Nachkriegsgeschichte. John bildete gewissermaßen ein Gegengewicht zu Reinhard Gehlen. Zum einen, weil Gehlen zum Mann der Amerikaner geworden war, John seinen Posten aber den Briten verdankte. Zum anderen, weil John im Gegensatz zum NS-belasteten Gehlen den deutschen Widerstand gegen Hitler vertrat. Damit aber galt er vielen weiterhin als Verräter und außerdem zweifelhaft, weil er nach dem gescheiterten Hitler-Attentat am 20. Juli 1944, an dessen Vorbereitungen er beteiligt war, emigriert und erst Ende der 1940er-Jahre nach Deutschland zurückgekehrt war. Noch dazu hatte John bei den Nürnberger Prozessen für die britische und US-Anklage gearbeitet, was seine Beliebtheit nicht eben steigerte. Vor allem der Verdacht, er sei englischer (wahlweise auch kommunistischer) Agent, wurde gegen seine Berufung an die BfV-Spitze angeführt. In seinem Amt bewies sich John hingegen als ausgewogen, denn er arbeitete gleichermaßen gegen Extremismus von rechts und links, die beide die junge westdeutsche Demokratie gefährdeten. Als unabhängiger Kopf aber, der weder biografisch noch politisch in die neuen Denkschablonen passte, geriet John zwischen die Fronten des Kalten Kriegs.

Am Abend des 20. Juli 1954, nachdem in Westberlin der zehnte Jahrestag des missglückten Attentats offiziell begangen worden war, verschwand John plötzlich und tauchte kurz darauf in Ostberlin auf. In zwei Rundfunkerklärungen und einer Pressekonferenz verurteilte er die Wiederbewaffnungs- und Westbindungspolitik der Regierung Adenauer, die eine

Wiedervereinigung verhindere, geißelte den wachsenden Einfluss alter Nazis in Westdeutschland und erklärte seinen Seitenwechsel damit, nur so das nötige Gehör für seine Kritik erlangen, die Öffentlichkeit aufrütteln und von der Aufrichtigkeit der östlichen Friedenspolitik überzeugen zu können. Dann wurde er vom KGB in die Sowjetunion gebracht, wo er bis Ende des Jahres befragt wurde. Für die östlichen Geheimdienste war der Chef eines westdeutschen eine erstrangige Quelle, und John gab zahlreiche Informationen weiter, offenbar aber nichts Brisantes.

Aus der UdSSR kehrte John nach Ostberlin zurück und wurde von der DDR gleichzeitig hofiert und streng überwacht. Er bekam ein Büro mit Sekretärin gestellt, außerdem eine Villa am Zeuthener See im Berliner Südosten. Während all dies einen guten Eindruck machen sollte, war John in Wahrheit ständig von Mitarbeitern der DDR-Staatssicherheit umgeben, Haushälterehepaar und Chauffeur inbegriffen. Sein Eintreten gegen die Adenauer-Regierung war für die DDR-Propaganda ein Glücksfall, aber Alleingänge waren unerwünscht. Vortrefflich schien der Fall John zu beweisen, dass in der Bundesrepublik Kritik an der Regierung nicht möglich war – was allerdings nicht stimmte, denn Wiederbewaffnung und Westbindung wurden durchaus leidenschaftlich debattiert. Aber warum hatte sich John daran nicht beteiligt und sich stattdessen zum Instrument des Ostens machen lassen? Nachdem die Bundesregierung anfangs John als Opfer einer Entführung dargestellt hatte, schwenkte sie alsbald um und bezichtigte ihn des Hochverrats. Bis heute ist umstritten, was genau hinter der Affäre steckte: Hatte John freiwillig oder erzwungen rübergemacht? Und auf welcher Seite stand er?

Vermutlich war Johns Gang nach Osten ein Zersetzungsprojekt des KGB gegen einen ranghohen westdeutschen Geheimdienstler, für den ein Charlottenburger Frauenarzt und schillernder Bonvivant namens Wolfgang Wohlgemuth verpflichtet wurde. Nach dem Zeugnis eines Überläufers war der Arzt, den John seit Langem kannte, KGB-Agent. John berichtete später, Wohlgemuth habe ihn betäubt und ins Hauptquartier der Sowjets nach Berlin-Karlshorst verschleppt. Aufgewacht sei er erst Tage später. Dass John im Osten auf das Spiel einging, ist auf die Ausweglosigkeit seiner Situation zurückzuführen – immerhin verschwanden zu dieser Zeit in Westberlin ständig Menschen und tauchten meistens nie wieder auf. Vor seiner Reise hatte John mit den Abteilungsleitern seiner Behörde besprochen, dass im Entführungsfall das Richtige sei mitzumachen, um bei erster Gelegenheit zu fliehen. Nur war das angesichts der lückenlosen Rundumbewachung Johns nicht so einfach. Außerdem sollte der Entführte sich mit einem Stichwort offenbaren – allerdings hatte man versäumt, ein solches zu vereinbaren. Um trotzdem seine Zwangslage mitzuteilen, unterstrich John später in einem Brief an seine Frau das Wort »gezwungen«. John wusste, dass er streng überwacht wurde und eine Flucht ausgesprochen schwierig war. Nicht wissen konnte er allerdings, wer im Westen vertrauenswürdig genug für eine Kontaktaufnahme war. Schließlich wurde ein dänischer Journalist zum Fluchthelfer, der wie John mit Preußen-Prinz Louis Ferdinand gut befreundet war. Am 12. Dezember 1955 ließ sich John zur Ostberliner Humboldt-Universität fahren, angeblich um einen Dozenten zu treffen. Während seine Bewacher am Hintereingang warteten, lief der Entführte durch das Gebäude geradewegs zum Haupteingang, wo Unter den Linden schon der Däne wartete. Minuten später passierten sie ohne Probleme am Brandenburger Tor die Sektorengrenze. John wurde sogleich per Flugzeug nach Köln gebracht und dort festgenommen. Ein Jahr später erkannte der Bundesgerichtshof in Karlsruhe auf »landesverräterische Fälschung in Tateinheit mit landesverräterischer Konspiration im besonders schweren Falle« und verurteilte John zu vier Jahren Zuchthaus. Man glaubte ihm nicht, entführt worden zu sein, vielmehr sei er freiwillig in die DDR gegangen und habe sich dort in den Dienst der Ost-Propaganda gestellt. Die Beweisführung ist jedoch zweifelhaft: Weder ließen die vorliegenden Beweise, Aussagen und Gutachten einzig den Schluss zu, der

Verfassungsschutz-Chef habe freiwillig die Seiten gewechselt, noch waren alle Zeugen glaubwürdig. Die wichtigsten unter ihnen handelten offenbar im Auftrag der DDR-Staatssicherheit. In Sachen Loyalität hatte sich John zuvor zudem nichts zuschulden kommen lassen, wie das Gericht sogar ausdrücklich feststellte. Aber im Klima des Kalten Krieges stand die Sache im Zweifel gegen den Angeklagten. John hatte Gegner, die dieses Urteil sicher zufriedenstellte. BND-Chef Gehlen beispielsweise befand: »Einmal Verräter, immer Verräter.« Nach seiner Entlassung 1958 verbrachte John den Rest seines Lebens damit, seine Rehabilitierung zu erreichen, die ihm bis zu seinem Tod 1997 verwehrt blieb, wenn man von einer spät gewährten Gnadenrente absieht – unter anderem weil die Stasi weiterhin ihre Finger im Spiel behielt. Sie sammelte bis zu ihrem Ende stattliche 24 Aktenbände zum Fall John an.

Johns Konkurrent Reinhard Gehlen hatte schon sehr früh begonnen, eine große Zahl an Mitarbeitern zu rekrutieren, was seine Organisation rasant wachsen ließ. Das mag Teil einer Überlebensstrategie gewesen sein, in jedem Fall barg es Gefahren, wie sich erweisen sollte. Dass sich in der »Organisation« eine Naziclique bilden konnte und sich viele mit zweifelhafter Vergangenheit tummelten, auch wenn Gehlen sie nicht auf die Leitungsebene vorließ, machte den Dienst angreifbar. Gehlens mangelnde Erfahrung in der Spionageabwehr ermöglichte überdies dem KGB die Unterbringung eigener Agenten in Pullach – nicht selten war er dort mit Rekrutierungsversuchen ausgerechnet unter jenen Nazis erfolgreich, die sich als strenge Antikommunisten gaben. Bereits 1948 hatte die CIA intern bemängelt, die innere Sicherheit der Organisation Gehlen sei zweifelhaft und unzulänglich, was Unterwanderung ermögliche und damit auch den US-Geheimdienst gefährde: »Wir haben keine Ahnung, ob die Russen ihre Leute bei RUSTY einschleusen.« Das taten sie, und einer von ihnen verhalf der jungen Bundesrepublik zu ihrem nächsten großen Geheimdienstskandal, dem Osten zu einem politischen Triumph und Reinhard Gehlen fast zu seiner Ablösung.

Anfang 1950 traf sich Johannes Clemens – ein verhinderter Konzertpianist und ehemaliger SD-Mann mit weiterhin besten Kontakten zu »alten Kameraden« und als Teilnehmer von Erschießungen an Zivilisten in Italien vielfacher Kriegsverbrecher – in seiner Heimatstadt Dresden mit dem Liebhaber seiner Frau Gerda, von der er getrennt lebte. Der war ein KGB-Mann, ließ sich Max nennen und bot Clemens, der inzwischen in Köln wohnte und bereits für den britischen Geheimdienst tätig gewesen war, eine Zusammenarbeit an. Clemens ließ sich bereitwillig darauf ein und erhielt den Auftrag, ehemalige SD-ler, SS-Leute und andere Nazis, die inzwischen für westliche Geheimdienste arbeiteten, für die Sowjets anzuwerben. Bald darauf stieg der recht beleibte und stark kurzsichtige Clemens bei der Organisation Gehlen ein, wo sein Auftrag gleichlautend war: alte Seilschaften zur Gewinnung neuer Mitarbeiter nutzen. In seiner Akte verzeichnete der KGB später, er habe geholfen, »die Enttarnung wertvoller Agenten zu verhindern und Operationen zu unterbinden, die gegen sowjetische Vertretungen in der BRD gerichtet waren«.

Noch aus Dresdner Zeiten kannte Clemens Heinz Felfe, den er 1948 in Köln wiedertraf. Der dreißigjährige Felfe war ein überaus fähiger Geheimdienstmann und ungemein von sich überzeugt, was ihn nicht eben sympathisch machte. Doch Clemens und Felfe verstanden sich offenbar bestens – in jedem Fall, wenn es um ihren Beruf ging und darum, wie sich daraus mehr Kapital schlagen ließ. Gemeinsam fuhren sie ins sowjetische Hauptquartier Berlin-Karlshorst, und bei einem geselligen Zusammensein mit Max und großen Mengen Champagner wurde auch Felfe mit den Russen handelseinig. Da er bald ebenfalls Gehlen-Agent wurde, rangierten die beiden fortan beim KGB unter den Decknamen Peter und Paul und arbeiteten zur größten Zufriedenheit ihrer östlichen Auftraggeber. Das Material wurde stets filmreif an den Mann gebracht: in Koffern mit doppeltem Boden, via totem Briefkasten und sogar in Babynahrung versteckt, die Clemens an seine schwangere Dresdner Verflossene schickte. Außerdem rekrutierten Peter und Paul einen BND-Mann als Kurier; besonders dringende Botschaften funkte Clemens an die Ostberliner KGB-Zentrale. Abgesehen von wirtschaftlichen Interessen trugen noch weitere Eigenschaften dazu bei, dass Peter und Paul sich als Doppelagenten verdingten: Als alte SD-Männer waren ihre Loyalitäten der Bundesrepublik gegenüber ohnehin gering, Engländer und Amerikaner verachteten sie. Felfe beispielsweise schien nur dann ein Herz zu haben, wenn es um die verheerende alliierte Bombardierung seiner Heimatstadt Dresden ging. Dazu kam persönliche Überheblichkeit, denn die beiden zeigten sich so von ihren exzellenten Fähigkeiten überzeugt, dass es ihnen eine grimmige Befriedigung verschafft haben muss, die Siegermächte gewissermaßen gegeneinander auszuspielen. Sie waren darin auch einige Zeit sehr gut – Felfe gilt als einer der erfolgreichsten Spione des Kalten Kriegs. Dass der größte Vorteil aufseiten der Sowjets lag, mögen die beiden Doppelagenten dabei großzügig übersehen haben.

1955 musste sich ein Agent der Organisation Gehlen in der DDR wegen Westspionage vor Gericht verantworten. Einen CIA-Mitarbeiter, der bereits durch einen russischen Überläufer von Peter und Paul erfahren hatte, ohne sie aber einstweilen identifizieren zu können, brachten dessen Aussagen Felfe und Clemens immerhin nahe. In dem Prozess waren nämlich Details verhandelt worden, die nur von höherer Stelle stammen konnten, und eine lange Recherche endete bei Heinz Felfe. Ein gutes Jahr später wurde Gehlen informiert, der aber verschwieg, dass Felfe bei internen Nachforschungen längst in Verdacht geraten war. Statt der Angelegenheit weiter nachzugehen – immerhin hatten sich gerade die Hinweise verdichtet und es ging um nichts weniger als Unterwanderung seines Dienstes durch den KGB –, blieb Gehlen untätig. Offenbar hielt er die Beschuldigungen für unbegründet oder verleumderisch, oder wollte das zumindest glauben. Außerdem leistete Felfe exzellente Arbeit, was ihm den Posten des Leiters »Gegenspionage Sowjetunion« eingebracht hatte. Allerdings beruhte die brillante Leistung vor allem auf Zuarbeit des KGB, mit dessen Hilfe Felfe etwa geheime Protokolle der DDR-Regierung erhalten oder einen Sowjetagenten enttarnt hatte – und dafür in Pullach viel Lob erntete. Die größte Anerkennung von Gehlen selbst erwarb sich Felfe, als er in der »Operation LENA« einen ostdeutschen Journalisten und KGB-Agenten für die Organisation Gehlen anwarb. Aber was das Bravourstück eines loyalen Agenten gewesen wäre, war tatsächlich nichts weiter als bloße Absprache unter KGB-Kollegen. Nichts ahnend vom Hintergrund, der zum Fang dieses großen Fisches geführt hatte, wollte Gehlen daraus größten Nutzen ziehen. Er zog Bundeskanzler Adenauer ins Vertrauen, weil er den KGB-Mann mit Material anfüttern wollte. Das durfte die Sicherheit der Bundesrepublik zwar nicht gefährden, musste aber gleichzeitig die Sowjets zufriedenstellen, mithin hochwertiges Material sein. Trotz einigen Widerstandes bei den zuständigen Ministern gelang Gehlen in Bonn die Durchsetzung von Operation LENA. Noch dazu durfte ausgerechnet Felfe aus den Regierungsunterlagen diejenigen auswählen, die er den Sowjets zukommen lassen wollte. Der KGB rieb sich die Hände und durfte sich insgeheim amüsieren über die Konstellation, die ihm derart zuspielte: Abgesehen von Gehlens Ahnungslosigkeit drohte auch von amerikanischer Seite vorerst keine Gefahr. Trotz der Verdachtsmomente bei US-Geheimdienstlern verhinderte nämlich die Konkurrenz zwischen CIA und dem Army-Geheimdienst CIC, dass Felfe von dieser Seite aufflog. Gehlen wiederum wollte sich nicht vorstellen, dass sein bester Mann Ostagent war, und gab stattdessen alle geheimdienstlichen Instinkte auf. Warnende Hinweise tat er ab als Neid gegen einen erfolgreichen Agenten mit messerscharfem Verstand, der als kalter und arroganter, ehrgeiziger und unnahbarer Kollege galt, oder als unbegründete Verdächtigungen gegen einen NS-Belasteten seitens derer, die die vermeintliche Nazi-Unterwanderung des westdeutschen Geheimdienstes anprangerten. Wegen seiner SD-Vergangenheit hatte er Felfe ebenfalls gedeckt. Vielleicht aber war, weil es um geheime Staatsinterna ging, die Sache für Gehlen bereits so brandgefährlich geworden, dass er in eigenartiger Nibelungentreue zu seinem Gegenspionage-Leiter hielt.

Die Dinge nahmen ihren Lauf, den weiterhin der KGB bestimmte. Auch als sich abzeichnete, dass Felfes Deckung nicht mehr lange aufrechterhalten werden könnte, war für den KGB der Schaden des verlorenen Maulwurfs geringer als der Vorteil, den der Skandal im westdeutschen Geheimdienst versprach, denn der würde die Bundesrepublik zweifellos schwer erschüttern. Möglich, dass der KGB die Enttarnung Felfes schließlich sogar förderte, um den jungen westdeutschen Staat zu destabilisieren – bis heute eine bekannte Praxis des sowjetischen Geheimdienstes. Ohnehin hatte Felfe dem KGB bereits eine Menge geliefert: Agentenlisten, Deckadressen, aktuelle Gehlen-Operationen, die Berichte der Spionageabwehr und Abhörberichte – im Ganzen 16 000 Mikrofotos und 20 Tonbänder. Edelstes Material für die Sowjets, die damit bestens im Bilde waren über den westdeutschen Geheimdienst. Später berichtete Felfe, er habe keine deutschen Spione in der UdSSR verraten – weil es die gar nicht gab. Wie auch immer, als Spion erster Güte konnte er sich der Unterstützung des KGB sicher sein, selbst wenn er aufflog und im Gefängnis landete. Sein KGB-Führungsoffizier Witali Korotkow bezeichnete ihn als »Muster an Arbeitseifer«, wozu sicher auch das stattliche Salär von am Ende 2000 D-Mark monatlich beitrug. 1988 äußerte Felfe in einem von der Stasi abgehörten Privatgespräch: »Der private Ehrgeiz ist die große Triebkraft.«

Die Enttarnung Felfes verdankte sich einem polnischen Informanten des CIA mit dem Decknamen »Heckenschütze«, der im Frühjahr 1958 über die US-Botschaft in Bern den Amerikanern Berichte über den KGB anbot. Ein konspirativer Kommunikationsweg wurde eingerichtet, der jedem Hollywooddrehbuch zur Ehre gereichte: ein Postfach im Westen

Berlins, eine Notfalltelefonnummer, Kleinanzeigen in einer Frankfurter Zeitung sowie zwei tote Briefkästen – der eine in einer öffentlichen Toilette im Westberliner Tiergarten, der andere in einem hohlen Baumstumpf in Warschau am Weg des Heckenschützen zur Arbeit. (Der Baumstumpf stand da nicht etwa bereits und wurde präpariert, sondern wurde per Diplomatenpost aus den USA geschickt und an Ort und Stelle aufgestellt.) Zweieinhalb Jahre lieferte Heckenschütze, der mit Klarnamen Michał Goleniewski hieß und als Tripelagent für CIA, KGB und den polnischen Geheimdienst arbeitete, jede Menge Material, manches bedeutungslos, manches überaus wertvoll. Seine Zuarbeit führte beispielsweise 1961 zur Enttarnung von George Blake, der den Berliner Abhörtunnel an den KGB verraten hatte. Unter Goleniewskis Hinweisen war auch der auf einen Maulwurf im BND, dessen Name der Pole nicht kannte – aber trotzdem konnten die CIA-Agenten den Mann, der ihnen bereits suspekt war, ohne dass eindeutige Beweise vorgelegen hätten, endlich zweifelsfrei identifizieren: Heinz Felfe. Ende 1960 setzte sich der Heckenschütze schließlich in den Westen ab; Anfang Januar 1961 wurde er nach Washington ausgeflogen.

Nun war für Reinhard Gehlen die Stunde der Wahrheit gekommen – die CIA setzte ihn Anfang 1961 von den Verdachtsmomenten gegen Heinz Felfe in Kenntnis. Der wurde fortan scharf überwacht, um ihn im geeigneten Moment dingfest zu machen. Unfreiwillig kam schließlich Clemens zu Hilfe, der leichtsinnigerweise einen verschlüsselten Brief des gemeinsamen Führungsoffiziers mit einfachem Einschreiben zur Dechiffrierung an Felfe weiterleitete. Im November 1961 wurde Felfe verhaftet und zusammen mit Clemens und ihrem Kurier wegen Landesverrats vor Gericht gestellt. Clemens erhielt zehn, Felfe 14 Jahre Gefängnis, von denen er nur noch knapp sechs absitzen musste, denn 1969 wurde er gegen 21 in der DDR Inhaftierte ausgetauscht. Nach einem kurzen Zwischenspiel beim KGB wurde Gehlens ehedem bester Mann außerordentlicher Professor für Kriminalistik an der Ostberliner

Humboldt-Universität. Dem wendigen Gehlen gelang es trotz der Blamage, sich im Amt zu halten.

Im Fall Felfe hatte am Ende die Zusammenarbeit zwischen CIA und BND doch noch geklappt, wenn auch ein handfester Skandal nicht mehr zu vermeiden war. Kooperation zwischen den Geheimdiensten verbündeter Staaten sind weniger Freundschaftsdienste als Geschäfte. Im Fall der NATO-Partner Bundesrepublik und Vereinigte Staaten profitierte Bonn von den enormen internationalen Kapazitäten der CIA, zunehmend auf technischem Gebiet; die Bundesrepublik besaß beispielsweise keinen Aufklärungssatelliten. Die CIA wiederum konnte die Zuarbeit des BND da nutzen, wo die Deutschen besonders gut waren, so ihre menschlichen Quellen in Osteuropa, Ägypten und Zentralafrika. Und dann war da natürlich der Standortfaktor direkt am Eisernen Vorhang, zumal die USA auch nach der Gründung der Bundesrepublik und dem Bonner Vertrag alliierte Sonderrechte genossen, darunter in ihrer Geheimdiensttätigkeit auf deutschem Boden. Nirgendwo sonst gab es eine so lange Grenze zwischen den beiden Bündnissystemen, und folgerichtig wurde Westdeutschland zur größten Operationsbasis der CIA. Die US-Bodenstationen zur Signalaufklärung in Berlin, Augsburg und Bad Aibling wurden erst mit der Wiedervereinigung den Deutschen übergeben – und arbeiten weiterhin auch für die Amerikaner. Weitere Vorteile ergaben sich durch die Zusammenarbeit der NATO-Mitglieder untereinander, doch an die singuläre Kooperation zwischen den Geheimdiensten der Vereinigten Staaten und Großbritanniens reichte die deutsch-amerikanische Zusammenarbeit heran.

AGENTEN GEGEN DAS EIGENE VOLK

In der DDR brachte der Aufstand vom 17. Juni 1953 die Regierung zwar nicht zu Fall, auf die politischen Verhältnisse aber wirkte er nachhaltig ein. Den Regierenden war angst und bange geworden – schließlich hatten nur sowjetische Panzer sie vor dem geballten Volkszorn retten können. Spätestens jetzt konnte die Staats- und Parteiführung sich der Loyalität der Bevölkerung nicht mehr sicher sein und es galt, die Wiederholung einer solchen »Konterrevolution« unbedingt zu verhindern. Stasi-Chef Zaisser wurde abgelöst, denn eine Staatssicherheit, die eine solche Bedrohung nicht vorhergesagt, geschweige denn vorab vereitelt hatte, musste zur Verantwortung gezogen werden. Nachfolger wurde Ernst Wollweber, bis 1957 Erich Mielke an die MfS-Spitze trat. Die Drahtzieher des Aufstandes, die man im Westen wähnte, konnten allerdings nicht ermittelt werden – es gab sie gar nicht. Der ideologische Reflex aber ließ sich nicht unterdrücken: Politbüromitglied Hermann Matern erklärte gegenüber der Stasi-Führungsebene, überall in der DDR gebe es Agentennester des Westens, überall seien imperialistische Spione am Werk – in allen wirtschaftlichen, politischen und gesellschaftlichen Bereichen – und müssten unschädlich gemacht werden. Diese Arbeit sollte von Kampagnen flankiert werden, um »die breiten Massen zur Mitarbeit aufzufordern (...) und auf der anderen Seite den Agenten Angst und Schrecken einzujagen, dass sie unbedingt und in jedem Fall erwischt und liquidiert werden. Wir müssen den Feind mit allen Mitteln zersetzen (...)« Es ging also um nichts weniger, als stets und überall präsent zu sein, um die Arbeit des Feindes zu vereiteln. Bald wurden Verhaftungszahlen vorgegeben und zur Planerfüllung in gezielten Aktionen namens »Blitz«, »Feuerwerk« oder »Rakete« jeweils Hunderte mutmaßliche Gegner festgenommen, vom Genossenschaftsbauern bis zum Parteifunktionär. Die Propagandamaschinerie machte davon regen Gebrauch, kein Tag verging ohne Berichte über Westagenten, ihr finsteres Treiben und ihre Dingfestmachung durch die staatlichen Sicherheitsorgane.

Aller Propaganda über die »Wühlarbeit des Westens« zum Trotz richtete sich das Misstrauen des Staates mehr denn je gegen das eigene Volk. Jetzt standen nicht mehr nur Widerständler gegen den Staatsaufbau nach sowjetischen Vorstellungen und die rigorose Durchsetzung der SED-Einparteienherrschaft im Fokus der Staatssicherheit, sondern die Bevölkerung generell. Der sollte unmissverständlich klargemacht werden, dass Staat und Partei ihr Machtmonopol unter allen Umständen durchsetzen würden. Gleichzeitig sollte das MfS die ostdeutsche Bevölkerung umfassend ausspähen, um nicht noch einmal unvorbereitet von einem Aufstand überrascht zu werden. Dafür errichtete man nach und nach ein System ständiger Repression und Überwachung.

Obwohl der ostdeutsche Staat sich nach dem Mauerbau konsolidierte, baute Mielkes MfS die Bespitzelung der Bevölkerung sogar noch weiter aus. Zu den verschiedenen Maßnahmen gehörte die Postüberwachung, bei der es die DDR zu zweifelhafter Berühmtheit brachte. Allerdings wurden die enormen Zahlen zur Stasi-Lektüre abgefangener Briefe inzwischen relativiert, denn sie entsprechen vermutlich weniger der Realität als internem Wunschdenken über den unermüdlichen Einsatz der Mitarbeiter. Nicht jede Sendung wurde geöffnet und gelesen, *konnte* aber theoretisch im Netz der Stasi hängen bleiben. Mit den aus der Postkontrolle und durch ihre Zuträger in den Betrieben und anderswo gewonnenen Informationen erstellte die Stasi Stimmungsberichte der Bevölkerung. Staatschef Ulbricht wusste die Berichte nicht recht zu würdigen, denn ein Gutteil der darin enthaltenen Nachrichten bezog sich darauf, wie sehr die Menschen ihn ablehnten.

Auch die Grenz- und die Transportpolizei wurden dem MfS unterstellt, das außerdem eigene kasernierte Wacheinheiten unterhielt, um die eigenen Liegenschaften und wichtige staatliche Gebäude zu bewachen. Nach dem Mauerbau kamen der Staatssicherheit die Sicherung und die Kontrollen der Grenze, außerdem die Aufgabe der »Hinterlandsicherung« zu, um »Grenzverletzungen« schon im Vorfeld zu verhindern – nach Möglichkeit so früh wie möglich. Dazu gehörte die Informationsbeschaffung über Fluchtabsichten: Jede unbedachte Äußerung von Fluchtgedanken konnte nunmehr bei der Stasi landen. Ein weiteres Betätigungsfeld war seit den 1960er-Jahren die Beobachtung jugendlicher Subkulturen, die politisch wie moralisch zweifelhaft schienen. Politische Opposition wurde nicht mehr nur durch direkte Repression bekämpft, sondern zunehmend durch Unterwanderung und Zersetzung. Die dafür eingesetzten inoffiziellen Mitarbeiter (IM) wurden intern als schärfste Waffe angesehen, ihre Zahl aber ist umstritten: Im MfS war für Anfang 1989 von 109 281 IM die Rede, nach 1990 wurde in Untersuchungen die Zahl auf fast 190 000 heraufgesetzt. Umgerechnet auf eine Bevölkerungszahl von 17 Millionen ist die Zahl in jedem Fall riesig. Geschätzte 15 000 IM arbeiteten für die Hauptverwaltung Aufklärung (HVA), den DDR-Auslandsnachrichtendienst, darunter etwa 1550 Bundesbürger, aber auch diese Angabe ist umstritten.

IM waren nicht als Stasi-Leute erkennbar, sondern spionierten in ihrem Umfeld oder unterwanderten in Tarnidentität und mit einem Spähauftrag versehen dem Staat verdächtige Gruppen. In einer internen Direktive hieß es: »Die Hauptkräfte für die Bearbeitung Operativer Vorgänge sind die IM, da sie am umfassendsten in die Konspiration des Feindes eindringen, diese weitgehend enttarnen, zielgerichtet auf die verdächtigen Personen einwirken und solche Informationen und Beweise gewinnen können, die eine offensive, tatbestandsbezogene Bearbeitung Operativer Vorgänge gewährleisten.« Für eine IM-Tätigkeit ging das MfS in den meisten Fällen von sich aus auf mögliche Kandidaten zu, von denen viele durchaus den Mut aufbrachten, Nein zu sagen. 1987 beispielsweise war es ein Drittel der Angesprochenen, die sich verweigerten, was im Allgemeinen keine negativen Konsequenzen nach sich zog, aber doch Rückgrat erforderte. Andere unterschrieben zum Schein, lieferten aber keine Berichte. Und wieder andere ließen sich darauf ein, sei es aus Überzeugung, sei es aus Staatshörigkeit, aus Angst vor möglichen Nachteilen oder auch aus Lust an der konspirativen Tätigkeit. Und es gab IM, die zu ihrer Spitzelarbeit vom MfS erpresst wurden.

Die inoffiziellen Mitarbeiter trugen erheblich zur öffentlichen Wahrnehmung bei, die »Firma Horch und Guck« sei omnipräsent und man stehe stets unter latenter Kontrolle – was wiederum ein ständiges Misstrauen erzeugte, das nur diejenigen wirklich ausnehmen konnte, denen man voll vertraute. Selbst dann aber lag man häufig falsch, denn die Tarnung war mitunter regelrecht perfekt. In besonders extremen Fällen gingen IM sogar Liebesbeziehungen oder Ehen ein, um die Zielperson besonders effektiv auszuspähen. Die damalige Oppositionelle Vera Wollenberger (heute Lengsfeld) etwa stellte erst bei der Lektüre ihrer Stasi-Akte nach der Revolution 1989 fest, dass ihr eigener Mann sie über Jahre ausgespäht hatte. Natürlich wussten Angehörige der Opposition, dass sie im Visier des MfS standen, aber ihrem Mann hatte sie vertraut. Nach dem Ende der DDR wies er, im irrigen Vertrauen darauf, die Stasi habe das belastende Material vernichtet, alle Verdächtigungen auf eine IM-Tätigkeit zurück, bis die Beweislast erdrückend wurde. Dabei war er seit vielen Jahren IM gewesen – seine Frau allein im Stasi-Auftrag geheiratet zu haben, stritt er allerdings vehement ab. Ansonsten rechtfertigte er sich nach seiner Enttarnung eher larmoyant und verstand sich weiterhin als Teil der Friedensbewegung, die er ausgespäht und verraten hatte. Gleichzeitig von Schwäche und Selbstüberschätzung geprägt, ließ er sich benutzen und wollte nach eigener Aussage damit »große Politik« machen. Als Vera Lengsfeld, inzwischen geschieden, ihre Stasi-Akten 1992 einsah, wusste sie zwar von der Identität ihres Exmannes als »IM Donald«, aber die Lektüre geriet zur Qual: »Die schrecklichste Entdeckung lag längst hinter mir, aber was ich in den Akten an Gemeinheiten und Banalitäten des Bösen las, übertraf mein Vorstellungsvermögen.« Derart konkret auf eine Zielperson wurde nur eine geringe Zahl von IM eingesetzt, noch seltener war ein solcher Intimverrat. Die übergroße Mehrheit der IM befand sich im allgemeinen Einsatz, sie hielten als Spitzel und Denunzianten Augen und Ohren offen und meldeten, was immer ihnen meldenswert erschien. Natürlich waren es die spektakulären Fälle, die besonders großes Aufsehen erregten, wie Spionagefälle zu früherer Zeit ebenso. Bereits 1990 wurde kurz nach den ersten freien Wahlen zur DDR-Volkskammer im März der Spitzenkandidat der ostdeutschen Sozialdemokraten Manfred »Ibrahim« Böhme als Stasi-Mitarbeiter enttarnt – fast wäre er stellvertretender Ministerpräsident der letzten DDR-Regierung geworden. Über lange Zeit war Böhme eine Art Tausendsassa, eine Art Paradiesvogel in der grauen DDR: immer im Anzug und mit vorzüglichen Manieren, oft ein wenig devot und jederzeit eloquent. Für seinen zweifelhaften Umgang mit der Wahrheit, zunächst über die eigene Biografie, wurde der liebenswerte Exzentriker eher belächelt, und sein Lügengebäude hielt. Rückblickend ergibt sich das Bild eines liebes- und anerkennungsbedürftigen Heimzöglings, für den das konspirative Versteckspiel regelrecht zur Passion geworden sein muss, bis das Lügengebäude in sich zusammenfiel. Nach seiner Enttarnung zeigte sich Böhme weiterhin als nicht in der Lage, den vielfachen Betrug an Freunden und der vermeintlich gemeinsamen Sache einzugestehen, sondern blieb verfangen in seinem Gespinst aus halbseidenen Geschichten. Kaum auflösbar ist, was an seinen Geschichten der alten Spionagetaktik der Verschleierung und was dem inneren Zwang zur Lüge zuzuordnen ist. Einige Führungsoffiziere der DDR-Staatssicherheit müssen wahre Meister der Menschenführung gewesen sein, die virtuos mit den Idealen, Zwängen und Ängsten ihrer oft überaus geschickt ausgewählten inoffiziellen Mitarbeiter spielten. Im Fall Böhme profitierten sie vor allem von einer gebrochenen Persönlichkeitsstruktur, einer bemerkenswerten intellektuellen Brillanz und einem bereits vorhandenen Hang zu Lüge und Verstellung.

Vergleichbare Persönlichkeitsprofile verstand die Stasi an anderer Stelle ebenfalls zum Einsatz zu bringen. Große Aufmerksamkeit erhielt die Unterwanderung der Untergrundszene im damaligen Berliner Künstlerbezirk Prenzlauer Berg – später in bitteren Worten von Wolf Biermann als »blühender

Schrebergarten der Stasi« bezeichnet. Das Alternativ-Biotop der 1980er-Jahre im heruntergekommenen Altbauviertel wähnte sich immun gegen die Stasi – zwar gab man sich nicht der Illusion hin, verschont zu werden, wohl aber der, die grauen Männer zu erkennen und sich ihrer erwehren zu können. Tatsächlich aber befanden sich Stasi-Zuträger unter den Künstlern selbst. Die bekanntesten dieser IM waren Rainer Schedlinski und Sascha Anderson, dem der in seiner Wortwahl selten zimperliche Biermann später den wenig schmeichelhaften Namen »Sascha Arschloch« verpasste.

Die Prenzlauer-Berg-Szene war das Zentrum der »politischen Untergrundtätigkeit« in den 1980er-Jahren, für die bei der Stasi eigens die Hauptabteilung XX/9 gegründet wurde, die zahlreiche »operative Vorgänge« gegen Schriftsteller einleitete. Gleichzeitig wurden zur Unterwanderung IM eingesetzt – ideologisch verbrämt, um die renitenten Schreiber auf den rechten sozialistischen Weg zu bringen, tatsächlich zur Kontrolle und Zersetzung der Szene insgesamt. Die besten Aussichten, als Zuträger des MfS unentdeckt zu bleiben, hatten natürlich die Künstler selbst, während eingeschleuste IM mit Legende gerade in dieser Szene sehr leicht enttarnt werden konnten. Vielleicht wollte man den reinlichen Stasi-Leuten die verkeimte Welt der Oppositionellen auch nicht zumuten; in einem Stasi-Dokument ist jedenfalls von notwendiger Anpassungsfähigkeit die Rede und der Bereitschaft, »in schmutzigen Wohnungen bzw. von schmutzigen Tischen oder Geschirr zu essen«. Schedlinski und Anderson jedoch wurden als Informanten im Künstlermilieu aufgebaut. Anderson wurde bereits als Anfang Zwanzigjähriger als IM »David Menzer« verpflichtet, weitere Decknamen kamen hinzu. Einiges aus der Aktenlage spricht dafür, dass die Initiative von Anderson ausging. Zwar entzog er sich in der zweiten Hälfte der 1970er-Jahre der Stasi, ging auf deren ständiges Drängen dann aber wieder ein, offenbar unter dem Eindruck künstlerischen Misserfolgs und bei psychologisch äußerst geschickter Behandlung durch seine Führungsoffiziere. Wie Böhme war Anderson ein notorischer Lügner, ein begabter Blender und gewieft in konspirativer Vernebelungstaktik in eigener Sache. Seither berichtete Anderson regelmäßig und umfassend über die Künstlerszene, und aus seinen Berichten scheint eine ganz ähnliche Selbstüberschätzung hervor wie im Falle Manfred Böhmes. Schedlinski wurde sogar schon als Siebzehnjähriger als IM verpflichtet, angeblich wegen versuchter Republikflucht erpresst, wahrscheinlicher aber aus freien Stücken und eigener Initiative. Beide erwiesen sich als langjährig nützliche und fleißige Informanten, die bis 1986 von der Stasi-Mitarbeit des jeweils anderen nichts wussten. Während Anderson eher draufgängerisch und wagemutig war, erwies sich Schedlinski als eher zögerlich und vor allem labil. Bei allen Unterschieden waren sie unter einer spezifischen, psychologisch versierten Führung gefügige bis willige Instrumente ihrer Stasi-Betreuer. Die verstanden es offenbar, den jungen Künstlern den vermeintlichen Wert ihrer Tätigkeit nahezubringen und durch Aufmerksamkeit, Anerkennung und Einflussnahme eben den Halt zu geben, der ansonsten fehlte. Nach den Anschuldigungen Wolf Biermanns im Herbst 1991 leugneten Anderson und Schedlinski, im Sold des MfS gestanden zu haben, dann bestanden sie darauf, ohne ihr Wissen abgeschöpft worden zu sein – bis die Beweislast aus den Akten der bespitzelten Autorenkollegen erdrückend geworden war. Schedlinski war erfolgreicher darin, sich als Opfer zu präsentieren, missbraucht von der Stasi.

DDR-SPIONE IM BRISANTEN WESTEINSATZ

Wie effektiv der innere Überwachungs- und Spitzelapparat der DDR-Staatssicherheit angesichts des immensen bürokratischen Aufwands war, ist umstritten. Aber die vermeintliche Allgegenwart der Stasi diente als Disziplinierungsmittel, schon weil jeder jemanden kannte, der wegen unbedachter Äußerungen in die Bredouille geraten war. Dagegen gilt die

DDR-Auslandsspionage als Vorzeigedienst, als ein Geheimdienst vom Range eines Mossad oder MI5. Eine ähnlich geheimnisvolle Aura umgibt ihn, und von den vielen Büchern, die über die Hauptverwaltung Aufklärung (HVA) geschrieben wurden, stammen nicht wenige von ehemaligen Mitarbeitern, allen voran Markus Wolf, dem langjährigen HVA-Chef. Er gab das Gegenbild zum groben Stasi-Minister Mielke ab: Aus einer Künstlerfamilie stammend, kultiviert und feingeistig, noch dazu der geheimnisvolle »Mann ohne Gesicht«, der lange vermeiden konnte, fotografiert zu werden. Auch wenn er als Chef der Auslandsspionage weniger Hass auf sich gezogen hatte, war er als Stellvertreter Mielkes durchaus mitverantwortlich für das MfS als Ganzes. Trotzdem präsentierte er sich, inzwischen Pensionär, in der Revolution 1989 als Reformer. Seine Erinnerungen kommen als Informationen aus erster Hand daher, sind aber wie die zahlreich erschienenen Bücher seiner Mitarbeiter durch einen besonderen Filter gegangen: den der Geschichtsschreibung in eigener Sache, mitunter auch der Fortsetzung gewohnter Desinformation. Dass ein Großteil der HVA-Akten 1990 vernichtet werden konnte, kommt der Mission der DDR-Auslandsspione nach dem Ende ihres Arbeitsgebers entgegen. Sie betreiben in alter Loyalität zweifelhafte Geschichtsschreibung in eigener Sache.

1953 wurde die Auslandsspionage, der seit 1952 Markus Wolf vorstand, ins MfS integriert. Da die überbordende Propaganda gegen Spione und Agenten des Westens, die den Aufbau des Sozialismus torpedierten, Begriffe wie Spion oder Agent in der sozialistischen Welt nachhaltig diskreditiert hatte, musste ein neuer Begriff her. Eine klobige, aber harmlos-idealistische Wortneuschöpfung bezeichnete fortan die DDR-Auslandsagenten in Abgrenzung zur imperialistischen Wühltätigkeit gegnerischer Spione als »Kundschafter des Friedens«. Sie lässt nicht gleich erahnen, dass die Methoden der HVA denen der gegnerischen Dienste in nichts nachstanden und in dem bestanden, was die Arbeit von Spionen und Agenten zu allen Zeiten ausmachte.

Wichtigste ihrer Operationsgebiete waren die Bundes-republik und Westberlin, aber daneben arbeitete sie in Öster-reich und der Schweiz, Großbritannien, Frankreich und Italien sowie in Skandinavien und einigen afrikanischen Ländern. Al-lenfalls unter der Hand operierten die Friedenskundschafter in den sozialistischen Bruderstaaten, weil die der KGB für sich reservierte. Ein maßgeblicher Anteil der Tätigkeit im Westen war Wirtschaftsspionage, mit der die DDR den technologi-schen Rückstand aufzuholen versuchte. Ein weiterer wichtiger Teil der HVA-Arbeit in der Bundesrepublik und in Westberlin stand in Zusammenhang mit der DDR-Opposition und Repu-blikflucht, denn beides hatte seinen Aktionsschauplatz auch im Westen. Kaum weniger wichtig waren aber die umfangrei-chen Abhörmaßnahmen: nicht nur des gegnerischen Militärs, sondern auch auf politischer und gesellschaftlicher Ebene. Im Auftrag des Auslandsnachrichtendienstes arbeiteten in der Bun-desrepublik IM, deren genaue Zahl umstritten ist, aber keines-falls ausreichte, um die Bundesrepublik zu unterwandern, wie häufig kolportiert wird. Gleichwohl gab es MfS-Leute in Par-teien und Verbänden, in Politik und Wirtschaft, in Redaktio-nen und Sendeanstalten. Die Bundesrepublik war natürlich nicht unverwundbar, wie einige spektakuläre Spionagefälle zeigten. Und vor allem einer dieser Fälle wirkte sich auf die westdeutsche Politik ganz unmittelbar aus: der Fall des Kanz-leramtsspions Günter Guillaume.

Am frühen Morgen des 24. April 1974 um kurz nach halb sie-ben setzte in Bonn ein politisches Erdbeben ein, dessen Zer-störungspotenzial sich aber erst allmählich entfaltete. In sei-ner gutbürgerlichen Mietwohnung in Bad Godesberg wurde der persönliche Referent von Bundeskanzler Willy Brandt, Günter Guillaume, mitsamt Gattin und deren Mutter wegen des Verdachts auf Spionage für die DDR verhaftet. Als Guil-laume den Beamten im Bademantel öffnete und sich mit der bundesdeutschen Staatsmacht konfrontiert sah, rief er: »Ich bin Bürger der DDR und ihr Offizier! Respektieren Sie das!«

Später ist spekuliert worden, wieso er sich in diesem Moment so bereitwillig zur Anklage bekannte – er hätte besser geschwiegen. Der Bundeskanzler wurde kurz darauf bei seiner Ankunft von einem Staatsbesuch in Ägypten informiert und musste sich doppelt betrogen fühlen: von einem Mitarbeiter, dem er vertraut hatte, aber ebenso von der DDR, zu der er ein besseres Verhältnis anstrebte.

Der gebürtige Berliner Guillaume war seit Jahrzehnten MfS-Offizier, ohne dass bis vor Kurzem ein Verdacht auf ihn gefallen wäre – auch nicht, als er den Posten im Auge der Macht erhielt und seinen Schreibtisch im Bonner Kanzleramt bezog. Als gelernter Fotograf und Mitarbeiter des Verlags Volk und Wissen in Ostberlin war er in den 1950er-Jahren von der Stasi angeworben und seit 1954 immer wieder zum Einsatz in den Westen geschickt worden. Dort wurde er sogar aktenkundig. Als er 1956 in die Bundesrepublik übersiedelte, tat er das im Auftrag von Markus Wolfs Hauptverwaltung Aufklärung, schließlich im Rang eines »Offiziers im besonderen Einsatz« (OibE). Mithilfe der Mutter Christel Guillaumes zog das Paar nach Frankfurt/Main, wo Günter Guillaume sich mit der Kaffeestube »Boom am Dom« (nach dem Geburtsnamen seiner Frau) eine Existenz aufbaute, während seine Frau als Sekretärin arbeitete und erst 1958 IM wurde. Für seine große Aufgabe war Guillaume keineswegs von Anfang an vorgesehen, vielmehr ergaben sich Möglichkeiten, die er im Auftrag Ostberlins zu nutzen wusste. Anfangs lautete sein Auftrag lediglich, die SPD auszuspähen, wofür er später Mitglied der Partei wurde. Über verschlüsselte Funksprüche kommunizierte er mit Ostberlin, was dem bundesdeutschen Verfassungsschutz nicht entging – aber wer da als Stasi-Maulwurf die Sozialdemokraten ausspionierte, war nicht zu ermitteln. In der SPD stieg Guillaume nur allmählich auf, während seine Frau alsbald als Büroleiterin in die Hessische Staatskanzlei vorstieß und von dort als Topagentin Geheimdokumente an die Stasi lieferte.

Mit dem absehbaren Ende der Ära Adenauer wuchs die

Wahrscheinlichkeit, dass eines Tages die SPD auf Bundesebene Regierungsverantwortung übernehmen würde. Der MfS verfolgte daher die Strategie, im engeren Kreis vielversprechender SPD-Politiker rechtzeitig Spione zu platzieren, die bei einem Aufstieg ihres Chefs gute Chancen hatten, auf einen höheren Posten mitgenommen zu werden. Als Wahlkampfleiter für Bundesverkehrsminister Georg Leber profilierte sich Guillaume 1969 innerparteilich und erhielt nach dem SPD-Wahlsieg im Oktober die Chance, als Hilfsreferent im Kanzleramt nach Bonn zu gehen. Zwar erhob der Verfassungsschutz Sicherheitsbedenken wegen Guillaumes Agententätigkeit in den 1950er-Jahren und für einen Moment war der Aufstieg des DDR-Spions ins Bundeskanzleramt ernsthaft gefährdet – aber die Zweifel wurden letztendlich abgetan, wohl wegen der Parteiverdienste des Kandidaten, für den Georg Leber sich einsetzte, und weil in der Zeit der Entspannung der Kalte Krieg der 1960er-Jahre weit weg schien.

Auf Geheimmission sind Spione bienenfleißig, um aufzusteigen und dadurch an noch hochkarätigeres Material für ihre Auftraggeber zu gelangen. Das gilt auch für Günter Guillaume, der sich im Bonner Kanzleramt durch Fleiß und Einsatz unentbehrlich machte und es offenbar auch verstand, weniger als Streber, sondern als zuverlässiger Kollege, ja sogar guter Kumpel angesehen zu werden. Bundeskanzler Brandt hielt immer größere Stücke auf Guillaume, der entsprechend weiter aufstieg und 1972 sein persönlicher Referent wurde, was dem MfS-ler Zugang zu vielen Geheimakten verschaffte. Die HVA hatte er aber schon vorher mit nützlichen Informationen versorgt, etwa im Vorfeld der Gespräche zwischen Brandt und dem DDR-Ministerpräsidenten Willi Stoph in Erfurt und Kassel. Für Ostberlin war von großem Vorteil, über Erwartungen und Haltung der Bundesregierung bei diesen innerdeutschen Gesprächen schon im Voraus möglichst viel zu erfahren. Wertvoll waren ebenso Guillaumes Berichte über Brandts Persönlichkeit, die er als Kanzlervertrauter liefern konnte. Besonders heikel wurde es unter Sicherheitsaspekten, als Guillaume, seine

Familie im Schlepptau, seinen Chef 1973 auf dessen Sommer-
urlaub nach Norwegen begleitete und in dieser Zeit alles zu
Gesicht bekam, was für den Kanzler bestimmt war. Was immer interessant schien, erhielt ein MfS-ler, der zu Guillaumes
Unterstützung in der Nähe war.

Da die HVA ihren gesamten Aktenbestand noch vor der
deutschen Wiedervereinigung vernichtete, sind Guillaumes
Berichte nicht mehr vorhanden – vieles teilte er nach eigener
Aussage seinen Kurieren mündlich mit. Eine erhalten geblie-
bene Computerregistratur legt allerdings nahe, dass der DDR-
Spion zwar exzellent platziert war, für das MfS aber gleichwohl weniger ergiebig, als man annehmen würde. Der Umfang an Berichten und fotografierten Dokumenten scheint gar
nicht so groß gewesen zu sein. Markus Wolf erklärte später,
im Falle Guillaumes sei es weniger um die Ausbeute gegangen
als darum, ihn auf die Bonner Ostpolitik Einfluss nehmen zu
lassen. Gut möglich, dass außerdem Sicherheitsaspekte eine
Rolle spielten, denn so weit oben positioniert barg ein Spion
ein erhebliches Risiko.

Dieser Vorteil drehte sich am Ende jedoch in sein Gegenteil. 1973 kam der Verfassungsschutz, stets die Sicherheitsbe-
drohung durch Unterwanderung aus der DDR im Blick, Guillaume auf die Spur. BfV-Präsident Günther Nollau informierte
im Mai 1973 Bundesinnenminister Hans-Dietrich Genscher
und dann Kanzler Brandt darüber, dass mit Guillaume möglicherweise ein DDR-Spion im Kanzleramt saß. Den Kölner
Verfassungsschützern war nämlich aufgefallen, dass bei dem
verschlüsselten Funkkontakt zwischen Frankfurt/Main und Ostberlin ausgerechnet zu Geburtstagen der Guillaumes Glück-
wünsche gesendet worden waren. Diese Auffälligkeit war durch
einen Zufall erkannt worden – aber ein Beweis war es nicht.
Brandt hielt den Verdacht für abwegig, Guillaume wurde aber
fortan beobachtet. Obwohl ihm das auffiel und trotz zahlreicher Gelegenheiten setzte er sich nicht ab. Vielleicht wähnte
er sich unverwundbar, vielleicht plante er noch einen Coup,
vielleicht hing er zu sehr am vergnüglichen Leben in der

Hauptstadt des Klassenfeindes. Nach Bekanntwerdung seiner Verhaftung war das Entsetzen groß, und doch dauerte es noch mehrere Wochen, bis der Skandal hohe Wellen schlug. Eine anstehende Landtagswahl dürfte nicht unschuldig gewesen sein, dass schließlich heikle Details bekannt wurden. Vor allem die leichtfertig abgetanen Sicherheitsbedenken gegen Guillaume riefen Entrüstung hervor, und weitere echte oder falsche Details wurden in den Medien genüsslich hin und her gewendet, darunter Details über Brandts angebliches Liebesleben und Guillaumes angebliches Wissen davon, was den Bundeskanzler angeblich erpressbar machte. Gewichtiger war die Tatsache, dass Guillaume in Norwegen freien Zugang zu Staatsgeheimnissen gehabt hatte: Brandt war davon ausgegangen, Guillaume werde überwacht, was aber nicht der Fall war, weil der Verfassungsschutz geschlampt hatte.

Am 6. Mai 1974 übernahm Bundeskanzler Brandt die Verantwortung und trat zurück. Ob andere politische Probleme in einer schwierigen Zeit dabei im Spiel waren, muss Spekulation bleiben – in jedem Fall war der politisch angeschlagene Kanzler durch die Spionageaffäre erheblich in die Bredouille geraten. Unter größtmöglicher Aufmerksamkeit wurde den Guillaumes der Prozess gemacht, und im Dezember 1975 erging das Urteil: Günter Guillaume erhielt dreizehn, seine Frau acht Jahre Haft, die sie nur bis zu ihrem Austausch gegen Westspione 1981 absitzen mussten. Nach dem Ende der DDR gestand HVA-Chef Markus Wolf ein, dass die Affäre alles andere als ein Glanzstück gewesen war. Der Entspannungspolitiker Brandt war als Bundeskanzler für die DDR nichts weniger als ein Glücksfall und sein Rücktritt infolge der Enttarnung eines MfS-Spions ein geheimdienstlicher GAU. Doch die DDR-Propaganda münzte die Guillaume-Blamage kurzerhand in die Heldentat eines »Kundschafters des Friedens« um, obwohl der ausgerechnet einen Friedensnobelpreisträger im Amt des Bundeskanzlers zu Fall gebracht hatte. Propaganda und Ideologie gaben vor, wie die Sache zu bewerten und auszuschlachten war: Nach seiner Rückkehr in die DDR wurde Guillaume hoch geehrt und dekoriert und bekam als Wohnsitz eine schmucke Villa am Bötzsee bei Berlin.

Während die Affäre Guillaume für beide Seiten vor allem hochnotpeinlich war, konnte Anfang 1979 der Westen triumphieren, als der hochkarätige MfS-Spion Werner Stiller in die Bundesrepublik überlief – spektakulär über den Berliner Bahnhof Friedrichstraße. Der BND bekleckerte sich bei den Vorbereitungen für die Flucht des Doppelagenten offenbar nicht gerade mit Ruhm, tat aber hinterher alles, um die Pannen zu vertuschen: Stillers Memoiren wurden in Pullach umfassend redigiert. Als Überläufer löste Stiller ein Erdbeben aus, denn reihenweise sahen Westagenten der Stasi ihrer Enttarnung entgegen. Siebzehn Wirtschaftsspione in der Bundesrepublik wurden sofort verhaftet – wer konnte, rettete sich noch schnell in die DDR. Unter den Flüchtigen befand sich Armin Raufeisen, der für das MfS die Preussag in Hannover ausspioniert hatte. Unter dem Vorwand, die Großeltern auf Usedom zu besuchen, flüchtete er mitsamt seiner Familie vier Tage nach Stillers Flucht in die DDR. Für die Familie wurde daraus eine Tragödie: Die beiden Söhne, die erst im Osten erfuhren, dass ihr Vater Spion war und sie ab sofort in der DDR leben müssten, verweigerten sich. Der ältere durfte nach einigen Schwierigkeiten noch im selben Jahr zurück nach Hannover, weil er bereits volljährig war. Der jüngere Sohn Thomas aber musste gegen seinen Willen bleiben und sollte von der Stasi für seine neue Heimat begeistert werden. Das misslang kläglich. Als auch den Eltern klar wurde, dass ein Leben in der DDR ihren Vorstellungen nicht entsprach und die Familie zu sprengen drohte, wollten sie ausreisen, was man ihnen aber verwehrte. Die Betreuer des MfS, anfangs bemüht kooperativ und voller Versprechungen, verwandelten sich in unnachsichtige Aufpasser. In ihrer Verzweiflung und angesichts gesundheitlicher Probleme planten die Eltern die Flucht, die allerdings schon vorab scheiterte. Die westdeutschen Behörden zeigten selbst für das Schicksal des Sohnes keinerlei Interesse, obwohl der als Bundesbürger, der sich nichts hatte zuschulden kommen lassen, gegen seinen Willen in die DDR eingebürgert worden war. Ebenso wenig half die CIA, der Armin Raufeisen Informationen anbot. Das und weitere Vorbereitungen über Fluchthilfeorganisationen blieben dem MfS jedoch nicht verborgen, sodass die Familie am 11. September 1981 festgenommen, im berüchtigten Stasi-Gefängnis Hohenschönhausen in ausgedehnte Untersuchungshaft genommen und schließlich zu langjährigen Haftstrafen verurteilt wurde. Der Staat zeigte selbst mit Mutter und Sohn, die von der Spionagearbeit nichts gewusst hatten, kein Erbarmen. Die Familie wurde 1982 ins Gefängnis Bautzen II überführt – wegen der Spionage gegen die Bundesrepublik ohne jede Aussicht, wie andere politische Häftlinge und inhaftierte Flüchtlinge von Bonn freigekauft zu werden. Armin Raufeisen starb 1987 im Gefängnis, während seine Frau die volle Strafe bis 1988 absaß. Thomas Raufeisen, der seinen 18. Geburtstag in Stasi-Haft erlebte, wurde 1984 entlassen und durfte bald darauf in die Bundesrepublik ausreisen.

LIEBESDIENSTE AUS OSTBERLIN

Die Enttarnungen nach der Flucht Werner Stillers warfen außerdem ein Licht auf eine besonders perfide Strategie des MfS zur Rekrutierung von Spionen im Westen: mithilfe sogenannter »Romeo-Agenten«. Er bezeichnete diese Strategie als »eine der wichtigsten Methoden in der Arbeit der HVA«. Um an sensible Informationen aus wichtigen Behörden, Ministerien oder Botschaften zu gelangen, unternahm der Nachrichtendienst große Anstrengungen, »geeignete« Frauen ausfindig zu machen, die entsprechende Posten als Sekretärinnen oder Übersetzerinnen bekleideten oder Aussichten darauf besaßen – die außerdem ledig waren und gleichzeitig eine labile psychische Disposition aufwiesen, um sie für Avancen vorgeblicher Traumprinzen empfänglich zu machen. Für diese besonders heikle Arbeit wurden männliche Agenten eigens ausgebildet, denn sie mussten Fingerspitzengefühl und Sensibilität ebenso mitbringen wie die Fähigkeit, durch gezielten Druck auf die spezifische psychische Schwachstelle der Frauen eine dauerhafte Zusammenarbeit zu erreichen. Wie ein HVA-Leutnant nach dem Ende der DDR berichtete, mussten die Romeo-Agenten »diesen sexuellen Auftrag als Klassenauftrag und als vaterländische Pflicht verstehen« und gleichzeitig »Playboy-Qualitäten« aufweisen. Eine Stasi-Schulungsanweisung formuliert es ganz trocken: »Die Entwicklung enger Freundschaften und Liebesverhältnisse war und ist eine tragende, stabile und nachgewiesenermaßen erfolgreiche Basis für die operative Zusammenarbeit mit IM-Sekretärinnen. Es konnte in der operativen Praxis wiederholt festgestellt werden, dass sich weibliche IM zuerst für die von ihnen geachtete und geliebte Person engagieren und erst in zweiter Linie für die Sache, die diese Person vertritt. Für den Werber kommt es in der Bearbeitung deshalb vorrangig darauf an, dass er behutsam, einfühlsam und auch mit relativ großem Zeitaufwand an die Interessen und Probleme einer Frau anknüpft, ›für sie da ist‹ und ihr das sichere Gefühl gibt, als gleichberechtigter Partner anerkannt, geschätzt und auch geliebt zu werden.« Die benutzten Frauen verfügten meist über ein nur geringes Selbstbewusstsein und waren auf männliche Anerkennung fixiert, und die Romeo-Agenten mussten sie ganz gezielt in eine psychische und möglichst auch sexuelle Abhängigkeit bringen. Meist leistete ein MfS-ler die vorbereitende Arbeit, indem er sich in Kontakt mit einer Frau brachte, ihr Vertrauen gewann und alles Nötige in Erfahrung brachte. Dann wurde ein »zufälliges« Kennenlernen inszeniert, bei dem der Romeo-Agent bereits so gut über die »Kandidatin« Bescheid wusste, dass er die richtigen Dinge tun und sagen konnte. Wenn die Frau dann eine Bindung eingegangen war und der Moment gekommen schien, warb sie der neue Partner für ihre neue Aufgabe an, die Spionage. Das funktionierte meist aus mehrerlei Gründen, unter denen emotionale Abhängigkeit wohl der stärkste

war. Hinzu kam das Abenteuer oder auch die geschickt herge-
stellte Überzeugung, damit eine verdienstvolle Aufgabe zu
übernehmen. Wenn die Kandidatinnen für die Sache der DDR
nicht zu gewinnen waren, strickten ihre Romeos andere Legenden, um eine Mitarbeit zu erreichen, etwa die, es gehe um
Zuarbeit für eine internationale Friedensorganisation.

Wie viele westdeutsche Frauen auf diesem Weg zu IM der
Stasi wurden, ist nicht mehr zu ermitteln. Offenbar war die
Strategie aber so erfolgreich wie der Aufwand, mit dem sie
konzipiert, verfeinert und ausgeführt wurde, groß war. Mindestens mehrere Dutzend westdeutscher Frauen wurden auf
diesem Weg zu Spioninnen für die DDR-Staatssicherheit gemacht. Flog die Sache aber auf, wie es durch die Enttarnungen des Überläufers Werner Stiller geschah, drohte den
Frauen Gefängnis, während sich die Romeo-Agenten meist in
die DDR retten konnten. Weitere Verfahren wurden nach der
Wiedervereinigung eingeleitet: Die Besonderheit der deutschen Teilung führte allerdings weiterhin dazu, dass die Ver-
führer straffrei ausgingen, weil sie als DDR-Bürger für ihr Land
spioniert hatten und dafür nicht belangt werden konnten. Die
verführten Frauen mit bundesdeutschem Pass jedoch wurden
wegen Geheimnisverrats angeklagt. HVA-Chef Wolf schrieb
in seinen Memoiren von Bekanntschaften der Westspione,
aus denen sich »für unseren Dienst lohnende Aussichten« ergaben, stellte aber die Existenz eines konkreten Romeo-Pro-
gramms in Abrede: »Das aber bedeutete noch lange nicht,
dass wir ›Agenten mit spezieller Auftragsstruktur‹ in Herzens-
dingen in die Bundesrepublik aussandten, damit sie dort den
ledigen Fräulein den Kopf und den Verstand verdrehten.« Allerdings ließ Wolf 1970 eine Studie erstellen, die sich ausführlich der Romeo-Strategie widmet und damit seine Erinnerungen in ein zweifelhaftes Licht rückt.

Mit großem Einsatz, aber unter zunehmend schwierigeren
Rahmenbedingungen konzentrierte sich die Stasi auf die Frie-
dens-, Umwelt- und Oppositionsbewegung der 1980er-Jahre,

die vor allem unter dem Schutz der evangelischen Kirche zusammenfand. Mehr denn je versuchte das MfS, die diversen Gruppen ganz direkt zu unterwandern, um von innen Einfluss zu nehmen, zu zersetzen und umfassend informiert zu sein. In den Berichten ist von Erfolgen die Rede – die jedoch Lügen gestraft werden von Berichten der Opposition, die sich in sehr vielen Fällen zu wehren wusste und dem vielfachen Druck von Stasi-Präsenz, Verhaftungen, subtilem Psychoterror und Zwangsausbürgerung tapfer widerstand. Als es durch die Berichterstattung westlicher Medien nach Festnahmen Oppositioneller erstmals zu Freilassungen aus Stasi-Untersuchungshaft kam, erschütterte dies das festgefügte Weltbild der MfS-Mitarbeiter. Die größere Nähe zum westdeutschen Bruder, D-Mark-Kredite, zur Schau gestellte Harmonie zwischen Bonn und Ostberlin und die steigende Zahl an Westreisenden führte die Ideologie ad absurdum, dass der Feind im Westen stehe und mit Dollarzeichen in den Augen den Krieg vorbereite. Die wachsende wirtschaftliche Abhängigkeit vom vorgeblichen Klassenfeind verlangte außerdem politische Rücksichtnahme.

Die Stasi war groß, allgegenwärtig und einflussreich, aber gleichzeitig abhängig von ihren Geburtshelfern, die ihr die notwendige ideologische Gewissheit vermittelten. Als Schöpfung des KGB und orientiert auf das Vorbild Sowjetunion konnten Glasnost und Perestroika der Ära Gorbatschow nicht ohne Auswirkungen auf Selbstverständnis und Selbstvertrauen der ostdeutschen Tschekisten bleiben. Wie sollten Stasi-Mitarbeiter, die auf jegliche Abweichung von der Staatslinie in der eigenen Bevölkerung angesetzt waren, mit Reformen, Meinungsvielfalt und Freiheitsideen umgehen, die ausgerechnet der sozialistische Führungsstaat mit einem Mal gewährte? Die von den gleichen sowjetischen Genossen kamen, die eben noch den Ton für restriktive und repressive Politik nach innen angegeben hatten? Das war weder in der Stasi-Führung nachvollziehbar noch den eigenen Mitarbeitern gegenüber vermittelbar. Das Verhältnis zum KGB zerbrach, wie sich an zwei

Sätzen des Stasi-Chefs Mielke im Streit mit dem KGB-Vize Leonid Schebarschin ablesen lässt. Derart harsche Kritik an den sowjetischen Genossen wäre früher undenkbar gewesen: »Man muss aufhören mit den zur Zeit grassierenden Veröffentlichungen in der Sowjetunion, die den gesamten Weltsozialismus diskreditieren. Wir waren als junge Leute bereit, für diese ›hehre‹ Sache in den Tod zu gehen.« Zwar folgte die DDR nicht dem Reformbeispiel Moskaus, aber dass die Stasi aus politischer Rücksichtnahme an die Leine gelegt wurde, führte nicht nur zu wachsender Entfremdung zwischen ihr und der Staatsführung. Vor allem aber konnte das MfS im Sommer und Herbst 1989 nicht mehr so agieren, wie es das noch wenige Jahre zuvor getan hätte: mit unerbittlicher Härte gegen alles Oppositionelle vorgehen, demokratische Tendenzen brutal unterdrücken und als Schwert und Schild der Partei deren Absolutheitsanspruch absichern.

Die ostdeutsche Revolution war ein komplexes Zusammenspiel innerer und äußerer Faktoren. Dass Ostberlin sich weigerte, einen Reformkurs wie Moskau und andere Warschauer-Pakt-Staaten einzuleiten, desillusionierte die Bevölkerung vollends. Die wirtschaftlichen Probleme wurden größer, die Abhängigkeit vom Westen wuchs. Erst legte der Staat aus Rücksicht gegenüber dem Westen seinem Inlandsgeheimdienst Zügel an, dann fand er in ihm einen willkommenen Sündenbock für den Machtverlust, weil er vor dem Ausmaß der Unzufriedenheit und ihrem explosiven Potenzial zu spät gewarnt habe. Dabei hatten die MfS-Stimmungsberichte die Lage durchaus erfasst. Allerdings beschrieben sie zwar die wachsende Unzufriedenheit der Bevölkerung angesichts der wirtschaftlichen Misere und deren Überzeugung, der Staat könne die Probleme nicht mehr lösen, nahmen aber gleichzeitig Rücksicht auf die Verantwortlichen im Politbüro und bedienten die gewohnten ideologischen Denkmuster. Zudem bestärkte das MfS die Parteiführung in der Überzeugung, die Dinge könnten unter Kontrolle gehalten werden – eine Illusion, der die MfS-Führung noch im Spätsommer 1989 anhing.

Und doch galt für Stasi, Staat und Opposition gleichermaßen: Erst spät zeichnete sich ab, dass der sich aufbauende Druck die DDR am Ende zu Fall bringen könnte. Dabei ließen die Ereignisse in Polen, wo im Juni bei den ersten freien Wahlen die eben noch illegale Gewerkschaft Solidarność einen Erdrutschsieg erzielte und die Einparteienherrschaft kollabierte, für die DDR-Regierung nichts Gutes ahnen. Denn nun war auch für die Bevölkerung offensichtlich, was Gorbatschow den Staatschefs der Verbündeten längst verkündet hatte: dass Moskau nicht mehr eingreifen würde. Gleichzeitig zerbrach die Zusammenarbeit der osteuropäischen Geheimdienste. Ein hochrangiger KGB-ler brachte es auf den Punkt: »Sie wurden den Wölfen zum Fraß vorgeworfen.«

Dieser Druck stieg auch deshalb, weil die Angst vor dem brutalen Eingreifen der Stasi zusehends verflog. Das brachte immer mehr Menschen auf die Straße und Staatschef Honecker das politische Ende. Als die Revolution weiter voranschritt, führten Hass und Wut auf die Überwacher und ihre sagenhaften Privilegien zur Besetzung der MfS-Niederlassungen, allen voran der Zentrale in Berlin-Lichtenberg, die am 15. Januar 1990 gestürmt und verwüstet wurde. Da war das altgediente Ministerium für Staatssicherheit bereits in Amt für Nationale Sicherheit (ANS) umbenannt, umstrukiert und verkleinert und schließlich ganz aufgelöst worden. Zum 1. April 1990 waren die meisten MfS-Mitarbeiter arbeitslos, bald darauf hörte der Staat, dem sie so treu gedient hatten, auf zu existieren.

LITERATURVERZEICHNIS

Ackermann, J.: *Parteisäuberungen. Die Fälle Paul Merker und Franz Dahlem* (= Arbeitspapiere des Forschungsverbundes SED-Staat FU Berlin, 22), Berlin 1996.

Adams, Robyn (Hg.): *Diplomacy and early modern culture*, Basingstoke 2011.

Adamthwaite, Anthony: »French Military intelligence and the Coming of War, 1935–39«, Christopher Andrew/Jeremy Noakes (Hg.), *Intelligence and International Relations 1900–1945* (= Exeter Studies in History, 15), Exeter 1987, S. 191–208.

Alban, J. R./Christopher T. Allmand: »Spies and Spying in the Fourteenth Century«, Christopher T. Allmand (Hg.), *War, Literature and Politics in the Late Middle Ages*, Liverpool 1976, S. 73–101.

Albrecht, Richard: »Der General und sein Schatten. Engels, Stieber und die preußische Reaktion 1851/52«, *Marxistische Blätter* 37,1 (1999), S. 60–65.

Aldrich, Richard J.: *The hidden hand. Britain, America and cold war secret intelligence*, London 2001.

Altenhöner, Florian: »Total War – Total Control? German Military Intelligence on the Home Front 1914–1918«, *Journal of Intelligence History* 5,2 (2005), S. 55–72.

Andersen, Matthew S.: *The Rise of Modern Diplomacy, 1450–1919*, London 1993.

Andrew, Christopher M.: *Secret Service. The making of the British Intelligence Community*, ND London 1985.

Andrew, Christopher/Jeremy Noakes (Hg.): *Intelligence and International Relations 1900–1945* (= Exeter Studies in History, 15), Exeter 1987.

Andrew, Christopher/Wassili Mitrochin: *Das Schwarzbuch des KGB*, 2 Bde, Bd. 1: *Moskaus Kampf gegen den Westen*, Berlin 1999.

Andrew, Christopher/Oleg Gordievsky: *KGB. The Inside Story of its Foreign Operations from Lenin to Gorbachev*, London 1990.

Andrew, Christopher: *The Defence of the Realm. The Authorized History of MI5*, London 2009.

Angelow, Jürgen: *Der Weg in die Urkatastrophe. Der Zerfall des alten Europas 1900–1914* (= Deutsche Geschichte, Bd. 2), Berlin 2010.

Applebaum, Anne: *Iron Curtain. The Crushing of Eastern Europe*, New York 2013.

Austin, Norman J.E.: *Exploratio. Military and Political Intelligence in the Roman World from the Second Punic War to the Battle of Adrianople*, London 1995.

Bachrach, Bernard S.: *Early Carolingian Warfare. Prelude to Empire*, Philadelphia 2001.

Bailey, George: *Die unsichtbare Front. Der Krieg der Geheimdienste im geteilten Berlin*, Berlin 1997.

Becher, Matthias: *Otto der Große. Kaiser und Reich*, München 2012.

Becker, Peter: »Vigilanten als Informationsquelle im 19. Jahrhundert. Kriminalistischer Irrweg oder Königsweg im Kampf gegen ›organisiertes Verbrechen‹?«, Friso Ross/Achim Landwehr (Hg.), *Denunziation und Justiz. Historische Dimension eines sozialen Phänomens*, Tübingen 2000, S. 117–140.

Beckmann, Katharina/David Derksen/Robert Haeseke-Diesing/Florian Leitner: *Field Station Berlin – Geheime Abhörstation auf dem Teufelsberg*, Berlin 2013.

Behling, Klaus: *Spione in Uniform. Die Alliierten Militärmissionen in Deutschland*, Stuttgart 2004.

Behringer, Wolfgang: *Im Zeichen des Merkur. Reichspost und Kommunikationsrevolution in der Frühen Neuzeit*, Göttingen 2003.

Bely, Lucien: *Espions et ambassadeurs au temps de Louis XV*, Paris 1991.

Berg, Dieter (Hg.): *Auswärtige Politik und internationale Beziehungen im Mittelalter (13.–16. Jahrhundert)* (= Europa in der Geschichte, 6), Bochum 2002.

Bezold, Friedrich von: »Wolfgang Zündelin als protestantischer Zeitungsschreiber und Diplomat in Italien, 1573–1590«, *Sitzungsberichte der königlich bayrischen Akademie der Wissenschaften historische Classe* 2 (1882), S. 139–173.

Bingham, Sandra: *The Praetorian Guard. A History of Rome's Elite Special Forces*, London 2013.

Blees, Thomas: *Glienicker Brücke. Schauplatz der Geschichte*, Berlin 2010.

Boberach, Heinz (Hg.): *Meldungen aus dem Reich. Die geheimen Lageberichte des Sicherheitsdienstes der SS 1938–1945*, 17 Bde, Herrsching 1984.

Boghardt, Thomas: *The Zimmermann Telegram. Intelligence, Diplomacy, and America's Entry into World War I*, Annapolis 2012.

Boghardt, Thomas: *Spies of the Kaiser. German Covert Operations in Great Britain during the First World War Era*, Basingstoke 2004.

Bonilla, Diego Navarro: »›Secret Intelligences‹ in European Military, Political and Diplomatic Theory: An Essential Factor in the Defense of the Modern State (Sixteenth and Seventeenth Centuries)«, *Intelligence and National Security*, 27,2 (2012), S. 283–301.

Boom, Pierre/Gerhard Haase-Hindenberg: *Der fremde Vater. Der Sohn des Kanzleramtsspions Günter Guillaume erinnert sich*, Berlin 2005.

Borgmann, Reinhard/Jochen Staadt: *Deckname Markus. Spionage im ZK. Zwei Top-Agentinnen im Herzen der Macht*, Berlin 1998.

Borgolte, Michael: »Experten der Fremde. Gesandte in interkulturellen Beziehungen des frühen und hohen Mittelalters«, *Le Relazioni Internationali nell'alto Medioevo* (= Settimani di Studio Della Fondazione Centro Italia di Studi sull'alto Medioevo, 58), Spoleto 2011, S. 945–992.

Borst, Arno: *Lebenformen im Mittelalter*, Frankfurt/M. 1992[12].

Bradley, J. F. N.: »The Russian Secret Service in the First World War«, *Soviet Studies* 20,2 (1968), S. 242–248.

Braubach, Max: »›Le Diable‹. Ein Mentor Friedrichs des Großen als Agent des Prinzen Eugen«, Max Braubach, *Diplomatie und geistiges Leben im 17. und 18. Jahrhundert. Gesammelte Abhandlungen* (= Bonner Historische Forschungen, 33), Bonn 1969, S. 437–463.

Braubach, Max: *Die Geheimdiplomatie des Prinzen Eugen von Savoyen* (= Wiss. Abhdl. d. Arbeitsgemeinschaft f. Forschung des Landes NRW, 22), Köln 1962.

Braubach, Max: *Prinz Eugen von Savoyen. Eine Biographie*, Bd. 4: Der Staatsmann, München 1965.

Breitman, Richard u. a.: *US Intelligence and the Nazis*, New York 2005.

Bronisch, Johannes: *Der Mäzen der Aufklärung. Ernst Christoph von Manteuffel und das Netzwerk des Wolffianismus*, Berlin 2010.

Bronisch, Johannes: *Der Kampf um Kronprinz Friedrich. Wolff gegen Voltaire*, Berlin 2011.

Browder, George C.: *Hitler's Enforcers. The Gestapo and the SS Security State in the Nazi Revolution*, New York 1996.

Browder, George C.: »Walter Schellenberg: Eine Geheimdienst-Phantasie«, Ronald Smelser/Enrico Syring (Hg.), *Die SS. Elite unter dem Totenkopf*, Paderborn 2000, 2000[2], S. 418–430.

Browder, George C.: »Die frühe Entwicklung des SD. Das Entstehen multipler institutioneller Identitäten«, Michael Wildt (Hg.), *Nachrichtendienst, politische Elite und Mordeinheit. Der Sicherheitsdienst des Reichsführers SS*, Hamburg 2003, S. 38–56.

Brückner, Hilmar-Detlef: »Germany's First Cryptoanalysis on the Western Front: Decrypting British and French Naval Ciphers in World War I«, *Cryptologia* 29,1 (2005), S. 1–21.

Burgdorf, Wolfgang: *Friedrich der Große. Ein biografisches Porträt*, Freiburg i. Br. 2011.

Cameron, Averil: »The Construction of Court Ritual. The Byzantine Book of Ceremonies«, David Cannadine/Simon Price (Hg.), *Rituals of Royalty. Power and Ceremonial in Traditional Societies*, Cambridge 1987, S. 106–136.

Canis, Konrad: *Der Weg in den Abgrund. Deutsche Außenpolitik 1902–1914*, Paderborn 2011.

Ciggaar, Krijnie N.: *Western Travellers to Constantinople. The west and Byzantium, 962–1204: Cultural and Political Relations*, Leiden 1996.

Cirier, Aude: »La face cachée du pouvoir. L'espionnage au service d'État(s) en construction en Italie à la fin du Moyen Age (XIIIe–fin XIVe siècle), Jean-Marie Cauchies/Alain Marchandisse (Hg.), *L'envers du décor. Espionnage, complot, trahison, vengeance et violence en pays bourguignons et liègeois*, Neuchâtel 2008, S. 7–28.

Clark, Christopher: *The Sleepwalkers. How Europe went to War in 1914*, London 2012.

Conze, Eckhart: *Das Amt und die Vergangenheit. Deutsche Diplomaten im Dritten Reich und in der Bundesrepublik*, München 2010².

Coppi jr., Hans: »Die ›Rote Kapelle‹ im Spannungsfeld von Widerstand und nachrichtendienstlicher Tätigkeit. Der Trepper-Report vom Juni 1943«, *Vierteljahrshefte für Zeitgeschichte* 44,3 (1996), S. 431–458.

Critchfield, James H.: *Auftrag Pullach. Die Organisation Gehlen 1948–1956*, Hamburg 2005.

Crowdy, Terry: *The Enemy Within. A History of Espionage*, Oxford 2006.

Cummings, Richard H.: *Cold War Radio. The Dangerous History of American Broadcasting in Europe, 1950–1989*, Jefferson 2009.

Dallin, David J.: *Die Sowjet-Spionage. Prinzipien und Praktiken*, Köln 1956.

Dallmeier, Martin: »Die Funktion der Reichspost für den Hof und die Öffentlichkeit«, August Buck (Hg.), *Europäische Hofkultur im 16. und 17. Jahrhundert* (= Wolfenbütteler Arbeiten zur Barockforschung, 8), 3 Bde, Hamburg 1981, Bd. 3, S. 589–594.

Deakin, Frederick W.: *Richard Sorge. Die Geschichte eines großen Doppelspiels*, München 1965.

Delattre, Lucas: *Fritz Kolbe. Der wichtigste Spion des Zweiten Weltkriegs*, München 2004.

Delattre, Lucas: »Einsamer Widerständler und Spion im Auswärtigen Amt«, Jan Erik Schulte/Michael Wala (Hg.), *Widerstand und Auswärtiges Amt. Diplomaten gegen Hitler*, München 2013, S. 71–80.

Diembach, Thomas: »Das kann doch nicht wahr sein! Zur Authentizität der Memoiren von Bismarcks Geheimdienstchef Wilhelm Stieber«, Franz Josef Düwell/Thomas Vormbaum (Hg.), *Recht und Juristen in der deutschen Revolution 1848/49*, Baden-Baden 1998, S. 236–243.

Dietrich, Richard (Hg.), *Die Politischen Testamente der Hohenzollern*, Köln 1986.

Dittberner, Susanne: »Der Januskopf des RIAS«, Die Radionauten, *Radiogeschichten. Zeitreise und Exkursionen in die Berliner RadioWelten*, (BoD) Norderstedt 2004, S. 84–86.

Doerries, Reinhard R. (Hg.): *Diplomaten und Agenten. Nachrichtendienste in der Geschichte der deutsch-amerikanischen Beziehungen*, Heidelberg 2001.

Doise, Jean: *Un secret bien gardé. Histoire militaire de l'affaire Dreyfus*, Paris 1994.

Doležalová, Eva/Robert Šimůnek (Hg.): *Ecclesia als Kommunikationsraum in Mitteleuropa (13.–16. Jahrhundert)* (= Veröffentlichungen des Collegium Carolinum, 122), München 2011.

Dover, Paul M.: »The resident ambassador and the transformation of intelligence gathering in Renaissance Italy«, Eunan O'Halpin/Robert Armstrong/Jane Ohlmeyer (Hg.): *Intelligence, Statecraft and International Power* (= Historical Studies, 25), Dublin 2006, S. 17–34.

Dragnich, Alex N.: *Serbia, Nikola Pašić and Yugoslavia*, New Brunswick 1974.

Drauschke, Frank/Arseny Roginsky/Anna Kaminsky (Hg.): *Erschossen in Moskau. Die deutschen Opfer des Stalinismus auf dem Moskauer Friedhof Donskoje, 1950–53*, Berlin 2005, 2008³.

Drossbach, Gisela/Hans-Joachim Schmidt (Hg.): *Zentrum und Netzwerk. Kirchliche Kommunikation und Raumstrukturen im Mittelalter* (= Scrinium Friburgense, 22), Berlin 2008.

Duchhardt, Heinz: *Balance of Power und Pentarchie. Internationale Beziehungen 1700–1785* (= Handbuch der Geschichte der internationalen Beziehungen, 4), Paderborn 1997.

Duclert, Vincent: *Die Dreyfusaffäre. Militärwahn, Republikfeindschaft, Judenhaß*, Berlin 1994.

Duffy, Christopher: Friedrich der Große. Ein Soldatenleben, Zürich 1986.

Dulles, Allen W.: *Im Geheimdienst*, Düsseldorf 1963.

Dvornik, Francis: *Origins of Intelligence Services*, New Brunswick NJ 1974.

Dyson, S.: »Native Revolts in the Roman Empire«, *Historia* 20 (1971), S. 239–274.

Ehlert, Hans/Michael Epkenhans/Gerhard P. Groß (Hg.): *Der Schlieffenplan. Analysen und Dokumente*, Paderborn 2006.

Eibich, Stephan M.: *Polizei, »Gemeinwohl« und Reaktion. Über Wohlfahrtspolizei als Sicherheitspolizei unter Carl Ludwig Friedrich von Hinckeldey, Berliner Polizeipräsident von 1848 bis 1856* (= Berliner Juristische Universitätsschriften, 28), Berlin 2004.

Eichner, Klaus/Gotthold Schramm (Hg.): *Angriff und Abwehr. Die deutschen Geheimdienste nach 1945*, Berlin 2007.

Emerson, Donald E.: *Metternich and the political Police. Security and Subversion in the Hapsburg Monarchy, 1815–1830*, Den Haag 1968.

Engel, Evamaria: *Die deutsche Stadt des Mittelalters*, München 1993.

Engelberg, Ernst: *Bismarck. Urpreuße und Reichsgründer*, Berlin 1985, 1998.

Engelberg, Ernst: *Bismarck. Das Reich in der Mitte Europas*, Berlin 1990, 1998.

Engelmann, Roger: »Diener zweier Herren. Das Verhältnis der Staatssicherheit zur SED und den sowjetischen Beratern 1950–1959«, Siegfried Suckut/Walter Süß (Hg.), *Staatspartei und Staatssicherheit* (= Analysen und Dokumente, 8), Berlin 1997, S. 51–72.

Felfe, Heinz: *Im Dienst des Gegners. Autobiographie*, Berlin 1988.

Ferner, Wolfgang: *Das Deuxième Bureau der französischen Armee. Subsidiäres Überwachungsorgan d. Reichswehr 1919–1923* (= Europäische Hochschulschriften, III/177), Frankfurt/M. 1982.

Fischer, Andreas: *Karl Martell. Der Beginn karolingischer Herrschaft*, Stuttgart 2012.

Fischer, Bernd: *Der große Bruder. Wie die Geheimdienste der DDR und der UdSSR zusammenarbeiteten*, Berlin 2012.

Flemming, Thomas: *Kein Tag der deutschen Einheit. 17. Juni 1953*, Berlin 2003.

Flocken, Jan v./Michael F. Scholz: *Ernst Wollweber. Saboteur – Minister – Unperson*, Berlin 1994.

Florath, Bernd (Hg.): *Die Ohnmacht der Allmächtigen. Geheimdienste und politische Polizei in der modernen Gesellschaft*, Berlin 1992.

Foitzik, Jan/Nikita W. Petrow: *Die sowjetischen Geheimdienste in der SBZ/DDR von 1945 bis 1953*, Berlin 2009.

Foley, Robert T.: »Easy Target ot Invincible Enemy? German Intelligence Assessments of France before the Great War«, *Journal of Intelligence History* 5 (2005) S. 1–24.

Fournier, August: »Stein und Gruner in Österreich. Ein Beitrag zur Vorgeschichte der Befreiungskriege«, August Fournier, *Historische Studien und Skizzen*, Bd. 3, Wien 1912, S. 99–212.

Fournier, August: *Die Geheimpolizei auf dem Wiener Kongress. Eine Auswahl aus ihren Papieren*, Wien 1913.

Freeman, Peter: »The Zimmermann Telegram Revisited: A Reconciliation of the Primary Sources«, *Cryptologia* 30,2 (2006), S. 98–150.

Frei, Norbert: *Vergangenheitspolitik. Die Anfänge der Bundesrepublik und die NS-Vergangenheit*, München 1996.

Frey, Klaus-Walter: »Oberst Walter Nicolai, Chef des deutschen militärischen Nachrichtendienstes IIIb im Großen Generalstab (1913–1918). Mythos und Wirklichkeit – Biographische Beiträge«, Jürgen W. Schmidt (Hg.): *Geheimdienste, Militär und Politik in Deutschland*, Ludwigsfelde 2009², S. 135–198.

Fricke, Dieter: *Bismarcks Prätorianer. Die Berliner politische Polizei im Kampf gegen die deutsche Arbeiterbewegung (1871–1898)*, Berlin/DDR 1962.

Fricke, Karl Wilhelm/Roger Engelmann: »*Konzentrierte Schläge«. Staatssicherheitsaktionen und politische Prozesse in der DDR 1953–1956*, Berlin 1998.

Fricke, Karl Wilhelm/Roger Engelmann: Der »Tag X« und die Staatssicherheit. 17. Juni 1953 – Reaktionen und Konsequenzen im DDR-Machtapparat (= Analysen und Dokumente, 24), Bremen 2004.

Fried, Johannes: Das Mittelalter. Geschichte und Kultur, München 2009³.

Fried, Johannes: Karl der Große. Gewalt und Glaube, München 2013.

Friedman, John Block: Trade, Travel and Exploration in the Middle Ages. An Encyclopedia, New York 2000.

Fuchs, Eckhardt/Günther Fuchs: »Die Affäre Dreyfus im Spiegel der Berliner Presse«, Julius H. Schoeps/Hermann Simon (Hg.): Dreyfus und die Folgen, Berlin 1995, S. 51–80.

Fuchs, Franz/Rainer Scharf: »Nürnberger Gesandte am Hof Friedrichs III.«, Claudia Zey/Claudia Märtl (Hg.), Aus der Frühzeit europäischer Diplomatie. Zum geistlichen und weltlichen Gesandtschaftswesen vom 12. bis zum 15. Jahrhundert, Zürich 2008, S. 301–330.

Gaddis, John: Der Kalte Krieg. Eine neue Geschichte, München 2007.

Gall, Lothar: Bismarck. Der weiße Revolutionär, Frankfurt/Main 1980.

Ganshof, François L.: »Merowingisches Gesandtschaftswesen«, Max Braubach/Franz Petri/Leo Weisgerber (Hg.), Aus Geschichte und Landeskunde. Forschungen und Darstellungen. Festschrift Franz Steinbach, Bonn 1960, S. 166–183.

Ganshof, François L.: Carolingian Institutions, 1970.

Gathen, Joachim von zur: »Zimmermann telegram: The original draft«, Cryptologia 31,1 (2007), S. 2–37.

Gehlen, Reinhard: Der Dienst. Erinnerungen 1942–1971, Mainz 1971.

Gellermann, Günther W.: ... und lauschten für Hitler. Geheime Reichssache – die Abhörzentralen des Dritten Reiches, Bonn 1991.

Gichon, Mordechai: »Military Intelligence in the Roman Army«, H. E. Herzig/E. Frei-Stolba (Hg.), Labor Omnibus Unus. Festschrift Gerold Walser (= Historia Einzelschriften, 60), Stuttgart 1989, S. 155–170.

Gieseke, Jens: »›Seit Langem angestaute Unzufriedenheit breitester Bevölkerungskreise‹ – Das Volk in den Stimmungsberichten des Staatssicherheitsdienstes«, Klaus-Dietmar Henke (Hg.), Revolution und Vereinigung 1989/90. Als in Deutschland die Realität die Phantasie überholte, München 2009, S. 130–148.

Gieseke, Jens: Die DDR-Staatssicherheit. Schild und Schwert der Partei, Bonn 2001.

Gieseking, Erik: *Der Fall Otto John. Entführung oder freiwilliger Übertritt in die DDR?* (= Subsidia Academica, A 6), Lauf a. d. Pegnitz 2005.

Gieseking, Erik: »Otto John – Präsident des Bundesamtes für Verfassungsschutz. Kommunist, Monarchist oder Demokrat?«, Erik Gieseking (Hg.), *Zum Ideologieproblem in der Geschichte* (Subsidia Academica: Reihe A 8 – Herbert Hömig zum 65. Geburtstag). Lauf a. d. Pegnitz 2006, S. 215–235.

Gödde-Baumanns, Beate: »Die helle Seite bleibt verborgen. Über die deutsche Rezeption der Dreyfus-Affäre«, Julius H. Schoeps/ Hermann Simon (Hg.), *Dreyfus und die Folgen*, Berlin 1995, S. 92–117.

Goodman, Jennifer R.: *Chivalry and Exploration, 1298–1630*, Woodbridge 1998.

Graf, Christoph: »Kontinuitäten und Brüche. Von der politischen Polizei der Weimarer Republik zur Geheimen Staatspolizei«, Gerhard Paul/Klaus-Michael Mallmann (Hg.), *Die Gestapo – Mythos und Realität*, Darmstadt 2003, S. 73–83.

Grimmer, Reinhard/Werner Irmler/Willi Opitz/Wolfgang Schwanitz (Hg.): Die Sicherheit. Zur Abwehrarbeit des MfS, 2 Bde, Berlin 2003[3].

Grundmann, Siegfried: *Der Geheimapparat der KPD im Visier der Gestapo – das BB-Ressort. Funktionäre, Beamte, Spitzel und Spione*, Berlin 2008.

Gschwend, Lukas: *Der Studentenmord von Zürich. Eine kriminalhistorische und strafprozessanalytische Untersuchung über die unaufgeklärte Tötung des Studenten Ludwig Lessing aus Freienwalde (Preussen) am 4. November 1835*, Zürich 2002.

Guillaume, Günter, 1927–1995: *Die Aussage. Wie es wirklich war*, Frankfurt/M. 1993.

Gutberlet, Bernd Ingmar: *Die 33 wichtigsten Ereignisse der deutschen Geschichte*, Bergisch Gladbach 2008.

Gutberlet, Bernd Ingmar: *Irrtum! 50 Mal Geschichte richtiggestellt*, Köln 2013.

Gutberlet, Bernd Ingmar: *Friedrich der Große. Eine Reise zu den Orten seines Lebens*, Darmstadt 2011.

Hannig, Jürgen: *Pauperiores de infra palatio? Zur Entstehung der karolingischen Königsbotenorganisation, Mitteilungen des Instituts für österreichische Geschichtsforschung.* 91 (1983), S. 309–374.

Heideking, Jürgen: »Das Office of Strategic Services und der deutsche Widerstand gegen den Nationalsozialismus: Wahrnehmungen, Reflexionen und Reaktionen«, Reinhard R. Doerries (Hg.): *Diplomaten und Agenten. Nachrichtendienste in der Geschichte der deutschamerikanischen Beziehungen*, Heidelberg 2001, S. 112–148.

Heideking, Jürgen (Hg.): *Geheimdienstkrieg gegen Deutschland. Subversion, Propaganda und politische Planungen des amerikanischen Geheimdienstes im Zweiten Weltkrieg*, Göttingen 1993.

Helmert, Heinz/Hansjürgen Usczeck: *Preußischdeutsche Kriege von 1864 bis 1871. Militärischer Verlauf*, Berlin/DDR 1978⁴.

Herbstritt, Georg/Helmut Müller-Enbergs (Hg.): *Das Gesicht dem Westen zu ... DDR-Spionage gegen die Bundesrepublik Deutschland* (= Analysen und Dokumente, 23), Bremen 2003.

Herbstritt, Georg: *Bundesbürger im Dienst der DDR-Spionage. Eine analytische Studie* (= Analysen und Dokumente, 29), Göttingen 2007.

Heresch, Elisabeth: *Geheimakte Parvus. Die gekaufte Revolution. Biographie*, München 2000.

Herres, Jürgen: »Der Kölner Kommunistenprozess von 1852«, *Geschichte in Köln. Zeitschrift für Stadt und Regionalgeschichte* 50 (2003), S. 133–155.

Hieber, Hanne: »Die Chefin von Mata Hari. Mademoiselle Docteur alias Elisabeth Schragmüller, Leiterin der Spionageabteilung Frankreich des deutschen Geheimdienstes im Ersten Weltkrieg«, *Beiträge zur Geschichte Dortmunds und der Grafschaft Mark* 96/97 (2006/06), S. 227–250.

Hirschfeld, Gerhard: »Mata Hari: die größte Spionin des 20. Jahrhunderts?«, Wolfgang Krieger (Hg.), *Spionage und verdeckte Aktionen von der Antike bis zur Gegenwart*, München 2003, S. 151–169.

Hodenberg, Christina von: *Aufstand der Weber. Die Revolte von 1844 und ihr Aufstieg zum Mythos*, Bonn 1997.

Hodos, Georg Hermann: *Schauprozesse. Stalinistische Säuberungen in Osteuropa 1948–54*, Frankfurt/Main 1988.

Hoefer, Frank Thomas: *Pressepolitik und Polizeistaat Metternichs. Die Überwachung von Presse und politischer Öffentlichkeit in Deutschland und den Nachbarstaaten durch das Mainzer Informationsbüro*, München 1983.

Höhn, Reinhard (Hg.): *Die vaterlandslosen Gesellen. Der Sozialismus im Licht der Geheimberichte der preußischen Polizei 1878–1914*, Bd. 1: 1878–1890, Köln 1964.

Höhne, Heinz: *Canaris. Patriot im Zwielicht*, München 1976.

Höhne, Heinz: *Der Krieg im Dunkeln. Macht und Einfluß des deutschen und russischen Geheimdienstes*, München 1985.

Höhne, Heinz: *Kennwort: Direktor. Die Geschichte der Roten Kapelle*, Frankfurt/M. 1970.

Hoffmann, Ruth: *Stasi-Kinder. Aufwachsen im Überwachungsstaat*, Berlin 2012.

Hoffmann, Tobias: »Diplomatie in der Krise. Liutprand von Cremona am Hofe Nikephoros II. Phokas«, *Frühmittelalterliche Studien* 43 (2010), S. 113–178.

Hoppe, Bert: *In Stalins Gefolgschaft. Moskau und die KPD 1928–1933*, München 2007.

Hubatschke, Harald: »Die amtliche Organisation der geheimen Briefüberwachung und des diplomatischen Chiffrendienstes in Österreich. Von den Anfängen bis etwa 1870, *MIÖG* 83 (1975), S. 353–413.

Hubatschke, Harald: *Ferdinand Prantner, 1817–1871. Die Anfänge des Politischen Romans sowie die Geschichte der Briefspionage und des Geheimen Chiffredienstes in Österreich* (Diss.), Wien 1973.

Jackson, Peter: »Historical Reflections on the Uses and Limits of Intelligence«, Peter Jackson/Jennifer Siegel (Hg.), *Intelligence and Statecraft. The Uses and Limits of Intelligence in International Society*, Westport/Conn. 2005, S. 11–51.

Jackson, Peter: *France and the Nazi Menace. Intelligence and policy making, 1933–1939*, Oxford 2000.

Janke, Erich: *Zur Geschichte der Verhaftung des Staatsrats Gruner*, Berlin 1902.

Jardin, Pierre: »Französischer Nachrichtendienst in Deutschland in den ersten Jahren des Kalten Krieges«, Wolfgang Krieger/Hermann Weber (Hg.): *Spionage für den Frieden? Nachrichtendienste in Deutschland während des Kalten Krieges* (= Akademiebeiträge zur politischen Bildung, 20), München 1997, S. 103–118.

Jedlitschka, Karsten: »Arkanum der Macht. Die ›Geheime Ablage‹ im Zentralarchiv der DDR-Staatssicherheit«, *Vierteljahrshefte für Zeitgeschichte* 60,2 (2012), S. 279–290.

Jelavich, Barbara: »What the Habsburg Government knew about the Black Hand«, *Austrian History Yearbook* 22 (1991), S. 131–150.

Jenssen, Lars Christian (Hg.): *Intelligence in the Cold War. Organisation, Role and International Cooperation*, Oslo 2001.

Jeschonnek, Friedrich/Dieter Riedel/William Durie: *Alliierte in Berlin 1945–1994. Ein Handbuch zur Geschichte der militärischen Präsenz der Westmächte*, Berlin 2007.

John, E./B. Allen: *Post and Courier Service in the Diplomacy of Early Modern Europe*, Den Haag 1972.

Johnson, Loch K./Annette Freyberg: »Die Zusammenarbeit der Nachrichtendienste«, Detlef Junker (Hg.), *Die USA und Deutschland im Zeitalter des Kalten Krieges, 1945–1990. Ein Handbuch*, Bd. 2: 1968–1990, Stuttgart 2001, S. 268–278.

Johrendt, Jochen/Harald Müller (Hg.): *Rom und die Regionen. Studien zur Homogenisierung der lateinischen Kirche im Hochmittelalter* (= Abhandlungen der Akademie der Wissenschaften zu Göttingen, N.F. 19), Berlin 2012.

Jucker, Michael: »Secrets and Politics. Methodological and Communicational Aspects of Late Medieval Diplomacy«, Thalia Brero (Hg.), *Il segreto* (= Micrologus, 14), Florenz 2006, S. 275–309.

Kabus, Andreas: *Auftrag Windrose. Der militärische Geheimdienst der DDR*, Berlin 1993.

Kahn, David: »Edward Bell and His Zimmermann Telegram Memoranda«, *Intelligence and National Security* 14,3 (1999), S. 143–159.

Kahn, David: »An Historical Theory of Intelligence«, *Intelligence and National Security* 16 (2001), S. 79–92.

Kahn, David: *Hitler's Spies. German Military Intelligence in World War II*, New York 1978.

Kahn, David: *Seizing the Enigma. The Race to Break the German U-boat Codes, 1939–1943*, Boston 1991.

Kamiński, Łukasz: *Handbuch der kommunistischen Geheimdienste in Osteuropa, 1944–1991* (= Analysen und Dokumente, 33), Göttingen 2009.

Kappelt, Olaf: *Braunbuch DDR – Nazis in der DDR*, Berlin 2009.

Kaufmann, Bernd: *Der Nachrichtendienst der KPD, 1919–1937*, Berlin 1993.

Kazhdan, Alexander P. (Hg.): *The Oxford Dictionary of Byzantium*, 3 Bde, New York 1991.

Keegan, John: *Intelligence in War. Knowledge of the Enemy from Napoleon to Al-Qaeda*, New York 2003.

Kellerhoff, Sven Felix/Bernd von Kostka: *Hauptstadt der Spione. Geheimdienste in Berlin im Kalten Krieg*, Berlin 2012.

Kessler, Walter: *Carl Schurz. Kampf, Exil und Karriere*, Köln 2006.

Kießling, Wolfgang: *Paul Merker in den Fängen der Sicherheitsorgane Stalins und Ulbrichts* (= Hefte zur DDR-Geschichte, 25), Berlin 1995.

Kintzinger, Martin: »Voyages et messageries. Diplomatie in Frankreich zwischen Familiarität und Funktion«, Claudia Zey/Claudia Märtl (Hg.), *Aus der Frühzeit europäischer Diplomatie. Zum geistlichen und weltlichen Gesandtschaftswesen vom 12. bis zum 15. Jahrhundert*, Zürich 2008, S. 191–229.

Klein, Thomas: »*Für die Einheit und Reinheit der Partei*«. *Die innerparteilichen Kontrollgremien der SED in der Ära Ulbricht*, Köln 2002.

Kleinpaul, Johannes, 1870–1944: *Das Nachrichtenwesen der deutschen Fürsten im 16. und 17. Jahrhundert. Ein Beitrag zur Geschichte der geschriebenen Zeitungen*, Leipzig 1930.

Klueting, Harm: *Die Lehre von der Macht der Staaten. Das außerpolitische Machtproblem in der »politischen Wissenschaft« und in der praktischen Politik im 18. Jahrhundert* (= Historische Forschungen, 29), Berlin 1986.

Knabe, Hubertus: *Die unterwanderte Republik. Stasi im Westen*, Berlin 1999.

Knabe, Hubertus: *West-Arbeit des MfS. Das Zusammenspiel von »Aufklärung« und »Abwehr«*, Berlin 1999.

Kohlndorfer-Fries, Ruth: »Wolfgang Zündelin und die ›konfessionelle‹ Nachrichtenpolitik in der zweiten Hälfte des 16. Jahrhunderts«, Heidrun Kugeler/Christian Sepp/Georg Wolf (Hg.), *Internationale Beziehungen in der Frühen Neuzeit. Ansätze und Perspektiven* (= Wirklichkeit und Wahrnehmung in der Frühen Neuzeit, 3), Hamburg 2006. S. 102–119.

Kolb, Anne: *Transport und Nachrichtentransfer im Römischen Reich*, Berlin 2001.

König, Emil: *Schwarze Kabinette*, Braunschweig 1875.

Koopmann, Friedhelm: *Diplomatie und Reichsinteresse. Das Geheimdienstkalkül in der deutschen Amerikapolitik 1914 bis 1917* (= Europäische Hochschulschriften, 03/435), Frankfurt/M. 1990.

Koser, Reinhold: »Aus der Korrespondenz der französischen Gesandtschaft zu Berlin 1746–1765«, *Forschungen zur Brandenburgischen und Preußischen Geschichte* 6 (1893), S. 451–481.

Koser, Reinhold: *Friedrich der Große als Kronprinz*, Stuttgart/Berlin 1901.

Koser, Reinhold (Hg.): *Briefwechsel Friedrichs des Großen mit Grumbkow und Maupertuis (1731–1759)*, Leipzig 1898.

Kösters, Klaus: *Mythos Arminius. Die Varusschlacht und ihre Folgen*, Münster 2009.

Kotowski, Elke-Vera/Julius H. Schoeps (Hg.): *J'accuse ...! ... ich klage an! Zur Affäre Dreyfus. Eine Dokumentation*, Potsdam 2005.

Kowalczuk, Ilko-Sascha: *17. Juni 1953*, München 2013.

Kowalczuk, Ilko-Sascha: *Stasi konkret. Überwachung und Repression in der DDR*, München 2013.

Krause, V.: »Geschichte des Institutes der Missi dominici«, *Mitteilungen des Instituts für österreichische Geschichtsforschung* 11 (1890), S. 193–300.

Kraushaar, Wolfgang: »Karriere eines Boxers. Johannes Clemens: Vom Dresdner Gestapo-Schläger zum Doppelagenten des KGB im BND«. Hannes Heer (Hg.): *Im Herzen der Finsternis. Victor Klemperer als Chronist der NS-Zeit*, Berlin 1997, S. 152–169.

Krethlow-Benziger, Donata Maria: *Glanz und Elend der Diplomatie. Kontinuität und Wandel im Alltag des deutschen Diplomaten auf seinen Auslandsposten im Spiegel der Memoiren 1871–1914* (= Europäische Hochschulschriften, III/899), Bern 2001.

Krieger, Wolfgang/Hermann Weber (Hg.): *Spionage für den Frieden? Nachrichtendienste in Deutschland während des Kalten Krieges* (= Akademiebeiträge zur politischen Bildung, 20), München 1997.

Krieger, Wolfgang: »German-American Intelligence Relations, 1945–1956: New Evidence on the Origins of the BND«, *Diplomacy & Statecraft* 22 (2011), S. 28–43.

Krieger, Wolfgang: »Die Bedeutung der Geheimdienste im Zweiten Weltkrieg«, Heiner Timmermann/Sergej Kondraschow/Hisaya Shirai (Hg.): *Spionage, Ideologie, Mythos – der Fall Richard Sorge* (= Dokumente und Schriften der Europäischen Akademie Otzenhausen, 113), Münster 2005, S. 9–21.

Krieger, Wolfgang (Hg.): *Spionage und verdeckte Aktionen von der Antike bis zur Gegenwart*, München 2003.

Krieger, Wolfgang: »Foreign Intelligence Services in Germany after 1945«, Lars Christian Jenssen (Hg.), *Intelligence in the Cold War. Organisation role international cooperation*, Oslo 2001, S. 65–86.

Krieger, Wolfgang: *Geschichte der Geheimdienste. Von den Pharaonen bis zur CIA*, München 2009, 2010².

Kroener, Bernhard R.: »Friedrich Wilhelm von Grumbkow (1678–1739)«, Kurt G. A. Jeserich/Helmut Neuhaus (Hg.), *Persönlichkeiten der Verwaltung. Biographien zur deutschen Verwaltungsgeschichte 1648–1945*, Stuttgart 1991, S. 13–17.

Kronenbitter, Günther: »*Krieg im Frieden*«. *Die Führung der k.u.k Armee und die Großmachtpolitik Österreich-Ungarns 1906–1914*, München 2003.

Krüger, Dieter: »Reinhard Gehlen (1902–1979). Der BND-Chef als Schattenmann der Ära Adenauer«, Dieter Krüger/Armin Wagner (Hg.): *Konspiration als Beruf. Deutsche Geheimdienstchefs im Kalten Krieg*, Berlin 2003, S. 207–236.

Krüger, Gerd: »… ich bitte darüber nichts sagen zu dürfen«. Halbstaatliche und private Nachrichtendienste in der Weimarer Republik«, *Zeitgeschichte* 27,2 (2000), S. 87–107.

Kugeler, Heidrun: »›Le parfait Ambassadeur‹. Zur Theorie der Diplomatie im Jahrhundert nach dem Westfälischen Frieden«, Heidrun Kugeler/Christian Sepp/Georg Wolf (Hg.): *Internationale Beziehungen in der Frühen Neuzeit. Ansätze und Perspektiven* (= Wirklichkeit und Wahrnehmung in der Frühen Neuzeit, 3), Hamburg 2006, S. 180–211.

Kugeler, Heidrun/Christian Sepp/Georg Wolf (Hg.): *Internationale Beziehungen in der Frühen Neuzeit. Ansätze und Perspektiven* (= Wirklichkeit und Wahrnehmung in der Frühen Neuzeit, 3), Hamburg 2006.

Kugeler, Heidrun: »›Ehrenhafte Spione‹. Geheimnis, Verstellung und Offenheit in der Diplomatie des 17. Jahrhunderts, Claudia Benthien/Steffen Marcus (Hg.), *Die Kunst der Aufrichtigkeit im 17. Jahrhundert*, Tübingen 2006, S. 127–148.

Kundler, Herbert: *RIAS Berlin. Eine Radio-Station in einer geteilten Stadt*, Berlin 1994.

Kunisch, Johannes: »Hofkultur und höfische Gesellschaft in Brandenburg-Preußen im Zeitalter des Absolutismus«, August Buck (Hg.), *Europäische Hofkultur im 16. und 17. Jahrhundert* (= Wolfenbütteler Arbeiten zur Barockforschung, 8), 3 Bde, Hamburg 1981, Bd. 3, S. 735–744.

Kunisch, Johannes: *Friedrich der Große. Der König und seine Zeit*, München 2005[5].

Kunisch, Johannes: *Persönlichkeiten im Umfeld Friedrichs des Großen* (= Neue Forschungen zur brandenburgisch-deutschen Geschichte, 9), Köln 1988.

Kuntke, Bruno: *Friedrich Heinrich von Seckendorff (1673–1763)* (= Historische Studien 491), Husum 2007.

Kupfermann, Fred: *Mata Hari. Träume und Lügen*, Berlin 1999[2].

Kutzsch, Gerhard: »Friedrich Wilhelm IV. und Carl Wilhelm Saegert«, *Jahrbuch für die Geschichte Mittel- und Ostdeutschlands* 4 (1957),
S. 133–172.

Landwehr, Dominik: *Mythos Enigma. Die Chiffriermaschine als Sammler-
und Medienobjekt* (= Medienanalysen, 2), Bielefeld 2008.

Laube, Volker: »Geheimnisverrat in Wien. Anmerkungen zu den or-
ganisatorischen Bedingungen frühneuzeitlicher Außenpolitik am
Beispiel Kurbayerns«, Heidrun Kugeler/Christian Sepp/Georg
Wolf (Hg.): *Internationale Beziehungen in der Frühen Neuzeit. Ansätze und
Perspektiven* (= Wirklichkeit und Wahrnehmung in der Frühen
Neuzeit, 3), Hamburg 2006, S. 212–236.

Lavisse, Ernest: *Die Jugend Friedrichs des Großen*, Berlin 1919.

Leffler, Melvyn P./Odd Arne Westad (Hg.): *The Cambridge History of
the Cold War*, 3 Bde, Cambridge 2003–10.

Leide, Henry: *NS-Verbrecher und Staatssicherheit. Die geheime Vergangenheitspolitik der DDR* (= Analysen und Dokumente, 28), Göttingen 2006.

Lemke, Michael: *Die Berlinkrise 1958–1963. Interessen und Handlungsspiel-
räume der SED im Ost-West-Konflikt*, Berlin 1995.

Lemke, Michael: *Vor der Mauer. Berlin in der Ost-West-Konkurrenz 1948–
1961* (= Zeithistorische Studien, 48), Köln 2011

Lemke, Michael (Hg.): *Schaufenster der Systemkonkurrenz. Die Region Berlin-Brandenburg im Kalten Krieg*, Köln 2006.

Lengsfeld, Vera: *Virus der Heuchler. Innenansicht aus Stasiakten*, Berlin
1992.

Lengsfeld, Vera: *Ich wollte frei sein. Die Mauer, die Stasi, die Revolution*,
München 2011.

Leonard, Raymond W.: *Secret soldiers of the revolution. Soviet military intelligence, 1918–1933* (= Contributions in military studies, 183),
Westport, Conn. 1999.

Leonhard, Wolfgang: *Die Revolution entlässt ihre Kinder*, Köln 1955.

Leonhard, Wolfgang: *Spurensuche. 40 Jahre nach »Die Revolution entlässt
ihre Kinder«*, Köln 1992.

Lewis, Alison: *Die Kunst des Verrats. Der Prenzlauer Berg und die Staatssicherheit*, Würzburg 2003.

Leyser, Karl: »Early Medieval Warfare«, ders., *Communications and
Power in Medieval Europe*, Bd. 1, London 1994, S. 29–50.

Liang, Hsi-Huey: *The Rise of modern Police and the European State System
from Metternich to the Second World War*, Cambridge 1992.

Lilie, Ralph-Johannes: *Einführung in die byzantinische Geschichte*, Stuttgart 2007.

Lintzel, Martin: »Studien über Liudprand von Cremona«, ders., *Ausgewählte Schriften*, Bd. 1, Berlin 1961, S. 351–398.

MacKenzie, David: *Apis. The Congenial Conspirator. The Life of Colonel Dragutin T. Dimitrejevic*, Boulder 1989.

MacKenzie, David: »Officer Conspirators and Nationalism in Servia, 1901–1914«, S. Fischer-Galati/B. K. Kiraly (Hg.), *Essays on War and Society in East Central Europe, 1720–1920*, Boulder 1987, S. 117–150.

MacKenzie, David: »Serbia as Piedmont and the Yugoslav Idea, 1804–1914«, *East European Quarterly* 28 (1994), S. 153–182.

Macrakis, Kristie: *Die Stasi-Geheimnisse. Methoden und Technik der DDR-Spionage*, München 2009.

Maddrell, Paul: »The Western Secret Services, The East German Ministry of State Security and the Building of the Berlin Wall«, *Intelligence and National Security* 21,5 (2006), S. 829–847.

Maddrell, Paul: »Battlefield Germany«, *Intelligence and National Security* 13,2 (1998), S. 190–212.

Maddrell, Paul: »Im Fadenkreuz der Stasi: Westliche Spionage in der DDR. Die Akten der Hauptabteilung IX«, *Vierteljahrshefte für Zeitgeschichte* 2/2013, S. 141–171.

Malettke, Klaus: *Hegemonie – multipolares System – Gleichgewicht. 1648/49–1713/14* (= Handbuch der Geschichte der Internationalen Beziehungen, 3), Paderborn 2012.

Mallmann, Klaus-Michael: »Allwissend, allmächtig, allgegenwärtig? Gestapa, Gesellschaft und Widerstand«, *Zeitschrift für Geschichtswissenschaft* 41 (1993), S. 984–999.

Mallmann, Klaus-Michael: »Social Penetration and Police Action. Collaboration Structures in the Repertory of Gestapo Activities«, *International Review of Social History* 42,1 (1997), S. 25–43.

Mallmann, Klaus-Michael: »Denunziation, Kollaboration, Terror: Deutsche Gesellschaft und Geheime Staatspolizei im Nationalsozialismus«, Denunziation in der Neuzeit. *Sozialwissenschaftliche Informationen* 27,2 (1998), S. 132–137.

Mallmann, Klaus-Michael: *Kommunisten in der Weimarer Republik. Sozialgeschichte einer revolutionären Bewegung*, Darmstadt 1996.

Mampel, Siegfried: *Entführungsfall Dr. Walter Linse – Menschenraub und Justizmord als Mittel des Staatsterrors* (= Schriftenreihe des Berliner Landesbeauftragten für die Unterlagen des Staatssicherheitsdienstes der ehemaligen DDR, 10), Berlin 1999, 2006[3].

Marshall, Alex: »Russian Military Intelligence, 1905–1917. The Untold Story behind Tsarist Russia in the First World War«, *War in History* 11,4 (2004), S. 393–423.

Märtin, Ralf-Peter: *Die Varusschlacht. Rom und die Germanen*, Frankfurt/Main 2008.

May, Ernest R.: *Strange Victory. Hitler's Conquest of France*, New York 2000.

Mayr, Josef Karl: *Metternichs geheimer Briefdienst. Postlogen und Postkurse*, Wien 1935.

Mayr-Harting, Henry: »Liudprand of Cremona's Account of his Legation to Constantinople (968) and Ottonian Imperial Strategy«, *English Historical Review* 116 (2001), S. 539–556.

McCormick, M.: *Origins of the European Economy. Communications and Commerce, A.D. 300–900*, Cambridge 2001.

Meineke, Annett (Hg.): *Duell im Dunkel. Spionage im geteilten Deutschland*, Köln 2002.

Meisner, Heinrich Otto: *Militärattachés und Militärbevollmächtigte in Preußen und im Deutschen Reich. Ein Beitrag zur Geschichte der Militärdiplomatie* (= Neue Beiträge zur Geschichtswissenschaft, 2), Berlin/DDR 1957.

Merz, Kai-Uwe: *Kalter Krieg als antikommunistischer Widerstand. Die Kampfgruppe gegen Unmenschlichkeit*, München 1987.

Miller, D. A.: »The Logothete of the Drome in the Middle Byzantine Period«, *Byzantion* 36 (1966), S. 438–470.

Mitchell, Allan: »The Xenophobic Style. French Counterespionage and the Emergence of the Dreyfus Affair«, *Journal of Modern History* 52,3 (1980), S. 414–425.

Moos, Peter von: »Attentio est quaedam sollicitudo. Die religiöse, ethische und politische Dimension im Mittelalter«, Aleida und Jan Assmann (Hg.), *Aufmerksamkeiten* (= Archäologie der literarischen Kommunikation, 7), München 2001, S. 91–128.

Moraw, Peter: »Über Rahmenbedingungen und Wandlungen auswärtiger Politik vorwiegend im deutschen Spätmittelalter«, Dieter Berg/Martin Kintzinger/Pierre Monnet (Hg.), *Auswärtige Politik und Beziehungen im Mittelalter (13.–16. Jahrhundert)*, Bochum 2002, S. 31–45.

Moritz, Verena/Hannes Leidinger: *Oberst Redl. Der Spionagefall, der Skandal, die Fakten*, Wien 2012.

Moritz, Verena/Hannes Leidinger/Gerhard Jagschitz (Hg.): *Im Zentrum der Macht. Die vielen Gesichter des Geheimdienstchefs Maximilian Ronge*, St. Pölten 2007.

Müller, Michael: *Canaris. Hitlers Abwehrchef*, Berlin 2006.

Murphy, David E.: *What Stalin Knew. The Enigma of Barbarossa*, New Haven 2005.

Murphy, David E.: *Battleground Berlin. CIA vs. KGB in the Cold War*, New Haven 1997.

Nassua, Martin: *»Gemeinsame Kriegführung, gemeinsamer Friedensschluss«. Das Zimmermann-Telegramm vom 13. Januar 1917 und der Eintritt der USA in den 1. Weltkrieg*, Frankfurt/Main 1992.

Nawrocki, Joachim: *»Der Ratgeber war ein Verräter. Der Fall Götz Schlicht«*, *Die Zeit* vom 13. August 1993.

Nehlsen, Hermann: *Die Freiburger Familie Snewlin* (= Veröffentlichungen aus dem Archiv der Stadt Freiburg im Breisgau, 9), Freiburg i. Br. 1967.

Nelson, Anne: *Die Rote Kapelle. Die Geschichte der legendären Widerstandsgruppe*, München 2009.

Neri, Daniela: *Anton Freiherr von Cetto. Ein bayrischer Diplomat der napoleonischen Zeit*, Sigmaringen 1993.

Nerlich, Daniel: *Diplomatische Gesandtschaften zwischen Ost- und Westkaisern 756–1002* (= Geist und Werk der Zeiten, 92), Bern 1999.

Neugebauer, Wolfgang (Hg.): *Das 17. und 18. Jahrhundert und Große Themen der Geschichte Preußens* (= Handbuch der preußischen Geschichte, 1), Berlin 2009.

Neumann, Hans-Joachim: *Friedrich Wilhelm I. Leben und Leiden des Soldatenkönigs*, Berlin 1993.

Nolte, Jakob: *Demagogen und Denunzianten. Denunziation und Verrat als Methode polizeilicher Informationserhebung bei den politischen Verfolgungen im preußischen Vormärz* (= Schriften zur Rechtsgeschichte, 132), Berlin 2007.

O'Halpin, Eunan/Robert Armstrong/Jane Ohlmeyer (Hg.): *Intelligence, Statecraft and International Power* (= Historical Studies, 25), Dublin 2006.

Ohler, Norbert: *Reisen im Mittelalter*, München 1986.

Opitz, Eckhard: »Diplomacy and Secret Communications in the 17th Century. Some remarks on gaining News in the Age of Absolutism«, B. Huldt/W. Agrell (Hg.), *Clio Goes Spying. Eight Essays on the History of Diplomacy*, Solna 1983, S. 64–84.

Pahl, Magnus: *Fremde Heere Ost. Hitlers militärische Feindaufklärung*, Berlin 2012.

Paul, Gerhard/Klaus-Michael Mallmann (Hg.): *Die Gestapo – Mythos und Realität*, Darmstadt 2003.

Pethö, Albert: *Agenten für den Doppeladler. Österreich-Ungarn Geheimer Dienst im Weltkrieg*, Graz 1998.

Pfister, Elisabeth: *Unternehmen Romeo. Die Liebeskommandos der Stasi*, Berlin 2000.

Pöhlmann, Markus: »Towards a new History of German Military Intelligence in the Era of the Great War: Approaches and Sources«, *Journal of Intelligence History* 5 (2005) S. i–viii.

Pöhlmann, Markus: »German Intelligence at War, 1914–1918«, *Journal of Intelligence History* 5,2 (2005) S. 25–53.

Polivka, Miloslav: »Nürnberg als Nachrichtenzentrum in der ersten Hälfte des 15. Jahrhunderts«, Heinz-Dieter Heimann/Ivan Havlacek (Hg.), *Kommunikationspraxis und Korrespondenzwesen im Mittelalter und in der Renaissance*, Paderborn 1998, S. 165–178.

Pötzl, Norbert F./Rainer Traub (Hg.): *Der Kalte Krieg. Wie die Welt den Wahnsinn des Wettrüstens überlebte*, München 2010.

Porch, Douglas: *The French Secret Services. From the Dreyfus Affair to the Gulf War*, New York 1995.

Pretsch, Hans Jochen: *Graf Manteuffels Beitrag zur österreichischen Geheimdiplomatie von 1728 bis 1736. Ein kursächsischer Kabinettsminister im Dienst des Prinzen Eugen von Savoyen und Kaiser Karls VI.* (= Bonner Historische Forschungen, 35), Bonn 1970.

Queller, Donald E.: *The Office of Ambassador in the Middle Ages*, Princeton 1967.

Querg, Thorsten: *Spionage und Terror – Das Amt VI des Reichssicherheitshauptamtes 1939–1945* (Diss.) Berlin 1997.

Ramge, Thomas: *Die großen Politskandale*, Frankfurt/Main 2003.

Raufeisen, Thomas: *Der Tag, an dem uns Vater erzählte, dass er ein DDR-Spion sei. Eine deutsche Tragödie*, Freiburg 2010.

Rauchensteiner, Manfred: *Der Erste Weltkrieg und das Ende der Habsburger-monarchie 1914–1918*, Wien 2013.

Reddé, Michel: *Alésia et la Bataille du Teutoburg. Un parallèle critique des sources* (= Beihefte der Francia, 66), Ostfildern 2008.

Reese, Mary Ellen: *Organisation Gehlen. Der Kalte Krieg und der Aufbau des deutschen Geheimdienstes*, Berlin 1992.

Reichert, Folker: *Erfahrung der Welt. Reisen und Kulturbegegnung im späten Mittelalter*, Stuttgart 2001.

Le Relazioni Internationali nell'alto Medioevo (= Settimani di Studio Della Fondazione Centro Italia di Studi sull'alto Medioevo, 58), Spoleto 2011.

Rentschler, Michael: *Liudprand von Cremona. Eine Studie zum ost-westlichen Kulturgefälle im Mittelalter*, Frankfurt/M. 1981.

Ribbe, Wolfgang: »Berlin zwischen Ost und West«, Wolfgang Ribbe (Hg.), *Geschichte Berlins*, Bd. 2: *Von der Märzrevolution bis zur Gegenwart*, München 1987, S. 1025–1113.

Richelson, Jeffrey: *Spying on the Bomb. American Nuclear Intelligence, from Nazi Germany to Iran and North Korea*, New York 2006.

Riepl, Wolfgang: *Das Nachrichtenwesen des Altertums*, Leipzig 1913, ND Hildesheim 1972.

Ritter, Gerhard A.: *Die deutschen Militär-Attachés und das Auswärtige Amt. Aus den verbrannten Akten des Großen Generalstabes*, Heidelberg 1959.

Roberts, Geoffrey: »Stalin and foreign intelligence during the Second World War«, Eunan O'Halpin/Robert Armstrong/Jane Ohlmeyer (Hg.), *Intelligence, Statecraft and International Power* (= Historical Studies, 25), Dublin 2006, S. 186–202.

Roewer, Helmut: *Die »Rote Kapelle« und andere Geheimdienstmythen. Spionage zwischen Deutschland und Russland im Zweiten Weltkrieg 1941–1945*, Graz 2010.

Roewer, Helmut: *Skrupellos. Die Machenschaften der Geheimdienste in Russland und Deutschland 1914–1941*, Leipzig 2004.

Rogasch, Wilfried: »Ätherkrieg über Berlin. Der Rundfunk als Instrument politischer Propaganda im Kalten Krieg, 1945–1961«, *Deutschland im Kalten Krieg 1945–1963* (Ausst.-Kat.), Berlin 1992, S. 69–84.

Rohwer, Jürgen: »Die ENIGMA-Schlüsselmaschine«, Wolfgang Krieger (Hg.), *Spionage und verdeckte Aktionen von der Antike bis zur Gegenwart*, München 2003. S. 182–200.

Rose, Andreas: *Zwischen Empire und Kontinent. Britische Außenpolitik vor dem Ersten Weltkrieg*, München 2011.

Ruge, Wolfgang: *Hindenburg. Porträt eines Militaristen*, Berlin/DDR 1977.

Sauerland, Karol: 30 *Silberlinge. Das System Denunziation*, Berlin 2012².

Schaefer, Klaus: *Der Prozess gegen Otto John. Zugleich ein Beitrag zur Justizgeschichte der frühen Bundesrepublik Deutschland* (= Wissenschaftliche Beiträge aus dem Tectum Verlag: Rechtswissenschaft, 32). Marburg 2009.

Scharlau, Winfried B./Zbynek A. Zeman: *Freibeuter der Revolution. Parvus-Helphand, eine politische Biographie*, Köln 1964.

Scheibner, Bernd: »RIAS Berlin. Ein Sender der amerikanischen Regierung«, Die Radionauten, *Radiogeschichten. Zeitreise und Exkursionen in die Berliner Radio Welten*, (BoD) Norderstedt 2004, S. 79–83.

Schieder, Theodor: *Friedrich der Große. Ein Königtum der Widersprüche*, Frankfurt/Main 1986.

Schieffer, Rudolf: »Die päpstliche Kurie als internationaler Treffpunkt des Mittelalters«, Claudia Zey/Claudia Märtl (Hg.), *Aus der Frühzeit europäischer Diplomatie. Zum geistlichen und weltlichen Gesandtschaftswesen vom 12. bis zum 15. Jahrhundert*, Zürich 2008, S. 23–39.

Schmid, Michael: *Der »eiserne Kanzler« und die Generäle. Deutsche Rüstungspolitik in der Ära Bismarck (1871–1890)*, Paderborn 2003.

Schmidt, Jürgen W.: »Against Russia: Department IIIb of the Deputy General Staff, Berlin, and Intelligence, Counter-Intelligence and Newspaper Research, 1914–1918«, *Journal of Intelligence History* 5,2 (2005), S. 73–89.

Schmidt, Jürgen W.: »Die Spionageaffäre Harry Lembourn und deren Auswirklungen auf die deutsch-dänischen Beziehungen 1928–1932«, Jürgen W. Schmidt (Hg.): *Geheimdienste, Militär und Politik in Deutschland* (= Geheimdienstgeschichte, 2), Ludwigsfelde 2008, S. 247–267.

Schmidt, Jürgen W. (Hg.): *Geheimdienste, Militär und Politik in Deutschland* (= Geheimdienstgeschichte, 2), Ludwigsfelde 2008.

Schmidt, Jürgen W.: *Gegen Russland und Frankreich. Der deutsche militärische Geheimdienst 1890–1914*, Ludwigsfelde 2007.

Schmugge, Ludwig: »Der falsche Pilger«, *Fälschungen im Mittelalter* (= Schriften der MGH, 33), Bd. 5, Hannover 1988, S. 475–484.

Schöllgen, Gregor: *Deutsche Außenpolitik. Von 1815 bis 1945*, München 2013.

Schoeps, Julius H.: »Agenten, Spitzel, Flüchtlinge. Wilhelm Stieber und die demokratische Opposition in London«, Horst Schallenberger/Helmut Schrey (Hg.), *Im Gegenstrom. Für Helmut Hirsch zum Siebzigsten*, Wuppertal 1977, S. 71–104.

Schoeps, Julius H./Hermann Simon (Hg.): *Dreyfus und die Folgen*, Berlin 1995.

Scholz, Michael F.: *Bauernopfer der deutschen Frage. Der Kommunist Kurt Vieweg im Dschungel der Geheimdienste*, Berlin 1997.

Schummer, Constanze M. F.: »Liudprand of Cremona – a diplomat?«, Jonathan Shepard/Simon Franklin (Hg.), *Byzantine Diplomacy*, Aldershot 1992, S. 197–201.

Schwinges, Rainer Christoph/Klaus Wriedt (Hg.): *Gesandtschafts- und Botenwesen im spätmittelalterlichen Europa* (= Vorträge und Forschungen, 60), Stuttgart 2003.

Scior, Volker: »Bemerkungen zum frühmittelalterlichen Boten- und Gesandtschaftswesen«, Walter Pohl/Veronika Wieser, *Der frühmittelalterliche Staat – Europäische Perspektiven* (= Österreichische Akademie der Wissenschaften, phil.-hist. Klasse; Denkschriften, 386. Bd./Forschungen zur Geschichte des Mittelalters 16), Wien 2009, S. 315–329.

Scior, Volker: »*Veritas* und *certitudo* oder: Warten auf Wissen. Boten in frühmittelalterlichen Informationsprozessen«, *Das Mittelalter* 11,1 (2006), S. 110–131.

Service, Robert: *Spies and Commissars. Bolshevik Russia and the West*, London 2012.

Sheldon, Rose Mary: *Intelligence Activities in Ancient Rome. Trust in the Gods, but verify*, London 2005.

Shepard, Jonathan: »Trouble-Shooters and Men-on-the-spot: The Emperor's Dealings with Outsiders«, *Le Relazioni Internationali nell'alto Medioevo* (= Settimani di Studio Della Fondazione Centro Italia di Studi sull'alto Medeioevo, 58), Spoleto 2011, S. 691–723.

Shepard, Jonathan/Simon Franklin (Hg.): *Byzantine Diplomacy*, Aldershot 1992.

Shepard, Jonathan: »Information, Disinformation and Delay in Byzantine Diplomacy«, *Byzantinische Forschungen* 10 (1985), S. 233–293.

Siemann, Wolfram: *Metternich. Staatsmann zwischen Restauration und Moderne*, München 2010.

Siemann, Wolfram (Hg.): Der »Polizeiverein« deutscher Staaten. Eine Dokumentation zur Überwachung der Öffentlichkeit nach der Revolution von 1848/49, Tübingen 1983.

Siemann, Wolfram: Deutschlands Ruhe, Sicherheit und Ordnung. Die Anfänge der politischen Polizei 1806–1866, Tübingen 1985.

Singh, Simon: Geheime Botschaften. Die Kunst der Verschlüsselung von der Antike bis in die Zeit des Internets, München 2000.

Smith jr., Arthur L.: Stadt des Menschenraubs. Berlin 1945–1961 (= Materialien aus dem Bundesarchiv, 15), Bremerhaven 2004.

Speidel, Michael P.: »Exploratores. Mobile Units of Roman Germany«, Epigraphische Studien 13 (1983), S. 63–78.

Springer, Philipp: Bahnhof der Tränen. Die Grenzübergangsstelle Berlin-Friedrichstraße, Berlin 2013.

Stackelberg, Jürgen von: Voltaire, München 2006.

Stafford, David: Berlin Underground. Wie der KGB und die westlichen Geheimdienste Weltpolitik machten, Hamburg 2003.

Stehlin, Stewart A.: Bismarck and the Guelf Problem 1866–1890. A Study in Particulist Opposition to National Unity, Den Haag 1973.

Steinbach, Peter: »Die Rote Kapelle – 50 Jahre danach«, Zeitschrift für Geschichtswissenschaft 41,9 (1993), S. 771–780.

Steininger, Rolf: Berlinkrise und Mauerbau 1958 bis 1963, München 2009⁴.

Stieldorf, Andrea: Marken und Markgrafen. Studien zur Grenzsicherung durch die fränkisch-deutschen Herrscher (= Schriften der MGH, 64), Hannover 2012.

Stix, Franz: »Zur Geschichte und Organisation der Wiener Geheimen Ziffernkanzlei. Von ihren Anfängen bis zum Jahr 1848«, MIÖG 51 (1937), S. 131–160.

Stöver, Bernd: Der Kalte Krieg, 1947–1991. Geschichte eines radikalen Zeitalters, München 2010.

Stöver, Bernd: »Mauerbau und Nachrichtendienste. Die CIA und der Wandel der US-Politik in Ostmitteleuropa«, Hans-Hermann Hertle/Konrad Jarausch/Christoph Kleßmann (Hg.), Mauerbau und Mauerfall. Ursachen – Verlauf – Auswirkungen, Berlin 2002, S. 139–146.

Stöver, Bernd: »Der Fall Otto John. Neue Dokumente zu den Aussagen des deutschen Geheimdienstchefs gegenüber MfS und KGB«, Vierteljahrshefte für Zeitgeschichte 47 (1999), S. 103–136.

Stone, James: »Spies and diplomats in Bismarck's Germany: collaboration between military intelligence and the Foreign Office, 1871–1881«, *Journal of Intelligence History* 13,1 (2014), S. 22–40.

Straubel, Rolf: *Biographisches Handbuch der preußischen Verwaltungs- und Justizbeamten 1740–1806*, München 2009.

Sutherland, Jon N.: »The Mission to Constantinople in 968 and Liudprand of Cremona«, *Traditio* 31 (1975), S. 55–81.

Sutherland, Jon N.: *Liudprand of Cremona, Bishop, Diplomat, Historian. Studies of the Man and his Age* (= Biblioteca degli »Studi Medievali«, 14), Spoleto 1988.

Tarlé, Evgenij V.: *Talleyrand*, Leipzig 1972[2].

Thomas, Heinz: »Französische Spionage im Reich Ludwigs des Bayern«, Ingrid Heidrich (Hg.): *Essays zur deutschen und französischen Geschichte des Mittelalters. Festschrift Heinz Thomas*, Trier 2000, S. 212–229.

Timmermann, Heiner/Sergej Kondraschow/Hisaya Shirai (Hg.): *Spionage, Ideologie, Mythos – der Fall Richard Sorge* (= Dokumente und Schriften der Europäischen Akademie Otzenhausen, 113), Münster 2005.

Timpe, Dieter: »Die Schlacht im Teutoburger Wald: Geschichte, Tradition, Mythos«, Schlüter, Wolfgang/Rainer Wiegels: *Rom, Germanien und die Ausgrabungen von Kalkriese* (= Osnabrücker Forschungen zu Altertum und Antike-Rezeption, 1), Osnabrück 1999, S. 717–737.

Timpe, Dieter: »Die ›Varusschlacht‹ in ihren Kontexten. Eine kritische Nachlese zum Bimillennium 2009«, *Historische Zeitschrift* 294 (2012), S. 593–652.

Timpe, Dieter: *Arminius-Studien*, Heidelberg 1970.

Trumpener, Ulrich: »War Premeditated? German Intelligence Operations in July 1914«, *Central European History* 9,1 (1976), S. 58–85.

Tuchel, Johannes: »Zwischen kriminalistischer Recherche und brutaler Folter. Zur Tätigkeit der Gestapo-›Sonderkommission Rote Kapelle‹, Gerhard Paul/Klaus-Michael Mallmann (Hg.), *Die Gestapo – Mythos und Realität*, Darmstadt 2003, S. 373–387.

Tuchel, Johannes: »Das Ministerium für Staatssicherheit und die Widerstandsgruppe ›Rote Kapelle‹ in den 1960er Jahren«, Johannes Tuchel (Hg.), *Der vergessene Widerstand. Zu Realgeschichte und Wahr-*

nehmung des Kampfes gegen die NS-Diktatur (= Dachauer Symposien zur Zeitgeschichte 5), Göttingen 2005, S. 232–270.

Uhl, Matthias: »Chruščev und die sowjetischen Nachrichtendienste in der zweiten Berlinkrise 1958–1964«, Michael Lemke (Hg.), *Schaufenster der Systemkonkurrenz. Die Region Berlin-Brandenburg im Kalten Krieg*, Köln 2006, S. 29–46.

Uhl, Matthias/Armin Wagner: *Ulbricht, Chruschtschow und die Mauer. Eine Dokumentation* (= Vierteljahrshefte für Zeitgeschichte, Schriftenreihe, 86), München 2003.

Uhl, Matthias/Armin Wagner: »Die Möglichkeiten, aber auch die Grenzen nachrichtendienstlicher Aufklärung«. Bundesnachrichtendienst und Mauerbau, Juli–September 1961, *Vierteljahrshefte für Zeitgeschichte* 55,4 (2007), S. 681–725.

Uhl, Matthias: »›Warum sollten wir uns hier hinter dem Rücken von Genossen Ulbricht verstecken?‹ Die Sowjetunion und der Mauerbau im internationalen Kontext, *Einsichten und Perspektiven. Bayerische Zeitschrift für Politik und Geschichte*, Nr. 11: 50 Jahre Berliner Mauer und die Teilung Deutschlands, München 2011, S. 6–25.

Uhl Matthias: *Krieg um Berlin? Die sowjetische Militär- und Sicherheitspolitik in der zweiten Berlin-Krise 1958–1962* (= Quellen und Darstellungen zur Zeitgeschichte, 73), München 2008.

Ulbert, Jörg: »Der Leiter der preußischen Außenpolitik Rüdiger von Ilgen (1654–1728) als Informant der französischen Diplomatie. Anwerbung – Bezahlung – Gegenleistung«, Sven Externbrink, Jörg Ulbert (Hg.), *Formen internationaler Beziehungen in der Frühen Neuzeit. Frankreich und das Alte Reich im europäischen Staatensystem. Festschrift Klaus Malettke* (= Historische Forschungen, 71), Berlin 2001, S. 273–296.

Vanden Berghe, Yvan: *Der Kalte Krieg, 1917–1991*, Leuven 2002.

Vatlin [Watlin], Alexander: *Die Komintern. Gründung, Programmatik, Akteure* (= Geschichte des Kommunismus und Linkssozialismus, 10), Berlin 2009.

Vatlin [Watlin], Alexander: »Deutschland im weltpolitischen Kalkül der Bolschewiki 1918«, Wladislaw Hedler/Klaus Kinner (Hg.), *»Die Wache ist müde«. Neue Sichten auf die russische Revolution 1917 und ihre Wirkungen* (= Geschichte des Kommunismus und Linkssozialismus, 6), Berlin 2008, S. 102–112.

Vaultier, Roger: »Espionage et contre-espionage au temps de Louis XIV«, *Revue historique de l'armée* 12 (1956), S. 17–22.

Veit, Ursula: *Justus Gruner als Schöpfer der Geheimen Preußischen Staatspolizei*, Coburg 1937.

Vierhaus, Rudolf: »Staatsverständnis und Staatspraxis Friedrichs II. von Preußen«, Johannes Kunisch (Hg.), *Analecta Fridericiana* (= Zeitschrift für Historische Forschung, Beih. 4), Berlin 1987, S. 55–90.

Vollnhals, Clemens: »Denunziation und Strafverfolgung im Auftrag der ›Partei‹: Das Ministerium für Staatssicherheit in der DDR«, Friso Ross/Achim Landwehr (Hg.), *Denunziation und Justiz. Historische Dimension eines sozialen Phänomens*, Tübingen 2000, S. 247–281.

Vollrath, Hanna (Hg.): *Der Weg in eine weitere Welt. Kommunikation und »Außenpolitik« im 12. Jahrhundert* (= Neue Aspekte der europäischen Mittelalterforschung, 2), Berlin 2008.

Wagner, Armin/Matthias Uhl: *Ulbricht, Chruschtschow und die Mauer*, München 2003.

Wagner, Armin/Matthias Uhl: *BND contra Sowjetarmee. Westdeutsche Militärspionage in der DDR* (= Militärgeschichte der DDR, 14), Berlin 2008².

Wagner, Armin/Matthias Uhl: »Pullachs Aufklärung gegen sowjetisches Militär in der DDR. Umfang, Potenzial und Grenzen der order-of-battle-intelligence von Organisation Gehlen und Bundesnachrichtendienst 2, *Deutschland Archiv* 40 (2007), S. 49–67.

Waibel, Harry: *Diener vieler Herren. Ehemalige NS-Funktionäre in der DDR*, Frankfurt/M. 2011.

Walther, J.: *Sicherungsbereich Literatur. Schriftsteller und Staatssicherheit in der Deutschen Demokratischen Republik*, Berlin 1996.

Wark, Wesley K.: *The ultimate enemy. British intelligence and Nazi Germany, 1933–1939*, Ithaca 1985.

Watkins, John: »Toward a New Diplomatic History of Medieval and Early Modern Europe«, *Journal of Medieval and Early Modern Studies* 38,1 (2008), S. 1–14.

Watlin [Vatlin], Alexander: *Die Komintern 1919–1929. Historische Studien* (= Studien zur Geschichte der Komintern, 1), Mainz 1993.

Watt, D. Cameron: »An Intelligence Surprise. The Failure of the Foreign Office to Anticipate the Nazi-Soviet Pact«, *Intelligence and National Security* 4,3 (1989), S. 512–534.

Weber, Hermann/Dietrich Staritz (Hg.): *Kommunisten verfolgen Kommunisten. Stalinistischer Terror und »Säuberungen« in den kommunistischen Parteien seit den dreißiger Jahren*, Berlin 1993.

Weber-Kellermann, Ingeborg (Hg.): *Wilhelmine von Bayreuth, eine preußische Königstochter. Glanz und Elend am Hofe des Soldatenkönigs in den Memoiren der Markgräfin Wilhelmine von Bayreuth*, Frankfurt/Main 1990, 2004.

Wegener, Jens: *Die Organisation Gehlen und die USA: deutsch-amerikanische Geheimdienstbeziehungen, 1945–1949* (= Studies in Intelligence History, 2), Berlin 2008.

Weil, M.-H.: *Les dessous du Congrès de Vienne. D'après les documents originaux des Archives du Ministère Impérial et Royal de l'Intérieur à Vienne*, 2 Bde, Paris 1917.

Weinfurter, Stefan (Hg.), *Päpstliche Herrschaft im Mittelalter. Funktionsweisen – Strategien – Darstellungsformen* (= Mittelalter-Forschungen, 38), Ostfildern 2012.

Weis, Eberhard: *Montgelas – Der Architekt des modernen bayerischen Staates 1799–1838*, München, 2005.

Weiß, Stefan: »Wilhelm Stieber, August Schluga von Rastenfeld und Otto von Bismarck. Zu den Anfängen des deutschen Geheimdienstes«, *Francia* 31,3 (2004), S. 87–112.

Weiß, Stefan (Hg.): *Regnum et Imperium. Die französisch-deutschen Beziehungen im 14. und 15. Jahrhundert*, München 2008.

Wentker, Hermann: *Außenpolitik in engen Grenzen. Die DDR im internationalen System 1949–1989*, München 2007.

Wenzel, Horst (Hg.): *Gespräche – Boten – Briefe. Körpergedächtnis und Schriftgedächtnis im Mittelalter* (= Philologische Studien und Quellen, 143), Berlin 1997.

Wettig, Gerhard: »Die UdSSR und die Krise um Berlin. Ultimatum 1958 – Mauerbau 1961 – Modus Vivendi 1971«, *Deutschland Archiv* 34 (2001), S. 592–613.

Wettig, Gerhard: *Chruschtschows Berlin-Krise 1958 bis 1963. Drohpolitik und Mauerbau*, München 2006.

Whymant, Robert: *Stalin's Spy. Richard Sorge and the Tokyo Espionage Ring*, London 1966.

Whyte, George R.: *Die Dreyfus-Affäre. Die Macht des Vorurteils*, Frankfurt/M. 2010.

Wiegels, Rainer (Hg.): *Die Varusschlacht. Wendepunkt der Geschichte?* (= Archäologie in Deutschland, Sonderheft), Stuttgart 2007.

Wildt, Michael (Hg.): *Nachrichtendienst, politische Elite und Mordeinheit.*
Der Sicherheitsdienst des Reichsführers SS, Hamburg 2003.

Winkler, Heinrich August: *Geschichte des Westens. Von den Anfängen in der*
Antike bis zum 20. Jahrhundert, München 2009.

Wolf, Markus: *In eigenem Auftrag. Bekenntnisse und Einsichten*, München
1991.

Wolf, Markus: *Spionagechef im geheimen Krieg. Erinnerungen*, München
1997.

Wolfrum, Edgar: *Die Mauer. Geschichte einer Teilung*, München 2009.

Wolters, Reinhard: *Die Römer in Germanien*, München 2006[5].

Wolters, Reinhard: *Die Schlacht im Teutoburger Wald. Arminius, Varus und*
das römische Germanien, München 2008.

Wüst, Wolfgang: »Reichsstädtische Kommunikation in Franken und
Schwaben. Nachrichtennetze für Bürger, Räte und Kaufleute im
Spätmittelalter«, *Zeitschrift für bayerische Landesgeschichte* 62 (1999),
S. 681–707.

Young, Robert J.: »French Military Intelligence and Nazi Germany,
1938–39«, Ernest R. May (Hg.), *Knowing One's Enemies. Intelligence*
Assessment Before the two World Wars, Princeton 1984, S. 271–309.

Zeisler, K.: »Justus von Gruner. Eine biographische Skizze«, *Berlin in*
Geschichte und Gegenwart. Jahrbuch des Landesarchivs Berlin 1994,
S. 81–105.

Zey, Claudia: »Zum päpstlichen Legatenwesen im 12. Jahrhundert.
Der Einfluß von eigener Legationspraxis auf die Legatenpolitik
der Päpste am Beispiel Paschalis'II., Lucius'II. und HadriansIV.«,
Ernst-Dieter Hehl/Ingrid Heike Ringel/Hubertus Seibert (Hg.)
Das Papsttum in der Welt des 12. Jahrhunderts (= Mittelalter-Forschun-
gen, 6), Stuttgart 2002, S. 243–262.

Zey, Claudia: »Die Augen des Papstes. Zu Eigenschaften und Vollmachten päpstlicher Legaten«, Jochen Johrendt/Harald Müller
(Hg.), *Römisches Zentrum und kirchliche Peripherie. Das universale Papst-*
tum als Bezugspunkt der Kirchen von den Reformpäpsten bis zu InnozenzIII.,
Berlin 2008, S. 77–108.

Zey, Claudia/Claudia Märtl (Hg.), *Aus der Frühzeit europäischer Diploma-*
tie. Zum geistlichen und weltlichen Gesandtschaftswesen vom 12. bis zum
15. Jahrhundert, Zürich 2008, S. 23–39.